中国地质大学(武汉)研究生课程和精品教材建设基金(YJC2018602)
中国地质大学(武汉)中央高校教改基金(本科教学工程)(ZL201636)
中国地质大学(武汉)优秀青年教师基金(CUGW170203)

户外运动专业教学训练系列教程

户外运动风险管理

HUWAI YUNDONG FENGXIAN GUANLI

主　　编：李　元　董　范　周　云

副 主 编：田兵兵　常洪标　吴思阳　陈睿智

编写人员：朱倍锋　罗江兰　张红梅　杨青玲
　　　　　黄　婧　符善翔　胡勇卿

户外运动专业教学训练系列教程

编 委 会

主 任 委 员：王焰新　李致新

副主任委员：赖旭龙　王勇峰　吕万刚
　　　　　　　张志坚　殷坤龙　刘　锐

委　　　员：次　落　毕克成　冯　岩　牛小洪
　　　　　　　刘华荣　黄　静　李　伦　代新华
　　　　　　　宋　凯　董卫东　李兆欣　刘良辉
　　　　　　　王　兴　庞　兰　吕占锋　董　利
　　　　　　　李　元　黄江华　陈　刚　刘亚非
　　　　　　　杨　华　邓焰峰

策 划 编 辑：毕克成　段连秀

总序1

户外运动教学是以户外运动项目群所共有的基本知识、技术、技能为主要教学内容,以培养学生参与户外运动及相关竞赛所具有的身体素质、心理品质和适应能力为主要教学目的,帮助学生形成完满人格、全面提高综合素质的系列体育课程,对促进学生成长成才具有独特的、不可替代的重要作用。

户外运动课程系列教材付梓出版,我由衷地感到高兴。这是近半个世纪来,我校体育教师科研团队在董范教授的带领下,在特色体育教育教学领域中取得的最新科学研究成果。这一系列教材的出版,将有助于更多有志于从事户外运动的人士分享我校特色体育教学和科研成果,促进户外运动教学培训进一步规范高效发展。

自建校以来,我校就以特色体育为方向,充分发挥学科专业优势,不断拓展体育教育的内容和途径。2012年5月19日8时16分,我校大学生登山队成功地从北坡登上海拔8 844.43m的珠穆朗玛峰顶峰,成为登上世界最高峰的首支中国大学生登山队,其中我校2011级户外运动专业硕士研究生陈晨成为全国第一位登顶珠峰的在校女大学生。当晚,校友、时任国务院总理温家宝向学校表示热烈祝贺,并指出:"这给我们一个重要的启示,那就是只要不畏艰苦和挫折,就一定能够达到光辉的顶点,这应该是我们的传统。"2013年5月4日,在"实现中国梦、青春勇担当"主题团日座谈会上,陈晨同学作为全国大学生代表,畅谈了她2012年登顶珠峰的体会,受到习近平总书记的勉励和肯定。2012年9

月,我校承办了中国登山协会主办的"中日韩三国大学生登山交流活动",在亚洲户外运动界产生了巨大的反响,进一步促进了我校户外运动的国际影响力。

从20世纪80年代开始,我校就把登山训练引入到课堂教学,把登山的基本技术——攀岩,确定为学校体育必修课教学项目;20世纪90年代中期,又在国内首创了集体育学、地理学、管理学、气象学、医学等学科为一体的野外生存体验课,引入了智力与体力相结合的体育项目——定向越野。随后,又率先在国内开设了"户外运动"普修课。2005年开始招收全国第一届社会体育专业(户外运动方向)本科生,由此而成为了全国高校户外运动课程和登山户外运动专门人才的"发源地"。经过我校体育教师多年的教学实践、研究与积累,户外运动的教学内容、方法、手段以及组织形式不断完善,逐渐形成了一整套较科学系统的"课内课外相结合"的教学模式和较全面、丰富、前沿的教学内容体系,得到了社会各界的广泛认同。2012年我校体育课部董范教授主持申报,杨汉、刘华荣、牛小洪、冯岩等骨干教师参与的"坚持特色教育,培养拔尖人才——创建登山户外运动教育教学体系的理论与实践"项目荣获湖北省教学成果一等奖。60多年来,我校先后有1万多名学生接受了各类登山户外运动训练,向国家登山、攀岩队输送了多名高水平专业运动员,王富洲、李致新、王勇峰、次落就是其中的杰出代表。

户外运动的发展急需完善的人才培养体系提供理论支撑。面对社会的迫切需求,我校体育教师结合多年来开展户外运动教学的经验和科研积累,编写了一套面向户外运动相关专业的应用型教材。本系列教材内容丰富而系统,涉及户外运动教学的各个方面,具有如下鲜明的教学与实践特征:

(1)体系完整。本系列教材系统地总结了我校长期开展户外运动教学与实践积累的经验,吸收了近些年开展户外运动教学、实践与科研取得的最新成果,深入剖析了各户外运动项目之间的知识结构,并进行了有机组合,整个结构体系十分完整。

（2）内容丰富。本系列教材涵盖户外运动下辖的登山、攀岩、野外生存、定向越野、拓展训练等项目课程,内容涉及户外运动教学、训练、活动与赛事组织、营销等各个方面,教材中的很多内容都是我校优秀体育教师对多年教学、训练、实践成果的经验积累,具有较强的借鉴价值。

（3）注重实践。本系列教材在阐述基本理论的基础上,特别注重学生实践技术与技能的培养和锻炼,力求做到不断强化学生的思维能力、动手能力以及创造性解决问题的能力,促进学生理论知识水平和实践操作能力的全面提高,教学实践操作性强。

对从事户外运动教学、实践、训练与科研的高校教师、研究生、本科生而言,本系列教材均有重要的学习指导价值。希望本系列教材的编写能够成为我国更多高水平、高质量的户外运动教材或专业书籍出版的起点,能吸引更多专业人士参与户外运动的科学研究,为促进我国户外运动事业科学、健康、快速发展做出更大的贡献!

中国地质大学校长

2013 年 6 月

总序2

欣闻中国地质大学编写出版户外运动系列配套教材,谨致热烈祝贺。

户外运动是一项新兴的体育运动,是人们休闲娱乐的重要方式。随着我国经济社会的发展,特别是人民生活水平的提高,人们对高质量、有品味、有个性的生活和休闲娱乐方式越来越看重,并一直在努力追寻。户外运动作为一种愉悦身心、锻炼自我、亲近自然的生活方式受到广大群众的青睐。此项运动在全国发展十分迅猛,据了解,目前我国户外运动活动组织形式多达几十种,各类户外运动俱乐部有700余家,每年参与户外运动人数超过5 000万人,已逐渐形成了装备制造与销售、竞赛表演、培训服务等市场,有效刺激了户外运动装备、户外运动服务、户外运动赛事,甚至是旅游等相关产业的发展,成为全民健身运动的重要组成部分和经济社会协调发展的重要促进力量,很好地推动了资源节约型和环境友好型社会的建设,传达了积极健康的生活方式和文明行为观念,为增进人与自然的协调发展和社会的和谐开拓了有效的空间。

促进户外运动健康有序地发展,是全社会非常关注的事情。中国地质大学作为以地球科学为主要特色的重点大学,为我国的登山和户外运动发展做出了卓越的贡献,积累了丰富的成功经验。学校深知该项运动发展离不开高素质专业人才的培育,非常注重规范科学的教材建设,努力改变当前教材和教育教学与蓬勃开展的户外运动及其教育不相适应的状况。多年来,学校一直在酝酿编写户外运动规范教材,总结户外运动实践经验,不断提高户外运动教育教学的针对性和有效性。经过多方面的努力,数易其稿,终于成就了本套系列教材。作者在教材的编写过程中,努力做到体育理论和运动实践的统一,人体运动科学和社会哲学的统一,理念战略和技术方法的统一,全方位、多层次、有重点地展示了户外运动的全貌,有利于广大读者和户外运动爱好者全面系统地掌握户外运动的基本内涵、重大意义、发展趋势、技术要领等知识和技能,从而推动户外运动健康有序地发展。可以说本教材既是开展户外运动教育的好教材,也是广大运动爱好者的理想读物,既有较强的针对性和时效性,又有较强的趣味性和严密的科学性。

与天浮游、幕天席地是古人笃定的最为旷达的生活方式。"天地与我并生,万物与我为一"。处在现代化和都市化进程的人们,在繁缛的生活中向往着奔赴自然。户外运动成为了人们锻炼身体、适意生活、亲近自然、回归自我、愉悦身心的重要方式。而教材的编写和出版发行,必将更大地推动该项运动的科学开展及其理念的普及,推进其大众化、规范化、科学化、系统化。

最后,衷心希望本教材对户外运动及其教学发挥重要的作用,也希望本教材不断完备,臻于至善,为我国户外运动的科学发展做出积极的贡献。

国家体育总局登山运动管理中心主任
中国登山协会常务副主席
2009 年 9 月

前 言

伴随着工业化和城市化的发展,户外运动以其挑战性、冒险性、探索性等特点,拥有健身、健心、教育和情感体验等价值而风靡全球。人们在壮美的高山、江河、草原、戈壁与湖泊中挑战自我,尽情拥抱大自然。尽管我国户外运动起步较晚,但发展非常迅速,目前参与泛户外运动的人数已达1.45亿人,户外运动俱乐部数量也达到了数万家。但户外运动一般在自然地域中开展,环境相对复杂,加上参与者和设施设备等风险因素,近年来有关户外运动风险事故的报道时常见诸报端,引起社会广泛关注。因此,提高参与者的风险意识,提升户外运动组织管理者的风险管理水平,保障户外运动安全健康的发展迫在眉睫。

目前,越来越多的高校开设了户外运动相关的本科与硕士专业,成为了户外运动专业人才培养的主力军。尽管这些学校都将风险管理的内容置于教学的重要位置,但教材建设相对滞后,相关内容较为零散地组编在其他出版物中,不利于学生系统学习和提高。因此,归纳总结户外运动风险管理的相关理论与方法,编写一本户外运动风险管理教材是有必要的。

《户外运动风险管理》的编写即是在上述背景下进行的。全书共分为十章,具有较好的系统性、科学性和实用性:第一章、第二章对风险与风险管理、户外运动和户外运动风险进行了概括性介绍,便于读者系统地了解户外运动风险管理的基础;第三章—第五章按照风险管理的程序,对户外运动风险的识别、评估与应对作了系统和详尽的阐述,这是本教材的核心内容,涉及户外运动风险管理的基本理论、方法与工具;第六章—第八章对目前户外运动风险事故发生的重点领域——高校户外运动、户外运动赛事和户外运动俱乐部的风险来源与应对措施进行了针对性的介绍；第九章为户外运动法律风险，重点论述了户外运动风险事故发生后的责任承担，并附有国内几个代表性诉讼的完整案例，读者通过这些案例可以更好地掌握风险管理的要点；第十章是对户外运动风险管理的总结，从政策法规、安全教育培训、安全预警、救援和保险五个方面讨论了构建户外运动安全保障体系的意义及工作重点。

本教材由中国地质大学（武汉）体育学院主持编写，李元、董范、周云担任主编，田兵兵、常洪标、吴思阳、陈睿智担任副主编，最后由李元统一串编、修改后定稿。编写分工如下：第一章风险与风险管理概述由李元、胡勇卿编写，第二章户外运动及其风险概述由董范、黄婧编写，第三章户外运动风险识别由李元、常洪标编写，第四章户外运动风险评估由周云、吴思阳编写，第五章户外运动风险应对由李元、张红梅编写，第六章高校户外运动风险管理由董范、陈睿智编写，第七章户外运动赛事风险管理由罗江兰编写，第八章户外运动俱乐部风险管理由李元、朱倍锋编写，第九章户外运动法律风险由周云、杨青玲编写，第十章户外运动安全保障体系由田兵兵、符善翔编写。

本教材可作为户外运动及相关专业的本科生与研究生教材，亦可作为户外运动俱乐部业务培训教材，还可供体育管理机构、户外运动组织管理者参考。

在本教材的编写过程中，编者参阅了国内外大量相关著作和研究文献，许多专家、学者也提出了诸多意见和建议，在此表示衷心的感谢！由于编者的水平有限，书中的疏漏和不足之处敬请读者批评指正。

编 者

2019 年 8 月

目 录

第一章　风险与风险管理概述 (1)

　　第一节　风险的概念与要素 (1)

　　第二节　风险的特点与分类 (4)

　　第三节　风险管理的概念与步骤 (8)

　　第四节　风险管理的发展历程 (11)

第二章　户外运动及其风险管理概述 (17)

　　第一节　户外运动的概念 (17)

　　第二节　户外运动的特征与分类 (20)

　　第三节　国内外户外运动的起源与发展 (23)

　　第四节　户外运动风险管理 (27)

第三章　户外运动风险识别 (39)

　　第一节　户外运动风险识别概述 (39)

　　第二节　户外运动风险识别的方法与过程 (41)

　　第三节　户外运动风险的构成要素 (44)

第四章　户外运动风险评估 (54)

　　第 一 节　户外运动风险评估概述 (54)

　　第二节　户外运动风险评估的步骤与方法 (56)

　　第三节　山地户外运动风险评估 (66)

第五章 户外运动风险应对 (78)
第一节 户外运动风险应对概述 (78)
第二节 控制型风险应对 (80)
第三节 财务型风险应对 (87)

第六章 高校户外运动风险管理 (96)
第一节 高校户外运动的开展现状 (96)
第二节 高校户外运动风险源分析 (98)
第三节 高校户外运动风险管理及风险应对 (102)

第七章 户外运动赛事风险管理 (108)
第一节 户外运动赛事发展现状 (108)
第二节 户外运动赛事风险源分析 (110)
第三节 户外运动赛事风险评估与应对 (113)

第八章 户外运动俱乐部风险管理 (118)
第一节 户外运动俱乐部概述 (118)
第二节 户外运动俱乐部风险形成机理 (124)
第三节 户外运动俱乐部风险应对策略 (127)

第九章 户外运动法律风险 (136)
第一节 户外运动的相关法律制度 (136)
第二节 户外运动事故责任的法律适用 (145)
第三节 户外运动法律责任的典型案例 (153)

第十章 户外运动安全保障体系 (175)
第一节 户外运动安全保障体系概述 (175)
第二节 户外安全保障机构与政策法规系统 (179)
第三节 户外安全教育培训与安全预警系统 (181)
第四节 户外安全救援与保险系统 (185)

第一章

风险与风险管理概述

事实上,风险与人类一直相伴而生,与人类的活动紧密相关。人类为了生存和发展,很早就自觉或不自觉地与风险进行着斗争。风险需要管理,风险管理应成为组织管理的一项重要职能。当前,人类在经济、社会领域已取得了重大的进步和拓展,但环境的复杂多变也使得自然灾害和意外事故时常发生。为了尽量减少或避免风险的负面影响,最大化地享受风险收益,我们需研究风险,把握风险规律,进而合理管理风险。

第一节 风险的概念与要素

一、风险的概念

"风险"一词起源于远古时期,当时许多渔民以捕鱼为生,在每次出海前他们都要向神灵祈求出海时能够风平浪静,满载而归。长期的出海捕捞使渔民们深深地体会到"风"给他们带来的无法预测的危险:"风"意味着"险",由此得来了"风险"一词。到了19世纪,"风险"一词主要是用于保险业。而现代意义上的"风险",早已超越了最初"遇到危险"的狭义含义,在哲学、经济学、社会学、政治学,甚至文化艺术领域中,被赋予了更广泛、更深层的含义。

1895年,美国学者海恩斯在《风险:一项经济因素》一书中最早提出了风险的概念和分类:"风险一词在经济学和其他学术领域中,……意味着损害或损失的可能性。偶然性的因素是用以划分风险的不同性质,某种行为能否产生有害的后果应以其不确定性而定;如果某种行为具有不确定性时,其行为就反映了风险的负担。"但对于"风险"的定义,经济学家、统计学家、政治学家和保险界学者基于各自学科的视角,目前仍无统一定论,总体可归纳成以下几类典型观点。

一是结果性判断。如美国哥伦比亚大学学者威雷特,1901年在《风险及保险经济理论》中将风险定义成:"事件发生的坏结果的不确定性"。戈登·迪克森在《保险入门》一书中提出:对特定情况下可能造成的后果客观地表示疑虑,即为风险;对发生某一经济损失的不确定性,即为风险;风险是一种无法预知的,其实际后果可能不同于预测后果的倾向;不幸事故发生的可能性即为风险;损失的可能即风险;一切危险的综合体即为风险。

二是过程性判断。日本学者武井勋在总结前人研究的基础上,提出风险是特定环境中和特定期间内存在导致经济损失的变化。该定义包括"与不确定性有差异""是客观存在的""可以被测量"三个要素。

三是客观性判断。威雷特将风险定义为"关于不愿发生的事件,发生的不确定性之客观体现"。海恩斯指出"偶然性因素"用以划分风险的不同性质,某种行为能否产生有害的后果应以其不确定性而定;如果某种行为具有不确定性时,其行为就反映了风险的负担。

四是主观性判断。贝克指出风险的来源不是基于无知、鲁莽的行为,而是基于理性的判断、分析、推论等认知能力。风险概念表明:人们创造了一种文明,以便使自己的决定将会造成不可预见的后果具有可预见性,并通过有意采取的预防性行动以及相应的制度化措施,战胜种种隐患。

综上所述,可以将风险的内涵总结为三点:①风险不等于危险,结果具有不确定性。我们无法确定风险会带来何种结果,事物的最终结果可能是好,也可能是坏,即潜在损失与获利机会并存。②风险代表结果发生的可能性。风险结果发生的概率总在0~1之间波动,概率越接近0,则发生的可能性越小。我们可以根据实际情况对风险发生的概率和存在各种结果的可能性进行识别、分析和评价。③风险既是损失的可能性,又意味着机会的存在。风险是一种事前和过程概念,而损失则为事后概念。

二、风险的三要素

按系统论来看,任何事物都是由一定的要素组成的,要素之间相互影响、相互作用,形成一个有机统一体,风险也是如此。根据风险的形成机理,风险要素包括风险因素、风险事故与风险损失三个方面:①风险的发生存在诱因;②风险的发生必定涉及人、财产或活动;③风险的出现对风险对象必然产生或多或少的影响,或损失。三者缺一不可,它们共同决定了风险事故的发生和发展(图1-1)。

(一)风险因素

风险因素指那些会影响某一特定风险事故的发生、或发生的可能性、或损失程度的原因或条件。风险因素是风险发生的源头,是一切风险发生的前提,没有风险因素就不会有风险。风险的发生受各种因素共同作用,随着风险因素的变化而变化。

根据风险因素的性质不同,分为有形风险因素和无形风险因素两类。

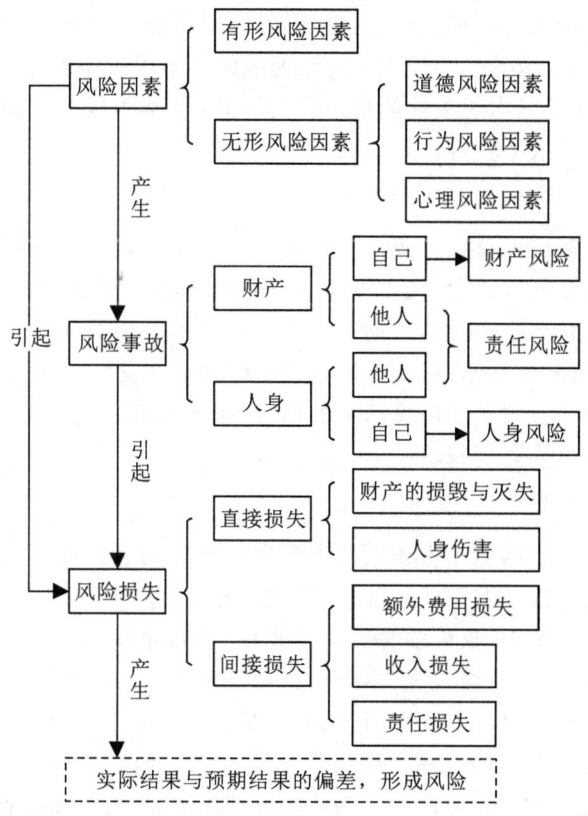

图1-1 风险要素结构示意图

1. 有形风险因素

有形风险因素也称实质风险因素,是指某一标的本身所具有的足以引起风险事故发生或增加损失机会或加重损失程度的因素,是有形的并能直接影响事物物理功能的因素,又称物理风险因素。例如建筑材料是引起建筑物火灾的物质风险因素;高海拔登山的下降器失灵是高山探险滑坠发生的物质风险因素;生态污染是影响人们健康的物质风险因素等。

2. 无形风险因素

无形风险因素是与人的心理或行为有关的风险因素,包括道德风险因素、行为风险因素和心理风险因素。它们与人密切相关,因此也称为人为风险因素。其中,道德风险是指人们以不诚实或欺诈行为故意促使风险事故发生,或扩大已发生的风险事故所造成损失的因素,如投保人投保没有保险利益的标的,制造虚假保险赔案等。行为风险是指由于人们行为上的不谨慎或不关心,引发风险事故发生的机会和扩大损失的因素。如骑山地自行车不带头盔,划皮划艇不穿救生衣,增加了发生事故后的损失程度。心理风险是指与人的心理状态有关的无形因素,如大意、侥幸、漠视对事故的防范等。心理风险与道德风险都是因主观意识而导致的,两者的区别在于:道德风险是出于主体的故意行为所致,具有明显的欺骗特征,而心理风险是因主体的大意或不负责任导致的。

(二)风险事故

风险事故指造成人身伤害或财产损失的偶发事件,是导致损失直接的或外在的原因。危险发生前,风险只代表发生事故的概率,风险事故的发生产生损失。例如,山地越野跑地形陡峭湿滑,运动员发生滑坠导致小腿骨折。其中,地形陡峭湿滑是风险因素,滑坠摔伤是事故,如果地形平缓则不会发生滑坠,也不会导致摔伤。风险事件是连接风险因素和风险结果的纽带,没有风险事件就不会引起相应风险的结果,就不会产生一定的损失。

(三)风险损失

风险结果是风险因素发生作用并通过风险事件的连接而引发的损失或危害。风险结果的发生一般情况下无法确定,损失也有其不确定性。

在风险管理理论中,损失的含义是指非故意的、非预期的、非计划的经济价值的减少,即经济损失。一般以丧失所有权、预期利益、支出费用和承担责任等形式表现,精神打击、政治迫害、折旧等行为的结果一般不能视为损失。损失一般分为直接损失和间接损失:风险事故导致的财产损失和人身伤害称为直接损失;由直接损失引起的其他损失为间接损失。例如额外费用损失、名誉损失和责任损失等,有时间接损失可能超过直接损失。

综上所述,可知风险因素的存在,可能引发风险事故,最终导致损失。对于某一特定事件,造成损失的直接原因是风险事故。例如,在高海拔攀登过程中遭遇暴风雪造成队员迷路失踪,暴风雪是风险因素,队员失踪是风险事故,暴风雪则是造成损失的直接原因,队员迷路失踪是直接损失,给俱乐部带来的收入下降、名誉损失等则是间接损失。

第二节 风险的特点与分类

一、风险的特点

(一)客观性与普遍性

古人说天有不测风云,人有旦夕祸福,表明风险普遍存在于人类的各种行为之中,这是由事物内在因素和客观规律所决定,不以人的意志为转移。风险发生的程度、可能性或是形式可能各不相同,但它总是会以各自独特的方式表现自己的存在,是一种必然会出现的事件。人们只能在有限的条件下适度降低风险发生的概率或损失,而无法从根本上消除风险。

(二)偶然性与必然性

各种不确定性因素综合在一起发生作用产生的结果,即是风险,它一般不可准确预测。风险发生具有偶然性,但风险发生也有必然性和规律性:人们只能在有限条件下对风险发生、存在的条件进行改变,从而实现风险转化,作好应对准备,不能人为地消灭和杜绝,体现了必然性;风险可随着各种社会制度及人类决策变化而产生有迹可循、人为控制的改变体现了其规律性。

(三)可识别性及可控性

风险可通过分析过往统计资料进行识别,判断其发生的概率及造成的损失如何,体现了它的可识别性。风险可通过恰当的技术进行规避或降低,体现了它可以被控制的特性。目前,已有许多识别风险和控制风险的理论、技术和方法。

(四)损失性与收益性

风险意味可能无法达到预期目标,即为损失性。风险的基本属性是不确定性和损失性。损失性体现了风险的本质属性,也从侧面体现了进行风险管理的必要性。只要风险存在,就一定会有损失的可能性,有些风险可能发现的概率较小,但危害程度很高,有些风险可能时常发生,但危害程度小。针对不同的特性,人们必须寻求不同的规避和转移风险的方法。另外,风险与收益是一体的、共生的,如果能够有效地管理风险,我们就能从中获利,实现收益。

二、风险的分类

为满足风险分析、风险管理的需要,准确掌握风险本质,我们可依据不同标准对风险进行分类。常见的分类如下:

(一)Mowbray 分类

美国学者 Mowbray 在 1969 年开始将精算及统计方法应用在风险的分类上,首次提出将风险分为纯粹风险与投机风险两类,这种分类已经是现代风险研究及制定对策的常用方法。

纯粹风险是指只有损失机会,而无任何利益的危险。人们通常概念中的风险是自然灾害以及意外事故,都属于纯粹风险,例如疾病、火灾、交通事故以及失窃等。相反,投机风险是指既有损失可能性,也有盈利可能性的风险,如购买股票或者外汇所面临的资本市场风险就属于投机风险。

二者的区别:①纯粹风险只能产生有损失和无损失两种结果,而投机风险可以产生有损失、无损失和有利益三种结局;②纯粹风险的风险事故及其损失程度一般可以通过大量的统计资料进行科学预测,而投机风险很大程度上受到了宏观环境的不可控因素影响而很难预测。当然纯粹风险和投机风险又会交织在一起,人们对纯粹风险是避之唯恐不及,而有一部分人为了追求高回报而甘愿承受投机风险。

(二)Willett 分类

美国学者 Willett 在 1951 年提出把风险分为静态风险与动态风险两类,该分类方法对分析个人或户外运动的风险情况具有较大参考价值。

在正常社会经济情况下,由于自然力的不规则作用或人类错误行为所导致的灾害事故称为静态风险。静态风险多属纯粹风险,如地震、暴风、疾病等。由于社会经济结构变动、科学技术发展等因素造成的风险称为动态风险。动态风险既可属于纯粹风险,又可属于投机风险。

因社会经济变动与否而产生的风险是划分静态风险与动态风险的标准,二者不同之处在于:①对社会只产生损失的风险为静态风险;对社会既可产生损失,又可产生收益的风险为动态风险。②只对社会成员(个体)产生影响的一般是静态风险;对社会造成广泛影响的是动态风险。③静态风险对于个人来讲没有规律可循,但对整个社会而言,却有迹可循;动态风险则很难找到其规律。

(三)Kulp 分类

美国学者 Kulp(1968)将风险分为基本风险与特定风险两类。

因政治制度变化,不确定、不可调和的经济制度或特大自然灾害而造成非人力可预防和控制的风险为基本风险,其影响范围往往较大,涉及整个社会,而起因于特定个人或团体进而对它产生影响的风险为特定风险。

按此分类基础,特定风险与基本风险的界限对某些风险有时会因时代背景及观念的不同而有所不同,也会随时间或条件的改变而改变。例如,失业、车祸等,过去均认为是特定风险,而现在的观点则视为基本风险。

(四)按风险的来源来划分

按照损失产生的原因或风险源,可将风险划分为自然风险和人为风险。

(1)自然风险。由于自然力的作用,造成财产毁损或人员伤亡的风险属于自然风险。例如,在帆船运动中,因为海啸而造成的人员、船只及其他财产的损失。

(2)人为风险。人为风险是指因为人的活动而产生的风险。人为风险可以分为行为、经济、技术、政治和组织等风险。行为风险是指因为个人或组织的大意、侥幸、过失等不当行为,造成财产毁损、人员伤亡及其他损失的风险。经济风险是指人们从事经济活动时,由于管理不善、战略决策失误、价格变化、汇率变动、供需关系的波动等所导致的经济损失风险。技术风险是指伴随科学技术的发展而产生的风险，如由于海洋石油开采技术的发展而产生的钻井平台在风暴袭击下翻沉的风险等。政治风险是指由于政治局势的变化、政策的改动、工人运动、战争爆发等，引起社会不安定而造成经济、人员或其他损失的风险。如2003年伊拉克战争中，大规模的空袭和地面攻势给这个国家的经济、政治和社会带来了巨大的打击。组织风险是指由于项目有关各方关系不协调以及其他不确定性而引起的风险。例如参与一个项目，各方组织都有不同的发展目标，参与项目的动机可能也存在差异，在项目进行中出现的影响合作或项目目标实现的因素即为组织风险，以及组织内部不同部门由于对项目的认知、行为方式、态度不一致而产生的风险。

（五）按损失的形态分类

按照潜在的损失形态，风险可以分为财产风险、人身风险和责任风险。

财产风险是指财产发生损毁、灭失和贬值的风险。例如，地震、洪水、火灾的风险，飞机坠毁的风险，汽车碰撞的风险，船舶沉没的风险，财产价值由于经济因素而贬值的风险等。

人身风险是指由于人的伤病、残疾、衰老、死亡及降低或彻底丧失劳动力等所造成的风险。人身风险通常又可分为生命风险和健康风险两类。

责任风险是指由于社会个体（经济单位）的侵权行为造成他人财产损失或人身伤害，依照法律负有赔偿责任，以及因无法履行合约而致使对方受损所应承担的合约责任所形成的风险。与财产风险和人身风险相比，责任风险是一种更为复杂而又较难控制的风险，尤以专业技术人员，如医师、律师、会计师等职业的责任风险为甚。

（六）其他分类

根据可分散性分类，风险还可以分为可分散性风险和不可分散性风险；根据可预测性分类，风险可分为已知风险、可预测性风险和不可预测性风险；根据影响范围分类，风险可分为局部风险和整体风险；根据可管理性分类可分为管理的风险和不可管理的风险；根据风险损失的承担者可分为政府风险、供应商风险、保险公司风险等。

上述的各种风险的类别，有时对同一风险容易判断该属何类，有时则颇为困难，而且有些风险此时判断系属该类，但随着时间的推移而改变其性质，可能又改属于其他类。

第三节 风险管理的概念与步骤

一、风险管理的概念

风险管理是管理学的分支,是风险管理类学科的母学科。作为一门新兴的管理学科,在其形成和发展过程中,由于对风险管理出发点、目标和运用范围等的侧重点不同,不同的学者对风险管理定义提出了各种不同的学说,并随着时代的发展而不断演变。

"风险管理"的概念在1955年首次被美国宾夕法尼亚大学沃顿商学院的施耐德教授提出,距今发展已有60余年,而后在1964年由威廉斯和汉斯再次定义。在他们之前的学者一般仅仅把风险管理看作一门技术、方法或是一种管理过程,并没有将其作为一门学科。威廉斯和汉斯在《风险管理与保险》中将风险管理定义为"通过对风险的识别、衡量和控制而以最小的成本使风险所致损失达到最低限度的管理方法。"这一定义在当时被广泛接受,到20世纪70年代以后部分学者又从实务角度提出了补充或修正。

1974年梅尔和赫奇斯在《风险管理:概念与应用》中提出,经营的目的与风险管理的目的是相同的。经营的目的一是生存、收益和发展,二是摆脱困境和履行社会责任。与第一个经营目的相对应,风险管理的目的是控制及降低损失,与第二个经营目的相对应,风险管理的目的是控制潜在的损失。英国学者对风险管理定义的侧重点则是在经济控制方面。英国伦敦特许保险学会的风险管理教材将风险管理定义为"为减少不定事件的影响,计划、安排、控制各种业务活动和资源。"1998年美国斯凯柏教授在其《国际风险与保险》中将风险管理定义为"各个经济单位通过对风险的识别、估测、评价和处理,以最小的成本获得最大安全保障的一种管理活动。"这个定义实际上与威廉斯和汉斯最初的观点不谋而合,只是它的表述更合乎当前经济活动的实际状况。

目前,我国理论界大部分采用的定义是"风险管理是研究风险发生规律和风险控制技术的一门新兴管理学科,各经济单位通过风险识别、风险衡量、风险评价,并在此基础上优化组合各种风险管理技术,对风险实施有效地控制和妥善处理风险所致损失的后果,期望达到以最少的成本获得最大安全保障的目标。"该定义非常全面详细地阐明了风险管理的基本内容、方法和程序,强调了风险管理不仅仅是一种管理方法,更是一门新兴的学科。它是以观察、实践和分析损失资料为手段,以系统论为科研方法,以数量统计和概率论为工具,来研究风险管理理论、组织机构、风险和风险所致损失发生的规律、控制技术和管理决策等。它是一门边缘学科,与自然科学、社会科学、系统科学、经济学科等都联系密切。该定义的核心在于选择最佳风险管理技术组合,各种控制技术的综合优化组合是实现管理目标的重要环节。明确了风险管理的目标在于以最少的成本实现最大安全保障的效能。要达到上述目标,不仅在决策前要全面正确识别、衡量风险,而且在实施风险管理方案过程中要及时评价效果,并根据实际情况随时修改管理方案。

同时值得注意的是,"管理"一词是一种被广泛应用的通用术语,它的含义是通过某些过程、惯例或者机构来决定如何根据管理资源和利益来行使权力,如何做出重要的决定和解决争端,以及如何协调风险承担者和参与者的相关风险管理活动等。最初,"管理"一词多强调风险应对方法和应对途径的治理过程,并要求通过协调各组织的关系达到控制风险的能力。近些年,"管理"一词则更注重建立一种现代化风险评估和治理模式,开始与某一风险存在利益关系的相关方面进行联系,进行多学科、多角度的交流,并做好跨区域的有效治理和利益协调,同时还要考虑经济、文化、社会、政治环境、价值取向,以及不同风险应对方案的可选择性、应用成本等因素的影响,保证风险决策过程的公平、公正与公开。"风险管理"一词强调了有效的风险评估和现代化风险管理方法。清晰了解这一词汇的来源与定义,对理解风险管理的含义、把握风险治理的关键和制定风险应对策略都具有重要意义。

二、风险管理的步骤

道弗曼提出风险管理过程有三个步骤:第一步,识别并评估潜在风险;第二步,选择最高效的方法控制风险并执行;第三步,督察其结果。也有学者将风险管理分为四个步骤,将"评估"单列出来。

(一)风险识别

风险识别是指发现可能诱发风险的因素,包括诱发损失的风险因素和潜在获利的风险因素,主要是发现造成组织有形或无形价值损失的潜在风险。损失的识别既是对组织外部环境进行识别,也是对造成各种潜在损失的内部原因进行识别。采用的识别方法主要有风险筛查表、风险因素对照表、流程图、现场检查、事故树分析和风险评价等。风险识别不可能一次识别就可以完成,应贯穿于项目的全程,并不断检查修正。

(二)风险评估

风险评估指按照规定的安全指标去衡量潜在损失的频率和损失程度,确定风险是否需要处理以及处理的程度。这是风险管理过程中最难的一步,风险评估主要对风险因素导致损失的可能性、概率和危害程度进行评估。风险评估是决定是否采取风险管理措施、采取什么样的措施、采取措施的程度等一系列问题的基础。风险评估同样是一个动态过程,有通过经验的主观评估,也有根据事故数据进行的客观评估。

（三）风险控制

针对风险选择应对方法，目标是避免损失，增加组织价值。风险管理方法一方面是改变风险事故的环境和条件的方法，包括避免风险法、损失控制法、风险合并和分担法、合同转移法等；另一方面有做好风险成本的财物安排的方法，如自留风险法、转移风险法等。

（四）风险决策

经过风险识别发现风险因素，经过风险评估对各风险因素的重要程度进行划分，再对各种风险应对方法进行选择，采用技术还是财务，或是两者兼而有之加以消除，无法消除的就采用降低风险发生机会或减少损失的方法，制定出风险管理具体方案的过程。风险决策是贯穿整个风险管理过程各个程序的主线，决策的基础是风险管理的目标和宗旨，依据的是对风险和损失的科学分析，核心是合理地选择风险管理方法，目标是制定出处置风险的总体方案。风险管理的重要策略是确定一个自担限额针对小额损失，在此基础上进行风险自留或风险转移等处理。确定自担限额要考虑损失的幅度和财务状况，根据自身的经济实力来决定。风险决策的实质是选择成本最低、安全保障效益最大的方案（图1-2）。

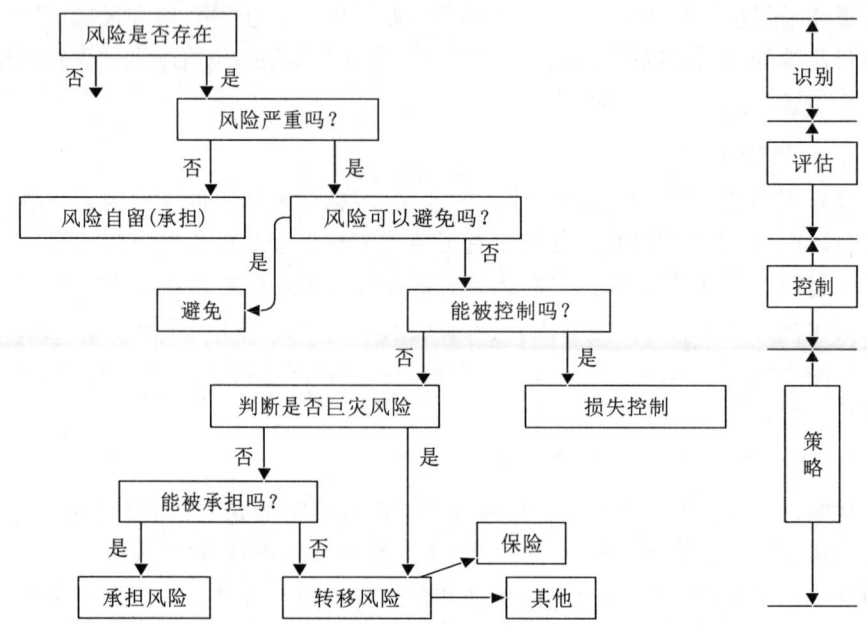

图1-2 风险管理实施步骤流程图（据郑灿堂，2007）

第四节 风险管理的发展历程

一、风险管理的思想渊源

(一)人类早期的风险管理意识

人类早期风险管理意识的形成是一个渐进的过程。原始社会的生产力极其低下,人类主要面临的风险就是毒蛇猛兽的威胁。为了生存发展,人类通过制作一些简单的工具,抵抗猛兽的袭击,这就是早期人类风险应对措施的出现和风险管理意识的萌芽。随着社会生产力的提高,自然灾害和疾病成为威胁人类安全的主要风险,这时人们更进一步探索这些风险背后的原因,但很多情况下,限于认知水平,就将它归于神的意志,当灾害来临之时祈求神灵的保佑,于是也产生了众多的神话故事。这也表达出当时人类对安全的强烈需求。

(二)我国古代风险管理思想

夏朝后期的《夏箴》中就写道:"天有四殃,水旱饥荒,其至无时,非务积聚,何以备之。"提醒人们,灾荒发生的时间是无法预料的,必须提前进行粮食的存储,以备不时之需。墨子主张"必使饥者得食,寒者得衣,劳者得息"和"有力以劳人"。荀子也道"节用裕民,而善藏其余""岁虽凶败水旱,使百姓无冻馁之患"。在我国古代,人们早就有将把剩余粮食储蓄起来的意识,以免发生灾荒时,百姓食不果腹。例如我国历代都有赈济制度:周朝有"委积";战国时代魏有"御廪";汉代有"常平仓";宋朝有"社仓"等。赈济制度本质上是建立后备、应付饥荒的一种风险对策。

另外,我国古代还创造了分散和转移风险的做法。例如从公元前1700年开始,在长江流域进行货运的商人为了避免所有的货物一次全部遭到损失,会将一批货物分装在好几条船上,进行风险分散。再如,我国封建社会还有过一种将风险转移给镖局的做法。镖局压送不同于官方护送,货物是由一些具有声望的武林高手运送的,为富商巨贾们沿途押运流通货物,以求运送货物的途中免遭匪盗抢劫。这就是一种风险转移,将风险由商人转移到了镖局。

(三)西方古代的风险管理思想

古巴比伦、古埃及、古希腊和古罗马等文明古国很早就有了风险处理方法,他们的互助共济、损失补偿方式逐渐演变成为现代保险。约在公元前2800年,古埃及就盛行互助基金组织,在这个组织中,当某位成员不幸离世时,生存的成员缴纳会费以支付其丧葬费或救济其遗属,此种类似的组织在古罗马和古希腊都曾盛行过。中世纪的欧洲则盛行各种行会,如基尔特,也有互助共济的功能。这些都是应付人身风险的方法。

对于财产风险,早在公元前3000年,古埃及商队在横越沙漠时,对于丢失的骆驼采用互助共济方式进行补偿;幼发拉底河沿岸则采用冒险借贷的方法来应对火灾风险。这些都在巴比伦《汉谟拉比法典》中有所规定。公元前8世纪到公元前7世纪之间产生的船货抵押贷款则是现代海上保险的前身。

随着生产力的发展,西欧首先出现了以互助共济、损失补偿为本质特征的类似保险行为,于是人们又有了应对风险的新手段。

二、风险管理的萌芽阶段(18世纪中期—20世纪30年代)

伴随18世纪工业革命,社会生产力得到了空前发展,技术和生产方式的变革,使生产效率不断提高、生产规模不断扩大。社会财富开始累积,世界经济开始一体化,新的风险不断出现,危害程度也不断增强。例如,20世纪30年代出现的世界性经济危机,使整个世界经济遭到了灾难性的破坏。现在人类也面临着空前的环境风险,如水质污染、臭氧层破坏、全球变暖等,不仅会带来巨大的经济损失,也会极大地威胁人类的生存。这些背景都体现了风险管理的必要性。

户外运动风险管理思想在19世纪萌芽,伴随工业革命而诞生。现代工业文明带来了生产力的空前发展,社会财富因此迅速增长并高度集中。与之相伴的是,意外事故不断增加,财产损失和人身伤亡严重,安全生产和安全管理成为一个十分突出的问题。1906年,美国US钢铁公司董事长凯里从公司多次事故教训中提出了"安全第一"的思想,将公司原来的"质量第一、产量第二"的经营方针改为"安全第一、质量第二、产量第三"。这一改变震动了美国实业界,体现了既保障雇员的安全,又保证产品的质量和产量的思想与实践。1916年,被称为"现代经营管理之父"的法国管理学家亨利·法约尔在《一般管理与工业管理》中提出了户外运动经营的六种职能,即技术职能、营业职能、财务职能、安全职能、会计职能及管理职能,并提出安全职能是另外五种职能的前提和保证,只有将户外运动可能面临的风险保证在可控范围内,才能实现户外运动的稳定发展和盈利。法约尔第一次把风险管理思想引入户外运动经营内,但未构建完整的体系。

自20世纪初,户外运动的经营范围不断扩大,工业集中、企业垄断、国际公司与跨国集团的涌现,各种经济关系被多方利益牵扯,关系错综复杂,这直接导致竞争更加激烈,投资风险增大,稍有不慎,可能会造成企业巨大损失,甚至破产。企业为预防风险事故可能带来的无法承担的损失,以及事故发生后如何采取补救措施,开始研究可能发生的全部风险和可实施的风险应对措施。于是在西方的大中型企业中,开始出现了专门负责安全和保险的管理人员。他们的主要职责是对企业存在和面临的各种风险进行全面的识别,然后对所有风险发生的可能性、造成后果的严重性、处理所需支付的费用等进行全面的评估分析,并在此基础上制定和实施最优风险处理方案。1921年,马歇尔在《企业管理》一书中提出风险负担管理的观点,包括风险的转移和排除,属于后者的主要有保险、保证、合同上的除外责任和套购交易等手段。1931年,在美国管理协会(American Management Association, AMA)大会上明确了对企业进行风险管理的重要意义,并设立保险部门,作为美国管理协会的独立机构。保险部门除了从事保险管理外,还开展风险管理的研究和咨询工作。从此,管理企业风险的人也被称为风险经理或风险管理人。1932年,由企业风险管理人员共同组成了纽约投保人协会,企业的保险管理逐步普及,并开始采用处理风险的其他手段。

户外运动的风险管理活动直接促进了风险管理学科的产生,并迅速在全球范围内发展。可以说风险管理是直接从一般户外运动管理中的安全管理和保险管理中引申及发展起来的。尽管户外运动安全管理重在劳动保护管理,即财产保全和人身安全保护,而对由政治、经济、社会诸方面所引起的风险注意不够。因此,户外运动安全管理的思想与现代风险管理的思想尚有一定距离。但是,户外运动安全管理已把对风险的处理与户外运动的生存和发展相联系,并取得了实实在在的成效,这对于风险管理的形成和发展,无论从理论到实践都有非常重要的作用。

三、风险管理的形成阶段(20世纪40—70年代)

20世纪40—50年代,风险管理思想在美国保险行业得到了广泛应用,1950年莫布雷等在《保险学》中较为系统地阐述了风险管理的概念。1952年美国学者格拉尔在调查报告《费用控制的新时期——风险管理》中首次明确提出并使用"风险管理"一词。20世纪50年代,一些学者在凭直觉和经验进行风险定性分析的基础上,同时应用了概率论、统计学、运筹学、仿真技术等手段,使得风险分析得到了巨大发展,为形成和建立完整的风险管理理论体系作好了准备。

1960年,美国保险管理协会纽约分社和亚普沙那大学共同开设了风险管理课程。1961年,印地安纳大学赫奇斯教授发表《风险及保险学课程概念》,并主持成立了美国保险管理协会的"风险及保险学课程概念"特别委员会,为风险管理学科领域的人才培养工作指明了方向。1963年,梅尔和赫奇斯合著发表了《企业的风险管理》,标志着对风险管理学系统研究的开端。1975年,美国保险管理协会更名为风险与保险管理协会,风险管理从用保险方式处理风险转向按风险管理的方式处置风险,标志着风险管理学科的逐步成熟。

四、风险管理的发展阶段(20世纪80—90年代)

在美国兴起的风险管理很快传播到了世界各地。1978年,日本风险管理学会成立。随后,关西大学教授龟井利明出版了《风险管理的理论和实务》《海上风险管理与保险制度》和《风险管理学》等著作,并在日本一些大学开设了风险管理课程。1986年,欧洲11个国家共同成立了"欧洲风险研究会",进一步扩大了风险管理研究的交流范围。同年10月,风险管理国际学术讨论会在新加坡召开。

20世纪80年代,英美等发达国家先后将风险分析技术应用于海洋石油平台、石油开采、海上石油输送管线铺设,以及军工等风险性较大的项目。随后开始结合建设项目的特点对大型建设项目进行风险分析技术的研究和应用。1983年,美国风险与保险管理协会年会上,世界各国学者共同讨论并通过了"101条风险管理准则",作为世界各国风险管理的一般准则。1987年,英国南安普敦大学会计与管理科学主任Chapman教授提出了"风险工程"的概念,弥补了单一过程风险分析技术的不足,使得大规模地在较高层次上应用风险分析领域的研究成果成为可能。同时,风险管理理论在大型工程项目上的应用也十分普遍,例如大型工程项目的立项决策、工程结构设计、工程投标承包等过程都广泛开展了风险分析和研究。

1987年,联合国出版了《关于风险管理的研究报告》,以推动风险管理理论在发展中国家的推广和应用。1991年,Irukwn结合发展中国家的国情对风险管理的基本理论进行了系统的阐述和剖析。20世纪80—90年代,风险分析技术的研究得到了进一步发展,并初步产生了一些风险分析方法和风险管理体系。这一时期的风险管理体系一般分成风险分析和风险管理两个阶段,风险分析阶段包括风险因素的识别、风险估计、风险评价;风险管理阶段包括风险响应、风险管理、风险回顾和总结。风险分析主要是在项目的最初阶段,作为可行性研究或决策依据。当项目开始具体实施时,就进入了风险管理阶段。这是一种典型的静态项目管理思想和理念,此阶段还未深入地研究项目过程决策对风险的影响。

五、风险管理的成熟阶段(20世纪90年代至今)

20世纪90年代以来,风险管理理论得到了巨大的发展,管理技术获得了更广泛的应用,同时面向过程的、动态的、系统的风险观念也开始被引入到风险管理当中。从本阶段的风险管理来看,风险管理已经考虑到了项目本身的过程性、动态性等特点,不仅改进了分析技术和管理方法,同时对风险管理与系统管理也进行了有机的融合,初步形成了风险管理系统思想。

Haimes在1991年提出了全面风险管理的概念,一种识别、估计、评价和管理风险的新理念,是传统风险管理理念的一次革命。1996年,Jaafari提出了实施计划的思想:结合计算机系统产生新的计划编制方法,利用软件帮助项目团队更好地理解和把握项目风险和不确定性。

Huseby在1992年提出了动态风险分析模型,论述了项目风险的动态性。他认为,传统的项目风险分析方法没有考虑项目管理过程的连续性特征;在评价项目风险时,除了考虑价格、收入、人工、工期的不确定性,还应该将由决策者自己制定或由决策者间接控制的未来决策或调整措施考虑进去;在一个实际的风险模型中,项目必须被作为一个动态的过程,伴随项目的进行,决策者可以修改其计划;只有当决策和风险的分析过程始终贯穿在项目的评价、优化、计划和控制阶段,才能最大限度地保证项目的成功。Riggs Jeffery 在 1994 年提出了集成风险管理的思想,利用计算机处理方法解决项目管理中技术、成本和工期风险的集成问题。Hunsucker John L 在 1996 年拓宽了风险管理的概念,提出集成风险管理计划和试验性计划。专家将集成风险管理的思想应用到项目管理中,提出了项目风险管理的集成方法和项目风险管理集成系统。

Tah 等在 2001 年提出了工程项目风险管理的知识库方法。风险知识库是一种正式或非正式的机制,项目组织通过风险知识库捕获知识,来帮助将来的风险管理。Lin Pao H 在 2003 年从系统的观点出发,将效用理论用于风险管理中,把工程项目转包合同的所有参与者看作是一个大系统和多属性决策支持系统,在满足决策者一定的效用偏好条件下获得最佳的转包商组合。

进入 21 世纪后,风险管理的理论与实践研究得到了进一步的完善,越来越多地向过程的、动态的、系统的思想发展。尤其是科学技术飞速发展的今天,为城市信息化风险管理思想和技术的发展提供了支持,推动了风险管理理论研究的更加深入。风险管理未来的发展趋势必将是动态的、全方位和全过程的。

参考文献与进一步阅读的相关文献

陈秉正. 论风险管理概念演变的影响[J]. 保险研究,2002(6):15 - 16.
葛荣晋. 中国哲学智慧与现代企业管理[M]. 北京:中国人民大学出版社,2006.
李社环. 企业风险管理的国际新趋势——整体风险管理[J]. 当代财经,2003(11):79 - 81.
刘海潮,李垣. 战略风险管理——战略管理研究的新前沿[J]. 管理工程学报,2003(3):4 - 7.
刘新立. 风险管理[M]. 2 版. 北京:北京大学出版社,2014.
孟志敏. 志愿组织风险管理研究[D]. 北京:中央民族大学,2012.
彭新武. 管理哲学导论[M]. 北京:中国人民大学出版社,2006.
乔治·E·瑞达. 风险管理与保险原理[M]. 申曙光,译. 北京:中国人民大学出版社,2006.
尚玮. 我国税收执法风险管理研究[D]. 北京:财政部财政科学研究所,2012.
宋健. 城市信息化风险管理研究[D]. 天津:天津大学,2009.
宋明哲. 现代风险管理[M]. 北京:中国纺织出版社,2003.
孙立明,孙祁祥. 风险管理的新趋势:整合风险管理及其在中国的应用[J]. 经济学动态,2003

(8):13-16.

孙立新.风险管理:原理、方法与应用[M].北京:经济管理出版社,2014.

汪忠,黄瑞华.国外风险管理研究的理论、方法及其进展[J].外国经济与管理,2005(2):25-31.

王东.国外风险管理理论研究综述[J].金融发展研究,2011(2):23-27.

王健康.教学风险管理研究[D].长沙:湖南师范大学,2012.

王稳,王东.企业风险管理理论的演进与展望[J].审计研究,2010(4):96-100.

王周伟.风险管理[M].2版.北京:机械工业出版社,2017.

乌尔里希·贝克.世界风险社会[M].吴英姿,孙淑敏,译.南京:南京大学出版社,2004.

许国栋,李心丹.风险管理理论综述及发展[J].北方经贸,2001(6):40-41.

许谨良.风险管理[M].5版.北京:中国金融出版社,2015.

薛晓源.全球化与风险社会[M].北京:社会科学文献出版社,2005.

严复海,党星,颜文虎.风险管理发展历程和趋势综述[J].管理现代化,2007(2):30-33.

杨雪冬.风险社会与秩序重建[M].北京:社会科学文献出版社,2006.

张琴,陈柳钦.风险管理理论沿袭和最新研究趋势综述[J].河南金融管理干部学院学报,2008(5):22-27.

张维功,何建敏,丁德臣.企业全面风险管理研究综述[J].软科学,2008,22(12):40-43.

钟开斌.风险管理:从被动反应到主动保障[J].中国行政管理,2007(11):99-103.

Alexander C E. Risk management and analysis[M]. New York:John Wiley & Sons,1998.

Collier P M. Organized uncertainty:designing a world of risk management[M]. Oxford:Oxford University Press,2007.

Haimes Y Y. Risk Modeling, assessment and management[M]. New York:John Wiley & Sons,2005.

Löfstedt R. Risk management in post-trust societies[M]. Basingstroke:Palgrave Macmillan,2005.

第二章

户外运动及其风险管理概述

19世纪,一些西欧国家提出"回归大自然"。户外运动伴随着工业化和城市化的脚步逐步兴起,提倡亲近自然、环保、休闲、娱乐的生活方式,崇尚平等、合作、自由、友善的人文精神,其独一无二的特性受到大众的喜爱,自20世纪80年代中期传入我国后,发展十分迅速。然而,户外运动的魅力与风险并存。户外事故的发生对人们的生命和财产安全构成严重威胁,也给户外运动本身的发展带来了严峻挑战。

第一节 户外运动的概念

一、户外运动概念的不同观点

户外运动是集新兴的运动和休闲为一体的项目群,最初是部分人寻求心理刺激、挑战生理极限的娱乐活动。在社会发展进步、经济繁荣的同时,环境出现恶化、人们压力增大,对亲近自然产生迫切需求,为此就有了户外运动的诞生和发展。在国外,户外运动被称为"outdoor recreation""outdoor activity""adventure activity"等,指在自然或半自然的环境中进行休闲、娱乐活动等,以休闲、游憩、探险为其主要涵义。改革开放以来,随着中国山峰的对外开放,外国人来中国登山和探险,进行山地穿越、徒步、漂流、溯溪、攀岩等户外活动增多,在接触中,我们也逐渐形成了户外运动的概念。近年来户外运动特别受广大民众的喜爱,发展迅速。尽管经过多年的研究,但我国学者对户外运动的概念仍存在着不同的观点。

1993年,中国登山协会王凤桐提出的"探险户外运动是人类离开正常、现实生存空间,在其他领域进行的一些带有探险性质的体育活动",这是国内较早从体育运动领域内提出的户外运动定义。2003年,中国登山协会李致新在《户外运动的健身意义及其规范化》研究报告中指出"户外运动是指在自然场地(非专用场地)开展的体育活动"。同年,中国登山协会李舒平在《登山户外运动在体育领域中的研究与对策》研究报告中指出"户外运动是一组以自然环境为场地(非专用场地)的带有探险性质或体验探险的体育项目群"。这些定义被中国许多学者引用并具有深远的影响。经过多年的研究和发展,学者们对户外运动有了更多的了解,并提出了多种定义。从体育运动的角度来看,目前国内的观点可分为以下几类。

(一)探险体验论

探险体验论认为"户外运动=自然环境+探险+运动",强调了户外运动的探险性或探险体验性,它把户外运动看作在自然环境中开展的、带有一定探险性质的体育项目群。把户外运动看作一个集合项目群,具有一定的合理性。它不指代某一具体的运动,而是各种运动项目的统称,包括滑雪、登山、漂流、攀岩等。因此,有学者认为:户外运动是指以健身和提高竞技水平为目的,一组以自然环境和人工非运动目的的建筑物(如公路、楼房、塔、桥梁等)为场地的、带有探险性质或体验探险的体育运动项目群,指出了户外运动开展的目的(健身和竞技)、地点(自然环境和人工非运动目的的建筑物)、探险性等,将开展户外运动的目的侧重于为健身和竞技,强调了生理价值和社会价值。再有学者认为:户外活动是指以自然环境为活动区域,带有体验、探险性质的一项体育活动,指出了户外活动开展的活动区域(自然环境)和特征等。

探险体验论首次把户外运动看作一组具有一定的合理性的体育项目群,说明户外运动在更大程度上是一个集合概念。但目前户外运动的实践并不仅在自然环境中开展,并不都具有探险或体验探险的性质。因此,这类观点也有待进一步探讨。

(二)自然环境论

自然环境论认为"户外运动=自然环境+贴近自然+运动",强调户外运动是在户外自然环境中开展的,其核心内容是与自然环境紧密联系。有学者认为:户外运动指在野外或在自然环境中进行的、与自然界紧密结合的新兴体育运动。这些运动包括登山、攀岩、远足、山地穿越、野营、溯溪、漂流、荒岛生存、山地自行车运动、山地越野、探洞、滑雪、攀冰、羽翼滑翔、独木舟运动等。再有学者认为:户外运动是与大自然紧密结合进行的体育活动,它的活动场地应是指大自然环境和那种不以体育活动为目的而建造的各种人文景点。

自然环境论的观点强调人与自然紧密结合,更加科学和全面。但对户外运动概念仅停留在自然环境与其联系上,未能明确表明户外运动对自然环境应持有的态度,造成了有些人对自然环境和资源的破坏及过度使用等问题。

(三)"休闲娱乐"中心论

国内很多研究倾向于从休闲角度探讨户外运动,与此密切相关的概念是户外休闲(outdoor recreation),大多学者称之为户外游憩或户外娱乐。有学者表示户外运动是休闲的一种最重要形式和内容。也有学者从休闲的内涵方面对其进行了探讨,"将户外运动放在休闲的概念下进行探讨,将户外运动视为一种休闲生存状态,一种在余暇时间进行的独特的休闲或游憩体验活动,一种与自然环境联系、与

城市生活不同的生活状态",把户外运动界定为:"人们在闲暇时间,为了满足自身身体健康、放松和休息、人际交往以及刺激和冒险等多方面的需要,采用体育运动的方式(步行、滑雪、登山等)在山地、水域、荒漠、高原等各种特定自然环境下进行的各种户外体验活动。"从理论和实践上探讨户外运动的本质,赋予其更多的内涵,具有科学性和合理性。

随着户外运动的普及,近年来中国户外运动赛事发展迅速,受到越来越多的关注与参与,职业化程度逐步提高,国际商业比赛价值凸显,已形成锦标赛、公开赛、挑战赛、邀请赛等一系列赛事活动,是户外运动的重要组成部分。绝大部分的学者认为,户外休闲需要排除带有组织和规则的竞赛活动,所以需进一步考量在休闲娱乐概念下定义户外运动的内涵。

(四)字面释义论

字面释义论指"户外运动=自然环境+体育运动",认为户外运动就是在户外自然环境中开展的体育运动。如有学者认为:户外运动是指在自然场地(非专用场地)开展的体育活动。这一定义中的自然场地是指非特意为运动目的所准备的场地,仅指出了户外运动与其他体育运动在开展范围上的不同,没有表明其本质区别。又有学者认为:户外运动是指一切利用非人工场地(不是为了运动而建立的场地)所进行的带有一定运动强度、探索性、挑战性的体育运动项目总和。非人工场地是指基本上不受人为因素影响的场地,此定义表明了开展户外运动的场地和其限定因素。再有学者认为:户外运动是指在自然场地进行的一组集体运动项目群,包括山地运动、峡谷运动、野外生存(含露营)以及荒漠运动。此定义把户外运动看作一组项目群及其项目分类。

字面释义论的观点注重户外运动的含义,强调其开展的场地和项目,仅指出了开展活动范围的不同,没有指出户外运动与其他体育运动的本质区别,具有一定的局限性。不能仅以开展活动的范围来区分户外运动和体育运动,体育运动可以在室内开展,也可以在户外环境中开展。

二、户外运动的概念内涵

户外运动经历了从民间自发到专业化再到大众化的发展历程,在内容方面也不断发生变化,其概念也经历了一个从宽到窄而后泛化的历程。综合国内外主要观点,户外运动概念的内涵主要包括以下几个方面。

(一)户外运动开展的场地界定

20世纪80年代末到21世纪初,国内体育学界和管理部门将户外运动称为野外活动或野外运动,表明户外运动是在自然环境中开展的。在21世纪初,户外运动从 outdoor 这个单词转化而来并被长期使用,最终取代了"野外运动"。从户外运动发展演变过程中可以看出,"户外"一词实际上是指自然环境。户外运动开展的场所,较合适的表达为"基于自然的环境"。

（二）参与者与自然环境的关系

参与者与自然环境之间的相互作用反映在对自然环境的影响、理解、保护及和谐方面,这些相互作用产生户外资源管理与规划、户外教育、人们的行为规范,以及对自然环境的伦理道德等领域的拓展,具有强烈的社会和文化意义,也体现出户外运动的教育功能,涵盖了户外教育、探险教育等范畴。

（三）户外运动的根本特点

运用人力或自然力,意指参与者的直接参与和体验,通过特定的方式进行积极有效的身体活动,把自动化、动物作为动力的活动区别开来,如骑马、自驾车等项目应不属于户外运动,而漂流、滑翔伞、帆船等运动项目属于户外运动。这样,就更能说明户外运动的根本属性,同时隐含着不消耗自然资源的环保理念。

（四）户外运动的精神内涵

户外运动是具有独特体验性的活动,在日常生活中,人们潜意识里追求从未有过的体验。户外运动通过人与自然的紧密结合,使参与者获得一些与平时不同的体验感、满足感甚至是刺激感,同时在活动中学习成长,提高修养,完善自我。

因此,户外运动可定义为:人们以人力或利用自然力,在基于自然的环境中开展的体育活动的统称。本定义既包含了户外休闲,也包括了探险、竞赛和教育,这与我国体育运动的组成部分里涵盖休闲体育、社会体育（大众体育）、竞赛（竞技体育）、学校体育相对应,用体育运动的概念说明户外运动的基本内涵与外延。按照动力和组织性强弱,由弱到强依次为户外休闲娱乐、户外健身、户外教育、户外竞赛、户外探险。

第二节 户外运动的特征与分类

一、户外运动的特征

户外运动是人们在自然环境中进行并回归自然的一种活动。在这种活动中,我们可以提高整体素质,培养意志品质,亲近自然,具有挑战性、自然性、危险性和刺激性、场地的非人工性等特点。与一般体育运动相比,户外运动有两个突出的特点:一是与自然的高度融合;二是全面锻炼身体素质。户外运动有亲近自然、个性发展和促进身心健康的特征,我们也可以从以下几个方面理解户外运动的特点。

（一）知识与自然的结合

户外运动与一般体育运动和旅游的主要区别在于，在享受自然的过程中融入社会人文因素，将人文地理知识与自然相结合，提升参与者的综合素质，使人们在参与运动的过程中享受自然、愉悦心情、快乐体验，同时树立人与自然和谐相处、保护环境的理念。

（二）挑战性与探险性的结合

户外活动的开展具有不可预测性，在活动的过程中可能会出现各种突发情况，这对户外指导员和参与者来说都是巨大的挑战。但在这种氛围中，才可以激发人们自身潜能，不断挑战自我、完善人格，提高克服困难的信心和应对挑战的能力。

（三）体能与体验的结合

户外运动项目强调参与者自身的感受和体验，注重提高综合能力和培养团队精神。同时，"挑战极限、完善自我"是户外运动常用的口号。人们参与户外运动的时间少则一两天，多则一两周，在具有极大不确定因素的野外环境中，面对各种未知的挑战，需要有良好的体能和敏捷的应变能力。

二、户外运动的分类

我国目前开展的户外运动内容丰富、项目众多，有些项目划界不清，与其他项目之间存在重叠。

根据不同的分类标准，可以将户外运动进行以下分类。

（一）按照户外运动的环境划分

(1) 空中项目。如滑翔伞(有动力、无动力)、热气球、跳伞等。
(2) 水上项目。如漂流、扎筏、泅渡、潜水、皮划艇等。
(3) 陆上项目。如丛林穿越、登山、攀岩、溯溪、露营、探洞等。
(4) 综合项目。如野外生存、野外拓展、探险挑战赛等。

（二）按照户外运动的形式和功能划分

(1) 健身性户外运动，其功能是提高身体素质，以及用于疾病的防治和病体的康复。如登山、远足等。
(2) 消遣娱乐性户外运动。如爬山、野营等。
(3) 探险性户外运动。如丛林探险、探洞等。
(4) 挑战性户外运动。如野外生存、攀登高峰、沙漠穿越等。

（三）按照身体能力划分

(1) 技能类户外运动。如定向运动、探洞、丛林急救等。
(2) 体能类户外运动。如沙漠穿越、丛林穿越、溯溪等。

（四）按照户外运动过程中人和自然的联系程度划分

(1) 自然类运动。如各种山地、海岛、荒漠运动等。

(2) 半自然类运动。如山地自行车和直排轮滑公路穿越等。

（五）按照户外运动的专业性划分

大众休闲户外运动和专业户外运动：前者适合普通的户外运动爱好者，不需要专业的户外运动装备和技能，活动冒险性较小；而后者需要经过系统的户外运动培训，需要具备专业的户外运动体能和技能，活动往往具有一定的挑战性和刺激性。

中国登山协会张志坚(2006)在《山地户外运动之分类、竞赛、场地》中，认为山地户外运动内容繁杂，但基本上应包含以下三个要素：①垂向运动，即必须具有垂向运动的内容，如登山、攀岩等；②水平运动，即平面上的位移，如徒步运动、器械运动等；③随机应变能力和克服障碍能力，在山地户外运动中，各种突发事件和困难障碍很多，对以上两种能力要求高，如野外生存、障碍赛等。

张志坚按照从事山地户外运动的地形把山地户外运动分为山地运动、峡谷运动、海岛运动、荒漠运动，以及人工建筑物运动，五个大项、十四个系列、四十八个项目（表2-1），并指出，中国今后的山地户外运动将在更加理性、规范、安全、环保的

表2-1 山地户外运动按照从事地形分类

大项	系列	项目
山地运动	丛林（森林、雨林）系列	滑草、定位与定向、丛林穿越、丛林宿营、丛林觅食等
	岩壁系列	（器械）攀岩、岩降、攀冰等
	其他系列	群众登高活动
峡谷运动	谷内系列	横渡、溯溪、攀瀑、溪降、漂流等
	谷缘系列	搭索过涧、溜索（飞狐）、悬崖跳水等
海岛运动	荒岛生存系列	觅食（觅水）、海水淡化、宿营、求援等
	滩涂运动系列	滑沙、滩涂运动游戏、结绳负重等
	峭壁运动系列	海上攀岩、悬崖跳水、溜索等
	近岸水域运动系列	木筏环岛、水中滚木等
荒漠运动	沙漠运动系列	滑沙、沙漠穿越、沙漠生存等
	戈壁运动系列	戈壁穿越、戈壁生存等
	荒原运动系列	穿越项目、生存项目等
人工建筑物运动	垂向户外运动	攀楼、攀塔、地下管道攀降等
	水平户外运动	自行车或汽车公路穿越、直排轮公路穿越、公路徒步穿越

前提下,从以下三个层面开展:①户外比赛,属于高水平、带有示范性的竞技层面。②户外拓展、游戏类活动,属于带有一定技术内容、有组织的活动层面。主体是各俱乐部、企业、学校等具有一定资质的法人单位。通过对户外线路的勘察和活动的策划组织,在安全的前提下,引领户外爱好者从事具有一定技术水平的户外运动。③户外休闲,属于基本没有技术内容、自发组织或结伴进行活动的层面。由于基本没有技术内容,这个层面的体育属性模糊,与旅游界限划分不清楚。

第三节 国内外户外运动的起源与发展

一、户外运动的起源

户外运动起源于18世纪的欧洲。当时,户外运动作为一种重要的旅游形式,持续到19世纪。这种奢侈旅游最初主要是贵族的"特权",他们到欧洲参观各类博物馆,并逐渐挖掘出阿尔卑斯山脉的旅游资源。18世纪中叶,一些传教士需要穿越山区传教;科学家也开始关注阿尔卑斯山脉复杂的山地结构、气象条件和丰富的动植物资源,并进入山区做一些自然生态的研究;还有一些在工业革命时期形成的社会新阶层,如实业家和企业家等,有钱又闲之后,寻求休闲娱乐的生活方式,登山逐渐进入他们的视野。1786年是登山运动的诞生年,法国著名科学家德·索修尔、巴尔玛等是世界登山运动的创始人。人们把阿尔卑斯山下的夏木尼镇作为登山运动的发源地,并得到了国际登山界的公认。1787年8月3日,德·索修尔和巴尔玛率领一支20多人组成的登山队,再次登上了勃朗峰,揭开了现代登山运动的序幕。在登山过程中,他们研究了人体生理学和自然环境的各个方面,并从中获得了许多高山科学中有价值的信息。

1857年,世界上第一个户外运动俱乐部诞生于英国,把登山和徒步旅行作为主要的体育运动,是现代户外运动俱乐部的原型。随着人们对山地环境观念的改变,登山也开始流行起来。登山成为新的旅游方式后,人类首次登上山顶成为登山者。为了登顶难度更大的山,登山者不仅开始关注技术,也逐渐开始重视研究、开发和应用攀登设备。第二次世界大战前后,为了满足各种复杂地形的作战需要,登山技术得到了进一步的发展,户外运动由私人冒险旅游业逐渐演变为拥有众多普通参与者的活动。

基于现代登山运动起源于阿尔卑斯山的历史事实,登山也被称为"高山运动",并由此衍生越来越多的户外运动项目,如攀岩、溯溪、野外露营、潜水、定向、探险、山地自行车、徒步、滑雪等运动。这些项目具有很大的挑战性和刺激性。随着社会经济的发展和适应时代的需求,又从户外运动中派生出了一些其他项目,如拓展训练、探险旅游和户外休闲旅游等。

二、国外户外运动的发展

(一)美国

美国是个户外运动高度发达的国家,拥有大量的户外运动人口和相对完整的户外产业链。根据美国户外产业基金会(Outdoor Industry Foundation)发布的数据,美国2016年至少参与过1次户外运动的人数达1.444亿人,约占美国总人口的48.8%;消费者在户外休闲方面支出8 870亿美元,创造了760万个就业机会,已成为刺激美国国民消费的经济驱动器。

第二次世界大战后,美国国会授权水土保持基金会资助政府购买大量的环保设施,并建立大量户外运动项目,以满足人们的日常休闲需求,促进户外运动的快速发展。2010年,奥巴马发布了《21世纪美国伟大户外运动战略》,主要目标是鼓励人们到自然中参加户外活动,实现对自然资源文化的保护。

美国有各种各样的户外运动协会,在促进、推广和组织户外运动方面发挥着不可替代的作用。美国各州有许多户外活动场所,如城市公园和沿海步道等,在人们的户外活动中起着关键性、基础性的作用。

(二)德国

德国是欧洲户外运动最大的消费国,户外运动爱好者占总人口的58%,户外用品最大的消费群体平均年龄在25岁以下。他们经常参与的户外运动有滑雪、徒步、骑行、潜水、跑步等项目。目前,德国有近4 000个跑步俱乐部,每年有180个大型专业马拉松比赛和超过3 700个大型"跑步节"。户外跑步在德国覆盖范围广,并有活动形式多样、创意层出不穷的跑步比赛,比如强人赛跑、越野跑、跑楼梯、高楼跑、彩色跑、内裤跑、向后跑等,促进了与跑步相关的产业蓬勃发展,仅跑鞋的销售额每年就高达4.44亿欧元。跑步旅游项目也日渐盛行,相关部门专门设计出多条跑步观光路线,并有专业导游为跑步者提供服务。

(三)英国

英国国民经常从事的户外活动,包括徒步、登山、山地自行车、越野跑、滑雪、划船、钓鱼、高尔夫、户外足球等。据英国自然署公布的数据显示,徒步旅行最受欢迎。2013—2014年间,大约有55.4%的人每月进行一次专门的户外徒步活动(10分钟以上),42.2%的人每周进行1次户外徒步活动,每周运动3次和5次的人数分别占23.1%和16.2%。近年来,英国的捕鱼活动数量迅速增长,2013年较过去5年时间增长了24%。英国人酷爱森林,英国森林委员会公布资料显示:近年来,大约有66.67%的森林被"访问"过。英国的户外运动与旅游业密切相关,研究显示:75%的度假者和66.67%的国外游客都参与徒步。

(四)法国

法国的户外运动已进入"全民户外"阶段。居民经常参与登山、攀岩、悬崖速降、山地自行车、露营、野外生存、滑雪、漂流等户外活动。根据专业市场分析公司NDP集团发布的数据,2013年,法国有超过3 400万人经常从事户外运动,约占总人口的51%(法国2014年总人口约6 620万人)。法国人不仅十分喜爱户外运动,而且有强烈的消费意愿,15岁以上的年轻人平均每人每年用于户外消费约300欧元,成人约270欧元,二者分别高于德、美、英19%、21.5%、32%和11.4%、18.6%、27.8%。目前,法国年均户外消费20亿欧元,约占欧洲总量的1/5,并保持6.8%的增长率,是欧洲户外消费最活跃的国家。

(五)澳大利亚

澳大利亚每周有15岁以上的居民超过1 100万人参加一次体育锻炼和休闲活动,参与率高达70%。澳大利亚人喜欢享受的户外运动包括露营、健身、游泳、网球、高尔夫、跑步、板球和曲棍球等。南澳大利亚位于澳大利亚南部,有着让人神往的山脉、峡谷、草原、沙漠和丰富多彩的动植物,营造出迷人的户外体验。徒步、自驾、高尔夫、荒野露营(camping)、双体游艇巡游(catamaran cruise)、潜水与冲浪(diving and surfing)、直升机游览(helicopter experience)、热气球之旅(ballooning experience)等户外活动,已成为南澳大利亚享誉世界的旅游名片。

三、我国户外运动的发展

户外运动在我国的发展最早是由登山探险运动开始的,随着时代进步,户外运动的内涵和外延都发生了巨大变化,它正在以一种更加健康、休闲的方式融入到人们的生活中。

(一)我国户外运动的发展历程

1. 探索学习阶段:20世纪50年代至90年代初

户外运动最早来源于探险与科考,最主要的特征为"挑战自我",以登山项目为主。1956年组成第一支国家登山队,两年后,国家体委正式成立登山处,同年与国家登山队合并成立中国登山协会。1989年,我国第一个户外运动俱乐部诞生,开始了户外运动产业化的探索,其体制结构是由中国登山协会统一管理。但由于当时条件所限,装备比较简单,组织活动单一。

2. 逐步发展阶段:20世纪90年代至2003年

1990年"昆明市登山探险协会"成立,这是我国第一家户外(野外)运动的民间组织。我国于1995年开始大规模的民间户外运动,最初是少数大学效仿国外的大学组建了登山队,后来各高校开始相继组建户外运动社团。1998年,户外运动在经济发达地区悄然兴起,同时得到各大媒体的强烈支持,使得户外运动迅速流行起来。2001年,中国登山协会正式成立了户外运动部,负责专门的户外运动竞赛规则和行业规范,其体制结构以中国登山协会为主导,以民间组织为主体。

3. 规范化、大众化发展阶段:2004年至今

2004年,教育部设立了"大学生野外生存生活训练"课题,并计划于2004年7月至2006年7月,在全国部分高校进行实验。2005年4月,山地户外运动被设立为我国正式开展的体育项目。2007年,野外生存生活训练课程作为体育课的选修科目在全国各大高校推广。中国地质大学(武汉)是国内第一所有户外运动专业的学校。户外运动的发展是先有市场后有行业,因此,有着广泛的群众基础和庞大的市场规模。目前,在我国主要是民间户外运动的组织者、网站、俱乐部以及户外公司等进行户外运动的推广。随着我国经济的发展,城市生活水平的提高,户外运动有逐步向大众化发展的趋势。

(二)我国户外运动的发展趋势

1. 国家扶持力度加大,管理制度日益完善

随着我国体育产业的飞速发展和国家政策的大力支持,水上运动、航空运动、山地户外等户外运动产业也取到了长足进步。2016年10月,发展户外健身休闲产业的《水上运动产业发展规划》《山地户外运动产业发展规划》《航空运动产业发展规划》相继出台,为户外运动发展提供了新机遇。除了"水、陆、空"三规划的出台,2017年12月,体育总局等相关部门联合印发了《击剑运动产业发展规划》《自行车运动产业发展规划》《马拉松运动产业发展规划》等,户外运动将进入迅猛发展的新时期。

2. 全民化与专业化双向迅速发展

户外运动项目的多样化满足了不同参与者的个性化需求。随着年龄的增加,生理心理的不断成熟,生活阅历的不断积累,在户外运动项目的选择上,不同年龄段的人呈现出不同特征。随着我国户外运动的大众化普及,参与人员呈现出全民化的特点。与此同时,长期进行户外活动的人群,开始不断提升自我的技术水平,更加专业化。在登山、越野、滑雪等运动项目上,人们不断挑战自我、提高专业技能水平,努力创造新的运动成绩或刷新纪录。

3. 协会、俱乐部以及网络平台不断涌现

据统计,2018年全国共有122个户外运动类协会,其中,114个户外运动协会,

8个极限运动协会。目前我国的户外运动俱乐部主要集中在经济较发达的省份及沿海地区。

经过几十年的发展探索,目前我国的户外运动俱乐部运营模式分为以下几种类型:①"捆绑式"运营模式,主要是户外运动俱乐部与户外用品店相结合的形式,此类模式是目前最为常见的户外俱乐部经营模式;②"单一式"运营模式:分为两种类型,一种以销售式经营为主;一种以培训式经营为主;③"自发式"运营模式,是单纯由户外运动爱好者自发组织建立而成的,不进行任何盈利;④"会员式"运营模式。它主要通过提供服务吸引会员加入俱乐部,培养顾客和会员的忠诚度,以此来经营俱乐部。

随着网络的不断普及,依靠网络平台发展起来的虚拟俱乐部及户外论坛,为户外运动爱好者提供了更加方便可靠的会员注册渠道及信息,同时网络平台具有大规模、全天候地组织、召集、交流甚至销售户外运动装备的体系。线上俱乐部将成为我国户外运动俱乐部发展的一大趋势。

第四节　户外运动风险管理

一、户外运动风险的概念

户外运动与风险并存,欧洲一些学者称之为探险、冒险,甚至有学者认为户外运动的目的就是追逐体验其风险,如弗兰克认为人们通常会想方设法降低各种风险,而在户外运动过程中刻意去追逐风险、寻求刺激,甚至接受风险,称之为风险保留,这也是户外运动的魅力所在。

关于户外运动风险内涵,可以从多个角度进行分析。从安全理论的角度,将户外运动风险定义为户外运动安全,即在户外运动的过程中,队员因人、装备以及周围环境所带来的不能承受风险的伤害;从概率理论的角度,有学者认为户外运动风险是指在参与户外运动时,由于参与者自身因素、复杂的外在环境或各因素相互作用等,所导致的某种损失发生的可能性;从结果差异化角度,有学者认为户外运动风险是指运动参与者及组织者在户外运动过程中所面临的不确定性因素导致非预期结果的可能性;从损失角度,有学者认为户外运动风险就是在进行户外运动过程中出现的人力、财力、物力的非预期性损害,如人员伤亡、财产损失、设备损坏等。这个视角主要从户外运动的风险致因及影响后果方面进行分析,将风险致因归纳为人的因素、物的因素和环境因素。户外运动风险事故造成的风险后果包括人员伤亡、财产损失、声誉损失等。

简而言之,户外运动风险是在参与户外运动时发生某种伤害的可能性,而这种可能性是由参与者自身因素、复杂的外在环境等相互作用导致的不确定性。它是户外运动安全内在规律的外在表现,使得户外运动的风险远大于其他休闲活动。

二、户外运动风险的特征

正确认识户外运动风险的特点,有利于更好地进行风险管理,避免户外运动安全事故的发生,正确识别和评估风险,及时应对风险。一般来说,户外运动风险具有以下特征。

(一)客观性

户外运动的风险是环境和装备等客观条件与人类活动交叉过程中固有的风险。只要有人参加户外运动,就不可避免地存在安全风险,但进行风险管理可以控制其在可接受的范围内。风险是由客观的自然因素(天气、自然灾害等)、社会因素(战争、瘟疫等)、人为因素(行为偏差以及参与者、管理者等的错误)及其相互作用引起的。自然现象、社会现象和人为因素是客观存在的,不是以人类意志转移的,它们相互作用造成的风险损害也是客观存在的。人们可以认识、使用或遵守规律,根据规律发生的条件和形式使用规律,在一定程度上预防和降低风险,但不能完全避免和消除风险。

(二)复杂性

户外运动风险的复杂性体现在自然环境的复杂性和人为因素的复杂性上。第一,自然环境的复杂性。参与户外运动就是人与自然紧密接触的过程,它必须基于人类对自然的理解和尊重。自然环境是一个复杂而客观的存在,人类无法征服自然,只能遵循自然规律,亲近自然,体验户外运动带来的乐趣。第二,人为因素的复杂性。户外运动参与者通常结伴而行,但团队的不同成员具有不同的身体功能、健康状况、个性特征、文化知识背景、户外运动技能和经验等。每个人都是独特的个体,这些独特的人聚集在一个团队中,就构成了一个复杂的人为因素。人为因素是户外运动危险因素中最复杂多变的因素,当所有其他风险成分不变时,不同的人可能会有不同的风险。

(三)不确定性

户外运动风险的发生既是偶然现象,也是必然结果,是偶然与必然的统一。就个别风险事件而言,风险事故的发生是偶然的。这种意外事件由风险成分的随机性决定,是一个具有很强不确定性的小概率事件。户外运动的风险受自然环境、天气、参与者的人体功能、健康状况和心理素质以及个性特征的影响,同时它也受到户外技能和经验掌握程度的影响。因此,户外运动的风险并不是一成不变的,其发生的概率和变化后事故的严重程度随风险因素而变化。自然因素、社会因素和人为因素等相互作用都会导致风险发生变化。

（四）潜在性

户外运动的风险是各种风险因素及其相互作用可能发生风险事故。这是一种可能性,而不是事实,即它尚未发生,它可能会发生,也可能不会发生,而且它是潜在的。只有当导致风险事件发生的条件或情况成熟时,户外运动风险才能从潜在状态转变为现实,成为风险事件。户外运动风险往往不是外显的,正是由于这种潜在性,人们不容易注意到它们的存在,并且很容易造成各种损失。

（五）规律性

在户外运动中单个风险的发生虽然具有偶然性,但大量风险发生则具有一定的规律性。通过多年来对山地灾害事件的研究和分析,可以发现各种风险的存在。这种规律性为我们提供了识别风险、评估风险、规避风险和应对风险的现实可能性。通过长期的积累和实践,对于这些风险损失有一定的应对措施,可以最大限度地减少或避免这些损失。比如为了预防失温,需要合理安排行进路线及作息时间；避免长时间暴露于低温环境中,及时休息并补充热量；勤换衣服,保持身体干爽,注意保暖防寒；不要让寒冷、大风和湿衣服三者同时出现。

（六）损益性

户外运动的风险与潜在的收益共存。如果运动安全的风险超出参与主体可承受的范围,则可能产生灾难性的后果。虽然风险会导致财产损失,甚至伤亡,但如果科学有效地管理风险,控制其在主体所能承受的范围内,可能将风险转化为收益,人们可以在运动的过程中挑战自己,获得快乐、自信和成就感。比如在高山探险的过程中,可能会遇到雪盲、高原反应、肺水肿、脑水肿和冻伤等风险,但是如果在出发前做好知识技术储备和进行系统的体能训练,备有紧急预案,那么在克服风险的基础上,可以全身心地享受沿途的美景,享受与同伴一起登山的乐趣,以及个人感悟和沉淀。

三、户外运动风险管理

户外运动风险管理是指规划、管理和控制一个户外组织或专门机构的资源,以使由于该组织或机构举行的户外活动造成对他人、社会实体、个人等的伤害和损失降到最低限度的过程。

户外运动风险管理的操作程序一般包括以下三个部分。

（一）制定户外运动风险管理计划

户外运动风险管理的核心是利用风险管理技术有效地界定户外运动的明显和潜在风险,并进行分类和准确特征描述,同时评估多个风险因素的综合效应,最后提出应对风险的方法。因此,建立完整的户外运动风险管理计划包括三个步骤:识别风险、评估风险,以及选择如何应对风险。

(二)执行户外运动风险管理计划

实施风险管理计划的关键是户外运动组织者需要了解他们在风险管理计划中的地位,以及他们需要履行的职责,因此内部沟通非常重要。最有效的沟通方式是将户外运动风险管理计划作为员工培训内容;其次,在每次活动进行之前,领导该团队召开一次小型会议,为每位参与的工作人员分配责任,预测活动期间可能出现的风险,并讨论应对策略。

(三)管理户外运动风险管理计划

户外运动应有专人致力于实施风险管理计划。这些员工必须首先拥有丰富的户外活动经验,并认可户外活动风险管理的重要性;其次,要充分了解如何管理风险,充分了解消费者的心理风险。由于风险的可变性而导致的风险管理计划也将改变。所以风险管理计划另一个重要的工作就是完善户外运动风险管理计划,通过总结归纳户外活动组织过程中新出现的风险因素及讨论应对措施,以及消费者对本次活动风险方面的信息反馈来不断地发展完善户外运动风险管理计划。

四、我国户外运动风险发展与现状

近年来,我国的户外运动发展迅速,越来越多的人融入户外运动的潮流,他们接近自然,参与户外运动,提高自身素质,培养团队精神。随着参与者数量的增加,安全事件也频繁发生,参与者的人身安全已成为社会各界关注的焦点。

我国户外运动的发展具有阶段性特征(表2-2),从新中国成立之初到20世纪80年代初是诞生和发展的阶段。这个阶段的户外运动是在政府的领导下进行的探险和科学调查,如1960年和1975年珠穆朗玛峰的成功登顶,参与者大多是专业队员,而且后勤和安全保障充分,很少发生意外事故。

从20世纪80年代到90年代末是中国户外运动发展的推广阶段。随着改革开放的不断深入,户外运动项目的不断丰富和发展,攀岩、徒步旅行和漂流很受欢迎。户外运动发生了从有组织的国家和集体行为到自发的个体行为的转变。在这个阶段,除了专业的户外参与者,还有一些业余爱好者,由于户外技术的不完善、户外装备的限制,以及户外安全意识薄弱等因素,导致户外运动事故的发生。这些户外运动事故的特点是发生次数少、多人同时遇难,如1986年中美三支队伍的长江漂流10人遇难,1996年8位登山者命断珠穆朗玛峰等。

2000年至今是我国户外运动的社会化发展阶段。随着社会的进步和人们生活质量的提高,越来越多的人参与户外运动。俱乐部和民间社团等社会组织已成为户外运动的支柱。户外运动的目的由探险和挑战极限变成体验和个性化的追求。当然,由于大众户外知识的缺乏、组织方的资格和能力不足等,导致户外事故发生率高,受害者人数增加,受害者年轻化。随着户外安全事故的发生率不断升高,社会组织也越发注重户外运动的安全性。自2007年以来,中国登山协会发布了年度户外登山事故报告,为户外运动爱好者提供了详细的信息和参考。

表2-2 我国户外运动和户外安全事故阶段性特征表

特征	阶段		
	诞生和发展阶段	改革开放推广阶段	社会化阶段
组织形式	政府组织	中外联合组织、社会组织	社会组织、个人
参与群体	专业队	专业队、业余组织	专业队、业余组织、个人
参与目的	科学考察、政治	国际交流、探险	体验、个性化
户外项目	高山探险	登山、攀岩、漂流	登山、攀岩、漂流、穿越、拓展、自驾等
发展特点	政治性、大规模	民间、小规模	社会性、个人
户外事故特征	极少	次数少,但伤亡较大	频率高、伤亡人数多

据中国登山协会的不完全统计,2018年大陆共发生登山户外运动事故348起,事故总人数1135人,其中死亡事故40起,死亡人数44人;失踪事故4起,失踪人数4人;致伤事故115起,致伤人数123人;无人员伤亡事故189起(图2-1)。与2017年相比,2018年事故数量增加59起,事故总人数增加128人,增长率分别

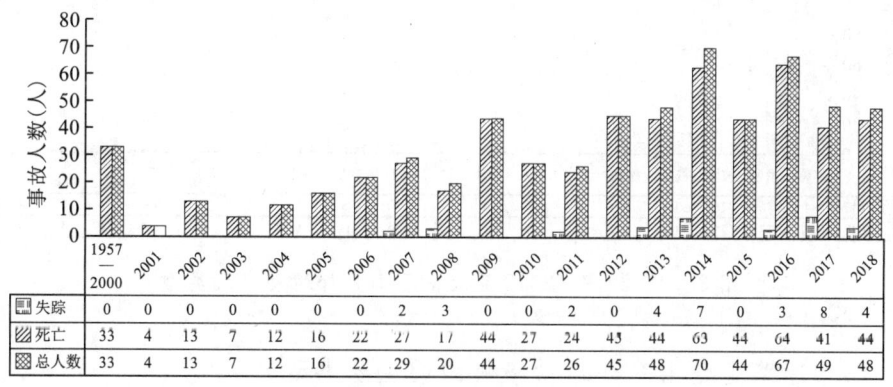

图2-1 1957—2018年大陆登山户外运动事故人数

为20.42%和12.71%;死亡事故增加5起,死亡人数增加4人,增长率分别为14.29%和9.76%;失踪事故减少3起,失踪人数减少4人,降低率分别为42.86%和50%;致伤事故增加8起,致伤人数增加2人,增长率分别为7.48%和1.65%。整体上看,在登山户外运动的快速发展和参与登山户外运动人口数量急剧增加的背景下,近年来登山户外运动事故呈增长趋势。

进一步的深入分析表明,登山户外运动事故的发生与运动项目、攀登过程、天气等因素密切相关。

(一)高坠和滑坠类事故在受伤和死亡事故中占比最高

近年来,事故数量的不断增多,也导致事故类型发生了较大的变化,包括迷路、滑坠、被困、高坠、疾病等十余种类型,图2-2对近两年的事故类型进行了统计。特别值得注意的是,2018年的348起事故中,高坠事故和滑坠事故分别为16起和73起(高坠指垂直坠落;滑坠指在具有一定坡度的地形上滑落),高坠和滑坠类死亡事故数量占死亡事故总数量的53.86%,占受伤事故总数量的55.66%。因此,高坠和滑坠已成为受伤和死亡事故中最主要的类型,应重点加以防范,对陡峭、接近悬崖的地形处设置警示牌,并安装护栏、绳索等安全措施;参与者在无保护的措施下,禁止靠近悬崖或者陡峭处,尤其雨天或者雪天更要特别注意。另外,从图2-2中也可以看出,尽管这两年的事故类型基本相同,但因迷路、高原反应、摔倒事故的数量明显增多;山洪被困事故成倍增长,2018年由于突降暴雨引发山洪而被困的事故已达到10余起。

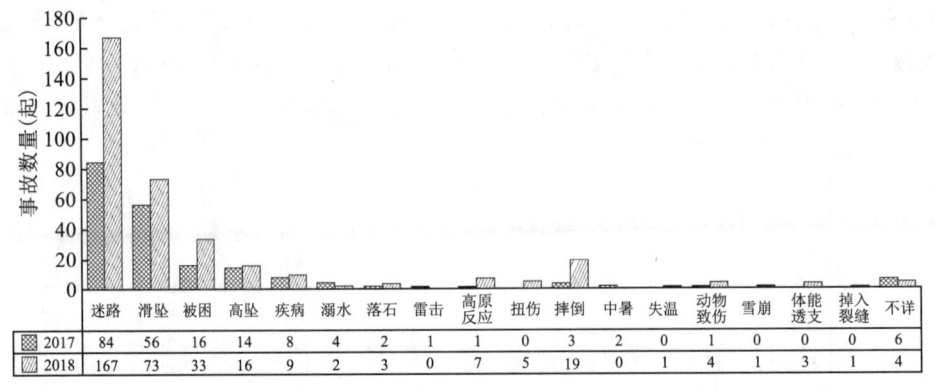

图2-2 2017—2018年大陆登山户外运动事故类型

(二)迷路是登山户外运动事故的最主要类型

迷路已连续多年成为登山户外运动事故的主要类型之一,根据历年的统计数据,2016年、2017年和2018年迷路事故分别为139起、84起和167起,分别占当年总体事故数量的45%、46%和48%,整体呈上升趋势,2018年仍居事故数量首位。从历年的事故案例来看,迷路类型主要可分为天黑迷路、大雾迷路、落单迷路、挑战新线路迷路等。大多数迷路者伴有体能透支、心理崩溃、摔伤等情况,如果得不到及时救援,很大程度会造成严重后果。因此,组织机构需持续宣传登山户外安全知识,完善路线标识导向系统;提高登山户外运动从业人员的专业素质和技术水平,培养良好的安全意识,加强对参与者的指导和帮助;参与者也需深入了解登山户外运动的高风险性,加强学习,提高自身应对风险的能力。

(三)登山和徒步穿越连续多年成为事故频发的运动项目

表2-3统计了各户外运动项目发生的事故数量,登山和徒步穿越是历年发生事故较多的运动,近年来的事故数量均占全年事故总量的90%以上。低海拔登山和徒步穿越相对其他项目门槛较低,对技术、装备等方面要求也较低,因此参与人数近年来增长较快,成为户外爱好者容易接近的项目,如果缺乏登山户外运动的专业知识、设备和技术,缺少行前计划与准备,再加上一定程度的盲目性和安全意识的缺乏,发生事故的概率就会极大增长。

表2-3 2014—2018年大陆登山户外运动事故所涉项目

年份	登山	徒步穿越	高山探险	溯溪	露营	攀岩	探洞	拓展	溪降	漂流	山地自行车	溜索	越野跑	攀冰	救援	其他	桥降	速降	滑翔伞
2018	237	88	7	6	0	3	0	2	1	2	0	0	0	0	0	0	0	0	1
2017	97	84	4	0	1	3	1	3	0	0	0	0	0	0	1	0	0	0	0
2016	179	102	4	5	1	2	3	2	4	1	0	0	0	2	1	1	2	1	0
2015	149	18	5	7	2	3	1	0	1	3	0	0	0	0	0	0	0	0	0
2014	74	67	4	9	1	0	0	0	0	3	1	1	0	0	0	0	0	0	0

另外,高山探险项目2018年共发生7起事故,造成5人死亡,与2017年相比死亡人数有所增加。从事故案例来看,7起事故中仅2起在攀登前经过了地方登山协会批准。在进行高山探险时必须经过山峰所在地相关管理单位的批准,以便进行安全监控,一旦发生事故能够进行及时有效地救援。

(四)经济发达和户外资源丰富地区事故数量较多

国内户外运动始于东南沿海发达地区,相对而言,这些区域的户外运动组织较为发达,参与登山户外运动的人群基数较大,发生事故的概率也相对较高。登山户外运动事故在全国各省市的分布如图2-3所示。与2017年相比,2018年浙江省、广东省和山东省事故数量居全国前列,四川省、北京市事故数量也有了大幅增加。这些省市的山地户外运动资源比较丰富,经济也相对发达,交通较为便利,区位优势明显,吸引了全国各地的爱好者前往参与,同时当地救援组织和事故信息员对事故数据的收集也较为全面。

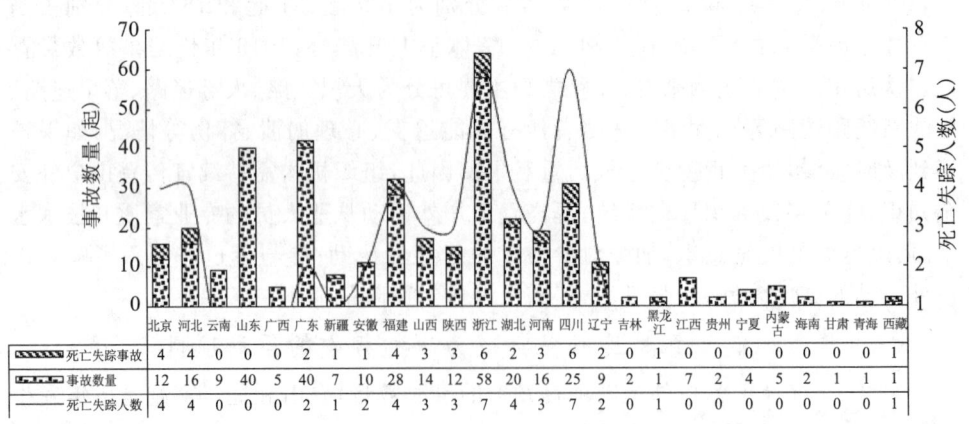

图2-3 2018年部分省市(自治区)登山户外运动死亡与失踪事故分布图

(五)连续两年10月份事故数量最多

图2-4统计了近五年来每月登山户外运动事故的数量,整体来看,每个月均有事故发生,5月和10月是两个事故多发时段。2014—2015年事故相对集中在上半年,但2016—2018年下半年的事故数量远超上半年,2017年和2018年连续两年10月份发生的事故最多,2018年12月事故与历年相比有了大幅增加,其他月份与往年相比基本呈现平稳状态。在全民健身和运动项目多元化的背景下,大家选择参与登山户外运动不再集中于春、夏、秋三季,冬季也受到越来越多人的青睐。

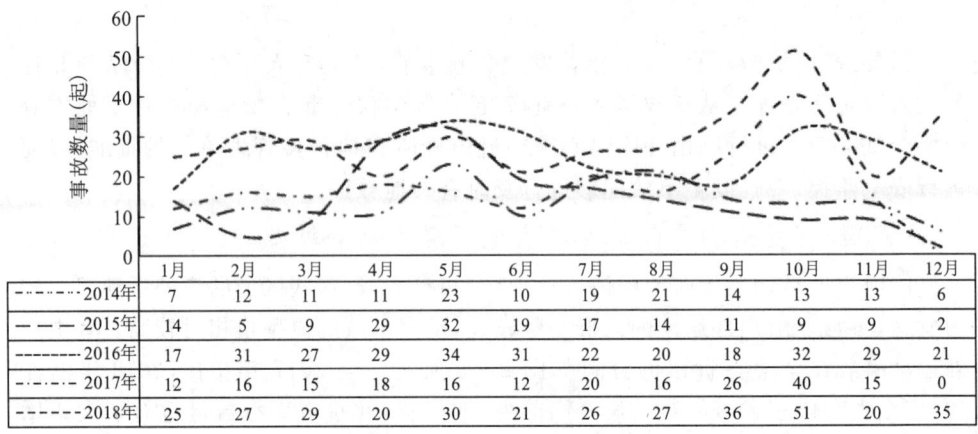

图2-4 2014—2018年大陆登山户外运动事故的月份分布图

（六）下午时段仍然是事故的高发期

根据图2-5，一天当中登山户外运动事故发生的时段主要集中在13:00—21:00，超过了全天事故总量的60%。通过事故案例，主要原因包括以下几个方面：行前计划不足或无准备盲目出行，导致迷路或被困；登高望远后心情愉悦，回家心切，容易麻痹大意，放松警惕；下午天气通常变化较快，易刮风下雨，造成摔伤、被困、失温等；参与者欠缺对体力分配法则的了解和运用，返程时体力易透支，无法正常返回。

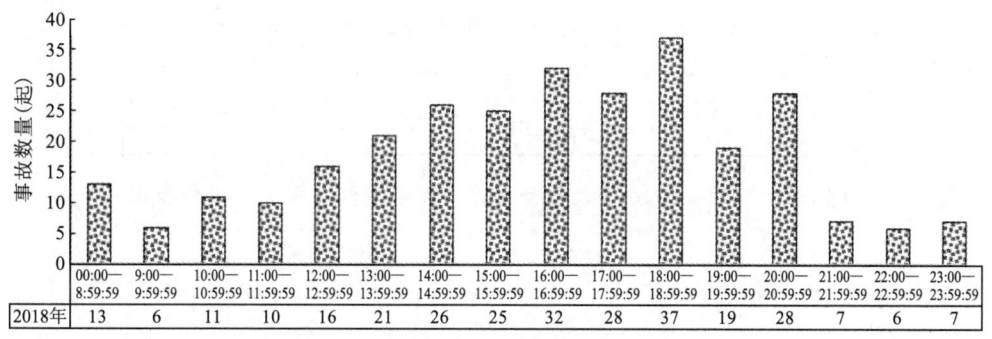

图2-5　2018年大陆登山户外运动事故的时间段分布图

（七）下降时的事故率高于上升和其他阶段

图2-6统计了登山户外运动事故发生的攀登阶段，2015—2018年的事故多发生在下降阶段，下山时基本在下午，参与者行程计划不足、了解天气不到位、对自我能力的认识不足以及心态的变化是诱发事故的重要原因。但值得注意的是，2018年上升阶段的事故开始高于下降阶段。因此，登山户外运动爱好者在行前需做好行程计划，切忌盲目出行，返回时要保持高度专注，不能懈怠大意，分配好体力，始终把安全放在首位。

（八）松散的组织形式更易造成事故的发生

目前，登山户外运动的组织形式通常包括个人行为、亲友结伴、网络招募、AA制和法人单位等。从图2-7可以看出，个人行为、亲友结伴的组织形式是2018年事故多发的主要组织形式，占事故总量的68.30%，较往年有小幅增加。网络招募、AA制、法人单位的事故基本保持稳定状态。个人行为、亲友结伴通常组织较为松散，户外知识、技能和经验较为缺乏，且没有责任主体，风险抵御能力非常有限，易造成事故发生，而法人单位形式的事故数量基本上保持在最低，通常有着较为完善的组织机构和规章管理制度，工作人员专业技术能力较强，风险防范和应急

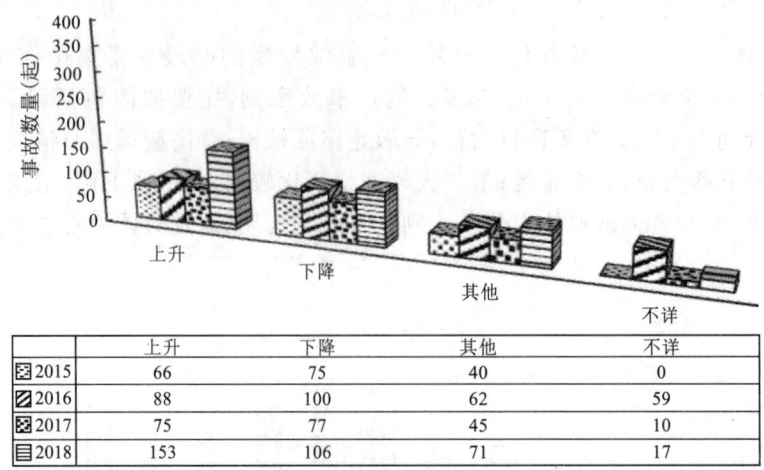

图2-6 2015—2018年大陆登山户外运动事故的攀登过程分布图

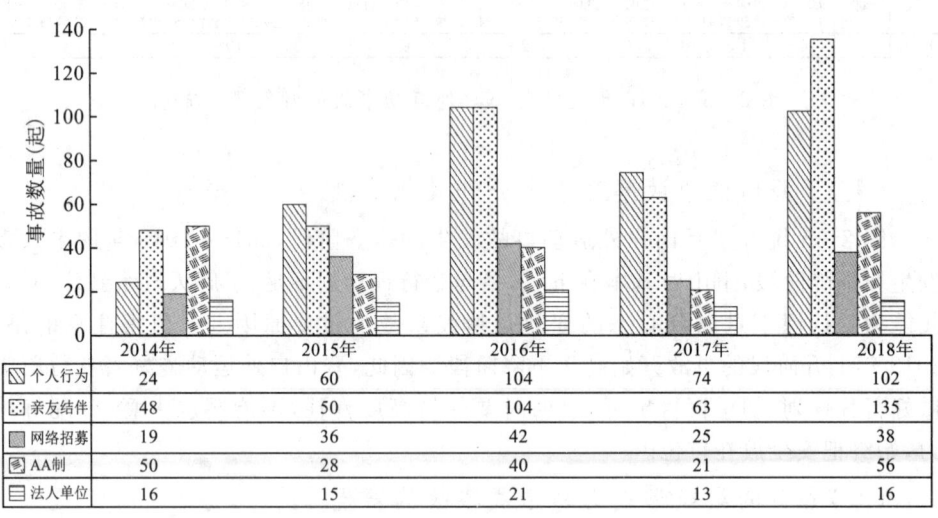

图2-7 2015—2018年大陆登山户外运动事故与组织类型图

处理经验较为丰富,保障了参与者的人身安全。

(九)政府救援仍是山地救援中的主导力量

登山户外运动事故发生之后,高效及时地救援对于最大限度降低损失非常关键。如图2-8如示,2018年救援组织与2017年相比略有增多,但政府救援仍是山地救援中的主导力量,民间救援占比也有一定幅度的提升。为此,政府救援是保障登山户外运动参与者安全的重要支柱。目前福建、广东、河南等省份的部分山地救援队已与政府系统形成联动机制,有效弥补了政府救援和民间救援单独实施时所带来的困难,在未来的山地救援中,政府和民间的联动将为登山户外运动的健康发展起到重要作用。

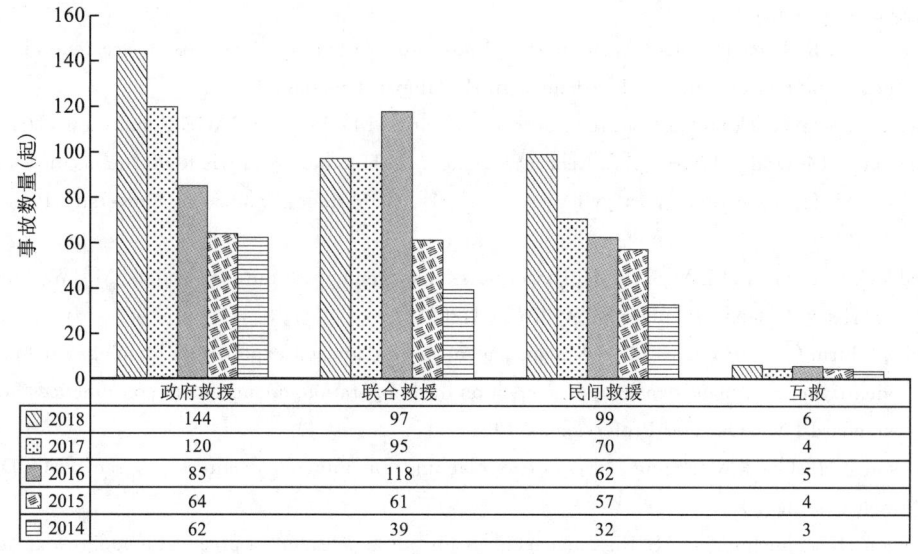

	政府救援	联合救援	民间救援	互救
2018	144	97	99	6
2017	120	95	70	4
2016	85	118	62	5
2015	64	61	57	4
2014	62	39	32	3

图 2-8 2014—2018 年大陆登山户外运动事故救援情况

综上所述,随着国内户外运动的参与人群越来越庞大,事故频繁发生,也制约了户外运动的健康发展。政府管理部门、各地户外运动协会、户外运动组织和广大的户外运动参与者,都需进一步提高风险管理意识,了解户外运动的风险特点,提高风险防范、急救和自救的能力,推动户外运动健康有序地快速发展。

参考文献与进一步阅读的相关文献

董范,国伟,董利.户外运动学[M].武汉:中国地质大学出版社,2009.
董范,刘华荣,国伟.户外运动组织与管理[M].武汉:中国地质大学出版社,2009.
李红艳.户外运动的理论与实践研究[D].北京:北京体育大学,2006.
李舒平,邹凯.户外运动的风险管理[M].广州:广东科技出版社,2009.
梁传成,梁传声.野外生存教程[M].北京:高等教育出版社,2003.
孙班军.山地户外运动[M].北京:学苑出版社,2007.

史登登. 户外运动相关概念辨析与界定[D]. 沈阳:沈阳体育学院,2013.

王苏光. 户外探险与野外生存[M]. 苏州:苏州大学出版社,2011.

翁家银. 山地户外运动安全风险管理研究[R]. 广州:广州体育学院,2009.

杨汉. 山地户外运动[M]. 武汉:中国地质大学出版社,2006.

赵承磊. 户外运动发展的国际经验探索及启示[J]. 体育文化导刊,2017(2):135-140.

Arezes P,Carvalho P. Advances in safety management and human factors[M]. London:Independent Publisher,2014.

Attarian A. Risk management in outdoor and adventure programs:scenarios of accidents, incidents and misadventures[M]. Champaign IL:Human Kinetics,2012.

Barton B. Safety,risk and adventure in outdoor activities[M]. London:SAGE Publications,2006.

Dickson T,Dickson T J,Gray T L. Risk management in the outdoors:a whole-of-organisation approach for education, sport and recreation[M]. Cambridge:Cambridge University Press, 2012.

Haddock C,Council N Z M S. Outdoor safety:risk management for outdoor leaders[M]. Wellington:New Zealand Mountain Safety Council,2004.

Jack M,Firm O P. Strategies for risk management in outdoor and experiential learning:a manual identifying risk management isslles,creation of an operations manual,common practices and standards[M]. Outdoor Professionals,1994.

Jackson J,Heshka J. Managing risk:systems planning for outdoor adventure programs[M]. Direct Bearing,2011.

Leemon D,Schimelpfenig T S. Risk management for outdoor leaders:a practical guide for managing risk through leadership[M]. Mechanicsburg Penn:Stockpole Books,2005.

Spengler J O,Connaughton D P,Pittman A T,et al. Risk management in sport and recreation [M]. Champaign IL:Human Kinetics Publishing,2006.

第三章

户外运动风险识别

风险识别是整个风险管理过程的出发点,也是最基本、最重要的环节。它的主要作用是对风险进行识别,了解客观存在的风险类型并分析风险产生的原因,对风险源进行定性分析的同时也为构建风险估计和评价量化模型提供基础,为后续选择恰当的风险管理手段和风险控制技术提供了重要依据。

第一节 户外运动风险识别概述

一、户外运动风险识别的概念

一般情况下,户外运动风险识别指对尚未发生的、潜在的以及客观存在的各种户外运动风险进行系统地、连续地预测、识别、推断和归纳,并分析产生风险事故原因的过程。这个定义包含了以下含义。

(1)感知风险和识别风险是风险识别的两个基本内容。前者是通过调查了解,识别风险的存在;后者是通过归类、掌握风险产生的原因和条件以及鉴别风险的性质,为采取有效的风险处理措施提供基础。

(2)风险识别一方面要识别所面临的风险,另一方面,也是更加重要和困难的,是识别各种潜在风险。

(3)风险往往不是一成不变的,而是存在可变性,因此风险识别工作应该连续地、系统地进行,形成一项持续性、制度化的工作。

(4)风险识别是风险管理过程中最基本和最重要的程序,风险识别工作进行得是否全面、深刻,对整个风险管理工作的最终效果将会产生直接的影响。

因此,风险识别过程包含以下两个环节。

(1)感知风险,即了解客观存在的各种风险。例如,在我们参与户外运动的过程中,财产风险、人身风险和责任风险是我们要经常面对的,其中财产风险又包括公共财产损失、个人财产损失等;人身风险又包括死亡风险和健康风险等。同时,自然灾害、交通事故、不易被察觉的人为因素等都是存在于人身风险范畴中的可能致损的风险事故。以上认识风险及其致损事故的环节就是感知风险。

(2)分析风险,即分析引起风险事故的各种因素。人的一生总会面临形形色色的风险,可能的风险包括死亡、疾病、人身伤害、财产损失、责任承担等。可能导致死亡的风险事故又包括自然灾害、意外事故、自杀、疾病等。这种对每一起可能导致死亡事故的原因进行研究的过程,则是分析风险。户外运动中,高空坠落是一种不可忽视的风险,引发该风险的因素有很多。如设备器材没有经过权威认证、相关技术的操作失误等;在高海拔雪山攀登中因昼夜温差的变化引起的雪层稳定性不足、攀登线路地表湿滑、未选择恰当的攀登线路;体能及技术操作不规范等。

感知风险与分析风险是户外运动风险识别中相辅相成的两个组成部分。感知风险是基础,分析风险是关键。在感知风险的基础上进行风险分析,能够更准确地寻找可能导致风险事故发生的种种因素,也为拟订风险处理方案、进行风险管理决策提供服务。

二、户外运动风险识别的任务和目的

户外运动风险管理过程可划分为风险识别、风险评估、风险应对三个阶段。

风险识别作为户外运动风险管理过程的起始阶段,主要回答以下问题。

(1)开展此次户外活动之前需要考虑哪些潜在风险?

(2)哪些风险事故会对此次户外活动的参与者造成损失?

(3)引起户外活动中风险事故的主要原因和发生条件有哪些?

(4)户外运动风险事故会带来哪些后果?

(5)识别户外运动风险的方法有哪些?

(6)通过哪些方法可以提高我们识别户外运动风险的能力?

通过回答以上问题,我们基本可以了解面临的各种风险和致损因素,即进行户外运动风险识别。该环节的主要功能是服务于下一阶段的风险评估环节。因此,风险识别不仅是风险评估的基础,同时也是进行风险管理决策的基础,最终目的是为了选择最优的风险应对方案。

风险识别是组织户外活动的一项重要工作,具有系统性、连续性、制度性的显著特征。风险识别切忌局限于某个部分或环节,应从活动组织的整体来识别所具有的全部风险,力求全面系统地考察、了解各种风险源发生的概率,以及损失的程度、风险因素带来的其他问题。另外,组织不断发展变化的内部环境导致风险的质和量都存在不同程度的变化,这就导致新增风险的可能性。因此应连续地进行组织风险识别,发现户外运动组织中所面临的潜在风险。最后,应建立完善的风险管理制度,将风险管理作为每次户外活动开展的常规性科学管理活动。

第二节 户外运动风险识别的方法与过程

一、户外运动风险识别的方法

随着风险管理科学的快速发展,众多风险识别的方法与工具被开发出来。为了帮助人们更准确地识别组织户外活动所面临的风险,人们将这些方法进行了分类。根据风险识别的途径,风险识别可运用外部经济单位设计的风险分析表。风险分析表常被保险公司、风险学会直接用来识别自身的风险,如保险调查法、保单对照法、资产损失分析法等,但此类方法仅提供一般性风险的识别。因此各组织需要根据各自的特点自行设计识别风险的方法,如财务报表分析法、流程图分析法等。另外,在风险识别的两个阶段中,各种风险识别方法应用程度是不同的。财务报表分析法、流程图分析法等多用于感知风险;而风险清单分析法、威胁分析法、事故树分析法以及风险因素分析法则多用于分析风险。另有一些方法能够同时适用于感知风险和分析风险,如现场调查法与组织内外专家磋商等。

适用于所有组织情景下识别风险的万能方法尚不存在,每一种方法在某种程度上存在着局限性。因此,我们要考虑不同组织性质、规模、实际条件,同时要根据每种方法的特点,综合选择效果最优的方法或方法组合。另外,风险识别的过程是一个连续的过程,仅靠一两次调查分析解决所有问题是非常困难的,往往需要经过多次识别才能从复杂和潜在的风险中获得较为准确的答案。

在当下的体育风险管理领域中,头脑风暴法、问卷调查法、经验借鉴法、风险清单、流程图法、专家调查法、文献综述法等是主流的风险识别方法。在户外运动领域中,我们需要综合户外运动的自身特点和所处环境的实际情况,以及户外运动管理人员自身的特点,选择恰当的方法或者方法组合进行风险识别。选用方法既不宜过于复杂,同时要准确识别风险源。户外运动风险分析中常用的方法包括检查表法、故障树分析法、专家调查法等。"检查表"是进行风险检查、发现潜在风险的一种操作性强且实用的方法,同时具备识别系统化、完整化的优点。因此,本书选择"检查表"作为户外运动风险识别的工具。

编制一份专业可靠的风险检查表是运用检查表进行风险识别的首要任务。风险检查表的编制需要综合运用自身、专家学者的知识和经验,同时参考可靠的文献资料,细化分解户外运动风险。力求拟定的风险检查表能够系统、全面地分析出户外运动过程中可能存在的所有风险。在编制表内的具体风险项目及内容的过程中,应综合运用经验法、头脑风暴法、故障树分析法等识别方法,使检查表更加全面、科学、合理。表3-1是针对户外运动所编制的风险检查表。

表 3－1　户外运动风险检查表（据翁家银，2009）

风险来源	风险种类	风险因素	是	否
参与人的风险	技战术风险	技术不熟练		
		战术使用不合理		
	体能风险	体力消耗过大		
		身体伤病未痊愈		
	心理风险	冒险逞能		
		注意力不集中		
		缺乏自我保护意识		
领队的风险	能力风险	安全判断力差		
		脱险技术不娴熟		
		运动方案不合理		
	经验风险	缺少必要的技能指导		
		纠正错误不及时		
		临场应变力不够		
	道德风险	缺乏责任感		
		忽视安全教育工作		
团队的风险	协作风险	分工不明		
		目标不明确		
	沟通风险	缺乏团队精神		
		搞小团体		
		对不同个体缺少关注		
装备风险	质量风险	设计不合理		
		装备性能差		
	使用风险	装备陈旧，没及时更新		
		装备临时更换不适应		
		装备失灵		
自然环境风险	地质风险	地震		
		崩塌		
		泥石流		
	气象风险	暴雨、雷、电		
		寒潮		
		沙尘暴		
	动植物风险	猛兽侵袭		
		毒蛇咬伤		
		复杂植被		
人文环境风险	管理风险	相关政策法规不完善		
		保险体系不健全		
		救援系统不完善		
		缺少风险预警机制		
		安全宣传教育不到位		

户外运动风险检查表的有效性检验是编制程序中必不可少的一环,必须邀请有关专家对初稿进行逐条审查,根据专家的反馈意见及时地改进和完善户外运动风险检查表。之后,请户外运动教练员、领队及管理人员采用"二选一"的方式,逐一对表中所列举的风险因素进行"是"与"否"的判断。根据该调查表补充未列出的风险因素,对检查表进一步完善。合格的风险检查表简单易懂、容易掌握,可以高效识别出户外运动中所面临的诸多风险因素,为下一步的风险评估提供可靠的依据。

系统工程的分析思想是户外运动风险检查表编制中的主要指导思想,通过逐条分析户外运动风险系统,以探寻出可能面临的各种风险因素并将其列于表格中。户外运动风险检查表编制的程序详见图3-1。

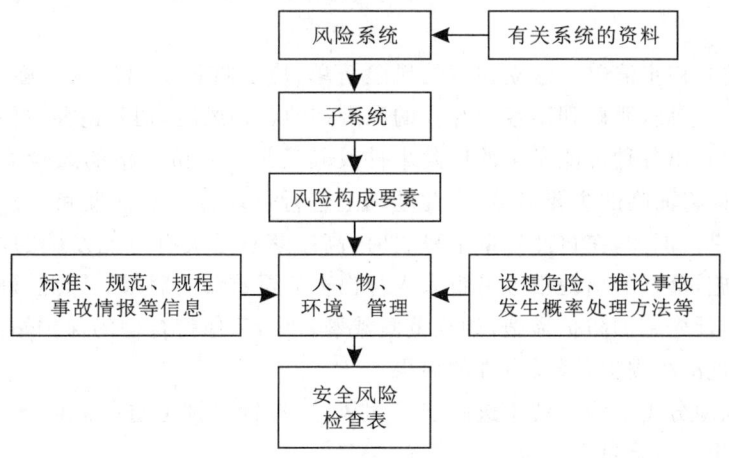

图3-1 户外运动风险检查表编制的程序图

风险系统的框架构建完毕后,需对每一个风险子项进行再分解。如内部风险来源与参与者、领队和团队。其中参与者风险主要有技战术风险、体能风险和心理风险三个方面,这三个方面又可以继续细化,做进一步分解。

二、户外运动风险识别的过程

户外运动风险识别的过程可分为五个步骤,一次系统地对所有可能的风险源和结果进行详实的调查与分析,如图3-2所示。

(1)确认损失可能性的客观存在。风险识别,首先分析风险是否具备致损的可能性,即识别所发现或推测的因素是否存在损失的可能性。只有客观存在的损失可能性才可以视为风险。如在雨季进入高海拔地区徒步穿越,遭遇失温的可能性就较大。

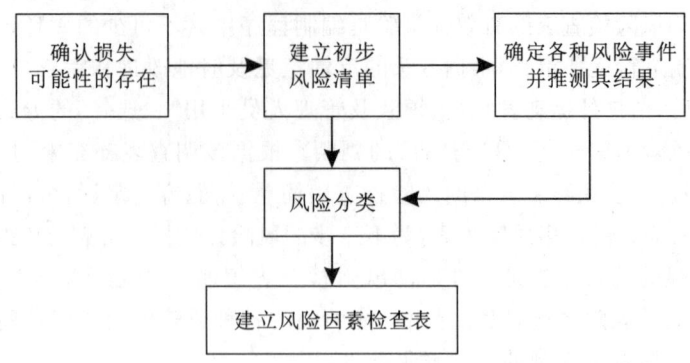

图 3-2　户外运动风险识别过程图

(2)建立初步清单。建立初步的风险清单,应当将识别出的风险逐一列出来。力求客观且全面,明确列出客观存在的和潜在的各种风险,切勿遗漏主要风险。

(3)识别出各种可能发生的风险事件及其后果。一份合格的风险清单能够展现出我们即将面临的主要风险,在此基础上进行合理客观的推理和分析风险可能造成的后果。例如,在自然岩壁上攀岩时,高空落石是极有可能发生的,如果不实施管控措施,落石的出现很容易带来人身伤害甚至致命的后果。因此,确定这种风险事件后,预先施加防护措施,如规范佩戴攀岩头盔、保持合理的保护站位等,都将不同程度地减少损失,降低事件的后果。

(4)风险分类。为了便于进一步了解风险,有针对性地进行风险评估,我们需要将识别出的风险进行分类。

(5)建立风险因素检查表。通过系统地对风险因素进行综合分析和归类整理,建立风险因素检查表。

第三节　户外运动风险的构成要素

一、户外运动风险系统的组成及结构

系统是由相互作用和相互依赖的若干组成部分结合而成的、具有特定功能的有机整体,而且这个整体本身从属于另一个更大的系统。户外运动风险系统较为复杂,该系统作为一个整体由人员、装备和环境共同组成,它的各个组成部分相互作用、相互联系,形成了一个特定的相互依赖的系统,构成了独特的户外运动风险系统。同时这个由人、物、环境组成的特殊系统,会因人、物与环境特性的某些变化,动态地产生一些连锁变化,导致出现新的安全隐患。户外运动中的致险因素往

往随在"人-人、人-物、人-环境"系统间接触和依存的交叉点上。户外运动风险系统组成和结构如图3-3所示。

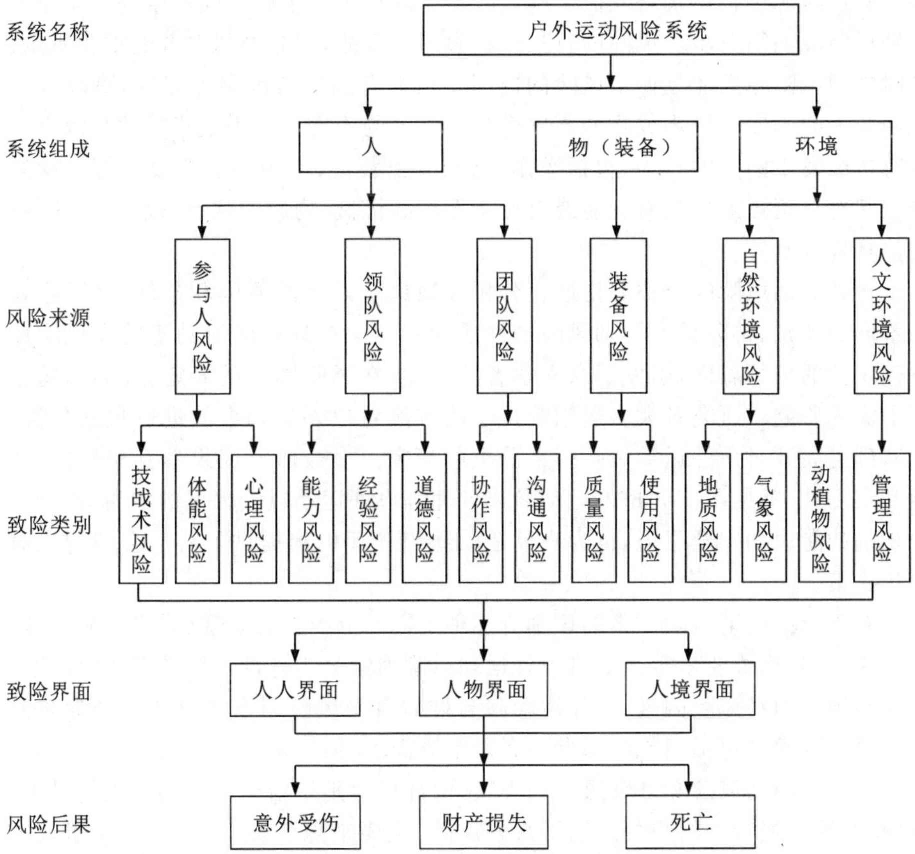

图3-3 户外运动风险组成及结构图(据翁家银,2009)

在不同的户外运动项目中,风险系统的构成会因不同项目特征而呈现不同的组合,主要归因于具体的风险来源有所不同,但整体的构成基本都遵循户外运动风险系统的框架。

二、户外运动风险的来源

户外运动风险的来源,即风险源,是导致户外运动产生风险的根源。户外运动风险源识别在整个户外风险管理程序中是一个十分重要的环节,主要内容是确认影响活动进度的危险因素。风险源的识别之前,首先在总结经验教训和已收集的数据资料基础上进行相关的资料整合,其次运用系统理论的方法对户外运动现场和参与者自身的能力方面进行现场评估,力求能够全面分析出户外运动中所存在的各种风险。

对风险源进行识别首先需了解风险产生的机理。了解风险产生的根本原因是识别风险源的第一步。风险的直接外在表现是事故,但是对风险源的把控不足、未及时处理风险隐患才是产生风险的内因。根据海因里希因果连锁论,事故发生的原因是人的不安全行为或物的不安全状态。人的不安全行为是指导致事故有可能或有机会发生的人的行为,包括操作失误、放松警惕、使用不安全设备等。物的不安全状态是指导致事故有可能或有机会发生的机械、物质的状态,包括装备故障和自然环境因素等。

户外运动风险的分类是指通过分析导致风险发生的原因和条件,将风险划分为不同的类别,再分析各类别风险的性质和特点。户外运动所具备的高风险性和不确定性的独特属性,引发了众多学者的关注,在风险因素的界定、分类问题上展开了深入研究。研究者大多运用统计学的方法对户外运动事故进行数据分析,在此基础上展开对户外运动风险因素分类的研究。多数研究成果具有科学性、针对性和实用性,助推了广大户外运动参与者理解户外运动风险因素的本质,提升了风险识别的能力和安全意识,也为户外运动组织管理机构提供了科学合理的应对风险的决策。

对于户外运动风险因素的识别有几种不同的分类方法,包括风险来源、风险所致后果、风险构成要素等。如将户外运动风险因素分为外部社会环境风险因素、户外运动项目内在风险因素、户外运动参与群体自身风险因素。户外运动参与群体自身风险因素又包括组织者和参与者两个方面。再如,依据风险来源,户外运动风险可以分为内部风险和外部风险两类:①内部风险是指由于个人或组织的过失、疏忽、恶意等不当行为给户外运动带来的风险,主要来源于参与者、领队和团队三个方面。技战术风险、体能风险和心理风险是参与者可能出现的主要风险源。能力风险、经验风险和道德风险是领队可能出现的主要风险源。协作风险和沟通风险是团队可能出现的主要风险源。②外部风险主要指由装备、环境处于不安全状态而产生的户外运动风险,包括装备风险和环境风险两个方面。装备风险主要指质量风险和使用风险;环境则又分为自然环境和人文环境,自然环境风险主要划分为地质、气象和动植物等风险;管理风险则是人文环境风险的主要构成。综上所述,户外运动风险的来源可划分为内部和外部两大部分,同时又分别来自于人、物、环境几个方面。从另外一方面也可划分为人的不安全行为和物的不安全状态。

本书将户外运动风险的来源分为人的风险、物的风险、环境的风险和项目风险。

(一)人的风险

在户外运动中,所涉及的人包含组织者和消费者两类。其中组织者又可以分为内部组织者和外部组织者。内部组织者主要是指俱乐部的教练员、户外领队、管理人员等。外部组织者则涉及旅游车的驾驶员（一般户外运动俱乐部没有自己的旅游车和专职驾驶员）、活动地的接待服务人员（当地向导、导游以及宾馆或旅社服务人员）、临时借调的其他户外俱乐部的教练员或户外领队（国内户外运动俱乐部的领队或教练员的流动性一般较大）。

1. 组织者风险

组织者因工作疏忽导致的风险往往会对参与者人身安全造成巨大的伤害。在整个户外运动的过程中，领队、教练等发挥着十分关键的作用，而各类安全事件却经常因部分领队、教练的户外运动知识和经验不足等问题而发生。究其原因，多是由于活动组织者在制定出行计划时并未进行充分的调研和考察，导致出行方案不合理，而其个人对于风险的辨别能力也非常弱，在遭遇风险之后迅速解决问题和脱离风险的能力不足。在诸多因组织者工作疏忽而危害参与者人身安全的案例中，广东省佛山市所发生的沉船事件致12人溺亡一案最具代表性，组织者事前并没有对所经过的河流情况进行充足的调研，导致出现特殊情况，丧失了多人宝贵的生命。

组织者风险包括多个方面，常见的有领导及组织协调能力弱（缺乏号召力和凝聚力，对突发问题表现出应变能力差、不善协调等）；户外组织管理知识和经验储备不足（对所处环境无法做出有效判断、团队及活动组织混乱、团队间各成员关系紧张、长期处于动荡期、决策冒进）；运动技能、救援及急救能力差（体能及野外生存技能、攀登、绳索等装备操作能力差，对通信设备及地图操作能力差，对伤者伤势的判断不足，对心肺复苏、止血、包扎、固定、搬运、转运等基本救护能力不足）；活动设计不合理（方案设计过于简单，各环节组织衔接不到位，对于活动的实际情况缺乏调查，前期方案缺少对当地气候及自然条件的考虑，方案中缺乏应急预案等）；组织不规范（组织散乱，组织缺乏经济性、合理性与合法性，随意更改计划等）；不重视安全教育（安全意识淡薄、安全知识匮乏、社会和个人责任感缺失等）；紧急事件应变执行力不足（缺乏处理紧急事件的经验、缺乏必要的预案、缺乏果断及正确的决策能力等）；纠正错误不及时（执拗且不善于观察、评估当下环境风险的能力匮乏、经验不足导致的识别风险能力匮乏）；职业道德缺失（在制定计划或进行决策时完全不考虑参与者的实际情况和建议，不尊重参与者的体验感与尊严，忽略参与者的潜在风险等）。

教练员风险是组织者诸多风险之中需要重点关注的部分。在户外俱乐部或户外组织机构中教练员（或户外领队）是一线的活动组织者和执行方。一名优秀的教练员应具备丰富的专业知识储备和相关经验，在复杂多变的环境中能够准确识别出潜在风险，及时正确地做出决策，能够最大限度地保证参与者的安全。同时，还能够为消费者提供流畅的参与体验和服务。户外活动中若沟通能力差、组织协调能力差、缺乏判断能力和应变能力的教练员本身就成为了一个风险因素,因此户外俱乐部教练员的配备要根据户外活动项目、消费者的人数来确定,确保整体上能够把控整个活动的安全和完整体验。另外,在活动的任何一个环节中,教练员的非正常身体状态都会给户外活动造成很大的风险。此外,对于流动性较大的临时教练员要深入沟通,以了解该教练的真实能力,评估是否适合本次活动,沟通不足很可能导致经验缺乏、操作不规范、缺乏责任心的教练员混入,成为户外运动俱乐部活动组织中的风险源。

2. 消费者风险

户外运动消费者往往具备很强的自主性,他们在自我角色认知和心理预期上能够与活动本身融合。如果参与者由于对所参与的户外运动缺乏必要的了解,导致常处在惊讶、恐惧、担心、犹豫的心理状态下,消费者就有可能处在被动参与状态,这也是导致消费者成为户外活动的重要风险源之一。在常见的户外运动中,高空等项目的一时失败导致消费者在心理上产生不良影响:一方面,会打击自身的自信心;另一方面,也可能担心周边人群对自己能力的不认可,自尊心受到伤害。另外,消费者未听从专业人员指导,非专业操作有可能导致擦伤、扭伤、晒伤、冻伤、中暑、溺水、骨折,甚至死亡等人身伤害。消费者踩踏绳索、磕碰技术装备,以及安全意识不足等都可能引起俱乐部财产损失。

户外运动的特性导致开展场所多位于地形复杂多变的区域,这也对参与者的适应能力和体能提出更高的要求。户外运动的某些极限属性,使得参与者需要有良好的身体素质作为支撑。处于伤病或者体能虚弱等,非正常身体状态的参与者,参与户外运动的风险会大大增加。例如,在高海拔地区参与户外运动,不佳的身体状态可能会加快体能的消耗,导致高原反应及脱水等症状的出现,进而引发其他身体并发症。所以,户外运动的爱好者们除了通过系统锻炼保持良好的身体素质以外,还应该在参与户外运动之前将自身的身体调整到最佳状态,以此降低自身状态引起的风险。

除了身体原因外,参与者的相关知识储备也是户外运动事故发生的主要风险因素之一。参与者专业理论知识、经验、技能的匮乏,常会引发迷路、体能透支、脱水、失温等一些常见事故的发生。因此,参与者不仅要掌握必备的专业技能,而且对理论知识、人文地理以及人文户外等方面的基础知识也要学习。不断丰富自身的知识体系和积累经验,是提升个人安全意识和风险识别能力的重要途径,才有可能在登山、漂流、攀岩等高危户外活动中降低运动风险和减少安全隐患。同时,在瞬息变化的自然环境中,不安全因素无处不在,参与者很难做到面面俱到,丰富的经验和知识储备是应对风险的重要财富,能够让参与者在面临风险时可以冷静、科学地处理突发事件。

另外,参与者的心理状态和安全意识也是风险的主要来源之一。当下,众多的户外活动参与者存在轻视户外风险的心理状态,过度自信导致风险系数增大,直观的体现就是无法甄别户外运动与户外旅行的不同。许多户外参与者将户外运动当作户外旅行,导致忽略了参与户外运动所面临的更加复杂的自然环境和多变的气候。也因此放松了警惕,导致身体、心理和装备等都准备不够充分,引发严重的安全事故。因此,户外运动爱好者们必须时刻提高警惕,将安全意识时刻高挂,这也是把控风险最有效的手段。其中,过硬的心理素质是抵御风险的关键,在遭遇风险时,沉着冷静的心态能够让参与者理智处理所面临的风险,做出最优的决策。这就要求我们在户外运动开始之前做好充足的准备,要把危险预想到最大,把防范措施做到最好,具体落实到每一个能预想到的细节上。如此,将会显著降低户外运动中的各种风险,大幅度提高户外运动的安全性。

综上所述,户外运动参与者风险包含安全意识淡薄(盲目自大、肆意违反规定或规则,身体、心理和装备准备不充分,缺乏相应预案);注意力涣散(过于放松、自制力差、容易受外界因素影响、缺乏坚强的毅力);专业技能掌握不充分(野外生存技能、攀爬、识图、定向、绳索操作技能等掌握不充分);体能或心理能力欠佳(体弱、体能储备不足、过度疲劳、心情不好、心理抗压能力差);自救或求救及急救技能知识缺乏(方向感和位置感差,不能正确使用地图和指南针,不能自制简易的求救信号和标志,缺乏风险识别能力及对伤势的判断能力,缺乏基本的心肺复苏、止血、包扎等急救能力);身体疾病或旧伤复发(心脏病、高血压、脑血栓、各种内外旧伤复发等);应变能力不足(面对问题犹豫不决、不能审时度势、感知能力差、推理判断能力差等);缺乏团队合作(模糊的职权划分和分工、匮乏的相互理解及包容、为己谋利的自私行为等);不尊重领队指示(对领队不尊重、不礼貌、不听劝告、我行我素、擅自离群等)。

3. 外部服务者风险

外部服务者由于处在户外运动俱乐部的管理范围之外,因此一般户外运动俱乐部都是通过商业合同、协议来约束外部服务者的行为。但是如果户外运动俱乐部没有与外部服务者进行有效准确的沟通,外部服务者可能就会成为户外活动风险的来源。例如,外部驾驶员的时间意识淡薄、服务意识差、对线路的熟悉程度和身体状态导致驾驶出现安全隐患等因素引发的一系列问题,都可能引发消费者的不满,甚至影响整个活动的进程。此外,活动地的服务合作商广泛存在服务人员专业水平参差不齐的状况,尤其是在一些热门的活动地,因此选择可靠的当地合作商也是把控风险源的重要一环。例如,在餐饮与住宿方面,可能存在餐饮质量差、卫生不达标、住宿条件不符合活动需求等问题。同时,当地非专业人士担当向导或导游,由于缺乏专业知识,在线路选择、行进速度和对天气环境的判断等方面并不一定能够为教练员提供有力的支持,导致安全事故的发生。

(二)物的风险

从户外运动对各种物品的使用来看,可分为两类:一是户外活动开展中服务或保障于所有参与者的公共物品;二是保障参与者个人生活、提高生活质量的私人物品。

1. 公共物品风险

公共物品能够保证户外活动顺利安全的开展,也可保障参与者的人身安全,一般又分成两类:①技术装备,如绳锁、安全带、头盔等安全装备以及其他场地专用设备器材。这些物品的违规使用、保管不善均有可能影响其性能,影响参与者的人身安全。另外,户外活动多有租借场地的情况,活动前对租借场地的实地调查和评估一定要细致,包括装备的损耗和现场安全设置的配备情况等,否则很容易造成伤害事故。②生活装备,如帐篷、睡袋、防潮垫等。帐篷若多次使用会有破损的可能,会导致防雨、防风效果不佳,易引起感冒。

在户外活动中,应特别注意装备器材带来的风险,如设计缺陷,存在质量问题(未经认证、仿制等);使用不规范(不规范穿戴、不规范操作等);适用程度较低,与项目要求不符(装备尺寸不合身、实用性差等);保管不当导致破损;功能失灵(超出使用期限、局部破损导致性能下降)等。在户外运动中,因装备器材导致伤害事故发生的案例不胜枚举。如2009年辽宁省辽阳市的一次攀岩比赛中,因安全绳突然断裂,导致一名运动员从高空坠落,造成了腿部和脊椎损伤。

2. 私人物品风险

私人物品风险包括参与者的私人物品和教练员的私人物品。人们在进行户外活动时,经常随身携带笔记本电脑、数码照相机、摄像机、运动手表、手机等贵重物品,若保管不当,也会造成遗失。

(三)环境风险

户外运动多在自然环境中进行,如山地、雪地、岩壁、河海、沙漠等。环境风险具有很强的不确定性。户外运动中的环境风险包括自然环境风险和社会环境风险。前者包括气象气候、地质地貌和生物类风险;后者包括保险不完善、救援不及时等。

1. 自然环境风险

自然环境风险是导致户外运动风险事故发生的最主要因素,往往是突发的、迅猛的、无法控制的,极易造成较大的破坏,严重影响户外运动安全、健康、有序地开展,这些因素的出现往往造成参与者的极度恐慌,严重危及参与者的人身安全。2019年8月4日,湖北省恩施土家族苗族自治州鹤峰县,因暴雨导致峡谷山洪暴发,造成当天户外运动参与者中 13 人受伤,13 人死亡。

1)气象气候风险

因气象气候因素而引起的自然灾害,主要包括雷电、暴雨、强风(如台风、龙卷风等)、大雾、降雪、低温、高温、低氧、高紫外线强度、干燥、风沙等。这些均是户外运动中需要应对的重要风险因素,如天气的突变所致的山崩、地陷而产生滑坠;在河海附近易导致溺水,特别是突降暴雨引发洪水时更加危险;天气忽冷忽热导致的中暑、冻伤、晒伤等。此外,因户外运动的地点通常远离城市,交通极其不便,导致伤者不能及时送往医疗机构,造成严重的损伤后果。如 2010 年 8 月 8 日,成都 9 名户外运动爱好者在邛崃南宝山河滩上露营时,被突涨的河水冲散,造成两位参与者被河水冲走。

2)地质地貌风险

地质地貌风险指由于地质地貌因素发生变化而引起的自然灾害。地质风险包括山洪、崩塌(山崩、雪崩、冰崩等)、滑坡、泥石流、落石等,地貌风险包括丛林、流沙、沼泽、泥潭、地洞、深渊等,具有极强的破坏性和危险性,需引起参与者的高度重视。户外运动参与者常涉足地质地貌结构疏松、活跃的地区,存在滑坡、崩塌、雪崩、泥石流等潜在威胁,如四川省"5·12"汶川大地震,地质结构的不稳定也给户外运动参与者带来安全隐患。2009 年 6 月 3 日,美国一支登山队在攀登四川省甘孜州爱德嘉峰时,遭遇雪崩致使 2 人死亡,1 人失踪;2009 年 7 月 29 日,7 名登山爱好者攀登四姑娘山骆驼峰时,因山体大面积落石,致使 1 死 1 伤;2010 年 8 月 10 日,日本登山队在四姑娘山双桥沟野人峰攀岩时,突遇自然垮岩,被落石击中头部,造成重伤;2011 年 10 月 2 日,两名登山者在攀登四川省松潘县雪宝顶山峰时,遭遇雪崩、滑坠,造成 1 死 1 伤。

3)生物风险

生物风险指由于生物因素而引起的自然灾害,主要包括病虫害等引起的生态环境破坏,猛兽侵袭、毒蛇咬死和复杂植被对人类造成的伤害等。在野外,遭遇狗熊、野猪、猴子等大型哺乳动物,以及蚂蟥、毒蛇、马蜂等有毒昆虫对参与者人身构成威胁的可能性较大。在森林、草原、河谷、荒漠等偏僻地区有可能发生一些自然疫源性疾病,如森林脑炎、新疆出血热、蜱传回归热、羌虫病、鼠疫等,主要是老鼠、野兔、旱獭和家畜等动物的疾病。当人们进入这些疾病的流行区之后,由于缺乏了解导致未能做出恰当的防护措施,可能会感染得病。另外,一些植物是"接触型毒剂",一旦接触皮肤,便可能造成伤害。因此,在户外运动中,也需关注因动植物带来的风险。

2. 社会环境风险

户外运动中的社会环境风险是指因制度建设和安全保障体系的不完善等因素，造成风险事故的发生。部分户外运动组织没有建立规范完善的管理制度，导致在活动组织过程中分工不明确、缺乏团队合作精神、纪律性不强，往往也会造成风险事故。户外运动相关的法律制度体系，是社会环境风险的重要方面。另外，我国一些户外运动救援组织都是由民间自发组织，一定程度上存在着救援专业知识和救援专业装备不足的情况，户外救援体系的不完善也是社会环境风险中的一个问题。

总之，户外运动中存在着较多的社会环境风险，其中主要包括政策法规不完善（规章制度、法规和行业条例缺失，事故责任落实不明确，事故保险制度不健全等）；管理体制不规范（对相关组织的监督与管理缺乏，对组织单位的安全审核落实不到位，对领队和教练的技能指导培训、资质认证等不规范）；安全保障体系不健全（如风险预警、风险控制、事故救援及施救等环节不健全）；救援体系不完善（人才匮乏、资金短缺、专业化水平不高、救援人才调度不统一等）；安全教育普及不到位（影响力大、覆盖面广的户外安全普及机构不足，缺乏系统专业的教材和师资力量）等。

（四）其他风险

根据中国登山协会登山户外运动事故研讨小组的统计，不同的户外运动项目的事故发生率存在着较大的差异，登山、徒步穿越是历年事故较多的运动，已成为事故频发的运动项目。也就是说风险与项目本身也有一定的关系，通常而言，项目风险包括危险系数高，如事故发生频率高、事故损伤严重（多是致命伤）、事故风险难以预测等；技术复杂，如技术环节繁多、操作复杂、不易掌握，容易受其他主客观因素影响，对身体基础能力要求高等；体能要求高，如力量（包括核心力量）、耐力（有氧和无氧）、平衡能力、柔韧性、爆发力等；心理素质要求高，如面对复杂恶劣环境的心理承受能力，身处险境的自我心理调节能力等；装备要求高，如严苛的户外环境需要高性能的户外装备，往往在使用过程中出现损坏却很难及时修复、相应装备的替代品不足；营救困难，如户外环境多为地形复杂多变的区域，伤员的搜索、转运难度大等。

 参考文献与进一步阅读的相关文献

程蕉.户外运动风险管理的法学分析[J].体育文化导刊,2013(1):16-20.
储国强,韩义昆,李斌.湘西州大学生户外运动风险防范研究[J].体育科技,2017,38(4):96-97,100.

郭健.登山户外运动风险评估研究[J].运动,2017(2):137-139.

郭健.登山户外运动风险特征研究[J].体育世界(学术版),2017(3):16-17.

李俊,凌洁,陈接华,等.营利性户外运动组织过程风险管理研究[J].山西师大体育学院学报,2009,24(2):46-49,52.

李俊,凌洁.户外运动俱乐部活动组织的风险管理操作程序研究[J].浙江体育科学,2008(3):13-16.

李明慧,王焱森,高俊兰.基于休闲体育户外运动安全风险分析与安全事故防护对策研究[J].体育世界(学术版),2014(7):52-53.

鲁朋飞.西安市户外运动参与者风险意识调查与分析[J].安徽体育科技,2014,35(3):25-28.

欧雅怡,刘亚,马逢伯.基于对应分析模型原理的户外运动安全风险研究[J].广州体育学院学报,2017,37(2):43-48.

庞荣.高校户外运动的安全风险现状与分析[J].赤峰学院学报(自然科学版),2014,30(13):107-108.

彭召方,刘鸿优,国伟,等.我国山地户外运动风险评估指标体系与预警系统的构建[J].体育学刊,2018,25(1):68-73.

陶宇平.登山户外运动风险管理研究[J].四川体育科学,2012(3):5-8,19.

王立群,张瑜,孟令滨.高校户外运动课风险管理探究及应对策略[J].哈尔滨体育学院学报,2014,32(6):67-70.

翁家银.山地户外运动安全风险管理研究[R].广州:广州体育学院,2009.

许蓉蓉,杨倩.户外运动风险管理研究述评[J].当代体育科技,2015,5(18):223-224,226.

杨亚军,林丕鹏.黔西南州山地户外运动风险防范措施研究[J].当代体育科技,2019,9(3):250-251.

赵文炜.户外俱乐部经营风险防范研究[J].旅游纵览(下半月),2017(4):50-51.

Dickson T J,Chapman J,Hurrell M. Risk in outdoor activities:the perception,the appeal,the reality[J]. Journal of Outdoor and Environmental Education,2000,4(2):10-17.

Dickson T J,Tonia L. Risk management in the outdoors:a whole-of-organisation approach for education,sport and recreation[M]. Cambridge:Cambridge University Press,2012.

Hogan R. The crux of risk management in outdoor programs-minimising the possibility of death and disabling injury[J]. Australian Journal of Outdoor Education,2002,6(2):71-79.

Salmon P M,Goode N,Lenné M G,et al. Injury causation in the great outdoors:a systems analysis of led outdoor activity injury incidents[J]. Accident Analysis & Prevention,2014(63):111-120.

Salmon P,Williamson A,Lenné M,et al. Systems-based accident analysis in the led outdoor activity domain:application and evaluation of a risk management framework[J]. Ergonomics,2010,53(8):927-939.

第四章

户外运动风险评估

通过风险识别,可以充分揭示户外运动所面临的各种风险和风险因素。通过风险评估,可以确定风险发生的可能性大小和造成风险损失的严重程度。风险评估一般是在风险识别后进行,在识别的基础上进一步描述风险并对其进行定量分析。风险评估是对风险认识的再度挖掘,能够为风险管理决策和实施各项风险管理技术奠定基础。

第一节 户外运动风险评估概述

一、户外运动风险评估的概念

风险评估又称安全评估,是指在风险事件发生之前,通过分析过去损失资料,并运用概率论和数理统计方法等定量分析法,对某一个或某几个特定风险事故发生的概率和风险事故发生后可能造成损失的严重程度进行量化评估的工作。户外运动风险评估是户外运动风险管理的主要环节,在户外运动风险评估研究和具体实践中,存在的主要问题是缺少对户外运动已有风险因素综述性的研究成果。目前,关于风险因素的研究已经具体化,已有影响户外运动安全因素的相应理论和实证研究,并且取得了丰硕的成果,但研究者很少综合相关的研究成果,以系统的观点把相关的研究成果运用到研究中去。缺乏从方法论角度认识和实施户外运动风险评估。目前在户外运动风险领域中采用风险定量评估的方法进行研究较为少见,更多的是定性描述。另外,现有研究中缺乏对户外运动这一新兴运动的有效认知和对其风险评估的反思与创新,往往是照搬照抄其他领域里的风险评估方法,所选取的评估指标是否能够准确表述风险的特性还有待商榷,并且缺乏对评估结果的检验。因此,得出的结果无法让人完全信服。现阶段国内学者对户外运动风险因素指标的筛选主要集中在文献阅读、个别访问和经验方法上,但是这些方法带有一定的主观性。因此,应当加大数学统计等定量分析方法在户外运动风险评估中的应用,使其评估指标和评估结果更加客观化和科学化。

二、户外运动风险评估的意义

(1)通过风险评估可以得出比较准确的损失概率和损失严重程度,以减少损失发生的不确定性。

(2)风险管理者通过风险评估可能分辨出主要风险和次要风险,可以集中主要精力处理主要风险,而不必花大量精力处理那些损失轻微的次要风险。

三、户外运动风险评估的作用

(1)风险评估的作用是降低不确定性的程度和水平。不确定性是无法直接预测和准确计算的,它是人们对风险因素的评价和风险出现概率的主观感受。一般来说,人们无法准确预测损失的不确定性,但是,可以大致区分风险的层次和水平。风险管理的目的是降低不确定性的程度和水平,争取达到较低水平的不确定性(表4-1)。当不存在不确定性时,我们对自己的预测有绝对的把握;当我们对预测的结果毫无疑问时,不确定性就不存在了。比如,运用物理学重力定理或运动定理进行预测时,预测的结果就是确定的,不存在认识的不确定性。

表4-1 确定性与不确定性的等级

不确定性水平	特征	举例
无(确定)	结果可以精确预测	物理定理、自然科学
水平1(客观不确定)	结果确定和概率可知	概率游戏,如扔硬币、抓阄儿
水平2(主观不确定)	结果确定但概率不可知	火灾、车祸
水平3	结果不完全确定、概率不可知	太空探险、基因研究

(2)不同风险管理者对于不确定性水平的认知不同,风险评估有助于使不同认知水平的管理者清楚地意识到风险的存在。

(3)合同的限制可以使不确定性的水平降低。现实生活中,各种形式的责任风险使损失的不确定性处于水平3上(结果不完全确定、概率不可知),但是,保险公司通过对担当责任的范围进行限制,可以使损失的不确定性降低到水平2(结果确定但概率不可知)或者水平1(结果确定和概率可知)。

四、户外运动风险评估的内容

风险评估的具体内容包括三个方面:首先要确定风险事件在一定时间内发生概率的大小,并且估计该事件可能造成损失的严重程度。其次,根据风险事件发生的概率大小及损失的严重程度估计总体损失的大小。最后,根据以上结果,预测这些风险事件发生的次数及后果,为决策者的判断与决策提供依据。

在评估损失概率时,需要考虑三项因素:一是风险单位数;二是损失形态;三是损失事件(或原因)。这三项因素的不同组合,会使损失概率的大小也不同。

风险损失程度是风险事故可能造成的损失值。在评估风险损失程度时,除了需要考虑风险单位的内部结构、用途、消防设施等,还需要考虑损失形态、损失频率、损失金额和损失时间等方面的因素。

(1)损失形态。同一原因导致的多形态损失,不仅要计算该风险事故导致的直接损失,还要计算因该风险事故引起的相关间接损失。一般来说,间接损失比直接损失更严重。

(2)损失频率。单一风险事故导致损失的单位数越多,其损失程度就越严重,一般来讲损失程度和损失风险单位数呈正相关关系。可将损失频率的形态划分为:①不可能发生,鉴于此类的损失频率,在风险管理者的观念中几乎没有发生的可能;②可能但未曾发生,此类损失频率,在风险管理者的观念中可能发生,但过去未曾发生过;③发生数次,此类为可能偶尔发生数次;④经常发生,此类损失频率属于规律性地发生。

(3)损失时间。一般来说,风险事故持续时间和损失频率与其损失的程度成正比。

(4)损失金额。一般情况下,损失金额代表损失程度的大小。损失金额越大,损失程度就越大。但是在一些特殊的情况下,损失金额的大小使损失频率、损失时间的估计变得微不足道。

从以上影响损失程度的因素可以看出,风险的大小不仅取决于损失的程度,而且还取决于损失发生的概率。同时,不容忽视的问题是,风险事故造成的损失是否妨碍了风险管理单位完成既定的工作计划。

第二节 户外运动风险评估的步骤与方法

一、户外运动风险评估的步骤

户外运动风险评估的流程可划分为以下几个阶段。

(一)评估准备

户外运动风险评估顺利实施的前提通常体现在评估准备阶段。该阶段的主要工作包括确定本次风险评估的对象和范围、安全需求和风险目标并组建评估管理和实施团队。评估管理和实施团队成员应当包括经验丰富的户外运动项目教练、场地设施设备保障部门工作人员、风险管理部门工作人员、风险评估组织范围的管理层人员以及其他代表。

(二)风险分析

首先对户外运动资产进行识别,形成资产类要素,然后根据资产脆弱点的严重程度识别系统脆弱性要素,通过建立风险评估模型分析各要素之间的关联程度,进而计算出系统的风险级别。

(1)资产识别。户外运动相关资产具备价值属性,这恰是其风险存在的根源。按照资产不同的存在形式,可将各式各样的户外运动相关资产分成场地设施设备类资产、人力资源类资产、管理规章制度类资产等。以上资产一般具有完整性(在完整性上缺失时,会影响整个组织)、可用性的特点,并可以根据这些特点对其重要性进行赋值(五个等级:很低、低、中、高、很高)。

(2)威胁识别。威胁是客观存在的,它是一种对组织及其资产产生潜在破坏的可能性因素,如天气突变、设备操作失误、管理不到位等。威胁识别的重点之一就是判断威胁出现的频率,户外运动风险评估者可根据户外实践经验和(或)有关的户外运动事故统计数据来进行判断,将威胁出现的频率进行赋值(五个等级:很低、低、中、高、很高)。

(3)脆弱性识别。脆弱性识别也称为弱点识别,任何户外运动相关资产都不同程度存在一些弱点,在一定的条件和环境下,威胁或利用资产的这些弱点可能造成危害。脆弱性识别将采用问卷调查、工具检测、人工核查、文档查阅等方法,找出可能被威胁或利用的弱点,识别并评估脆弱性的严重程度。根据对资产损害程度、技术实现的难易程度、弱点流行程度,采用等级方式对已识别的脆弱性的严重程度进行赋值(五个等级:很低、低、中、高、很高)。

(三)已有安全措施的确认

户外运动风险评估者应对已采取的安全措施进行有效性确认,然后继续保持有效的安全措施,以避免不必要的工作和费用,防止安全措施的重复实施。并核实是否取消被确认为不适当的安全措施,或者将其替换为更合适的安全措施。

(四)风险计算与结果判定

识别完资产、脆弱性、威胁和已有安全措施后,需要对识别的风险要素进行赋值。一般来讲,组织系统的风险值与其资产的重要性程度、脆弱性严重程度和威胁的强度具有一定的联系。户外运动风险评估者可根据自身情况,从众多种类的风险计算方法中选择相应的方法来计算风险值。如矩阵法或相乘法,通过构造经验函数,矩阵法可形成安全事件发生的可能性与安全事件的损失之间的二维关系;运用相乘法可以将安全事件发生的可能性与安全事件的损失相乘得到风险值。最后综合考虑风险控制成本与风险造成的影响,判定一个可接受风险结果阈值(五个等级:很低、低、中、高、很高)。

(五)风险评估文件记录

在风险评估过程中形成的相关文件,应将其进行标识、储存、保护、检索;相关文件的详略程度则由管理过程来决定。风险评估文件包括在整个风险评估过程中产生的评估过程文档和评估结果文档,具体包括(但不仅限于此)如下几个方面(图4-1)。

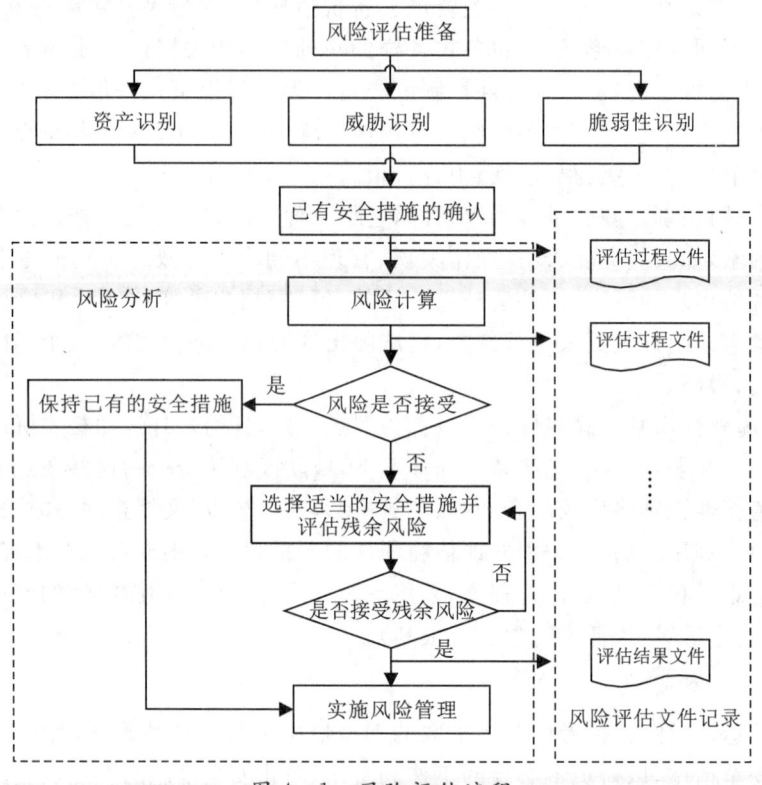

图4-1 风险评估流程

(1)风险评估计划:主要包含风险评估的目标、范围、评估方法、评估结果的形式和实施进度等。

(2)风险评估程序:明确评估的目的、职责、过程、相关的文件要求,并且准备实施评估需要的文档。

(3)资产识别清单:根据组织在风险评估程序文件中所确定的资产分类方法进行资产识别,形成资产识别清单和重要资产清单,清单中包含名称、描述、类型、重要程度并明确各资产的责任人/部门。

(4)威胁列表:根据威胁识别和赋值的结果,形成威胁列表,包括威胁名称、种类、来源、可能造成的后果及出现的频率等。

(5)脆弱性列表:根据脆弱性识别和赋值的结果,形成脆弱性列表,包括脆弱性名称、描述、类型及严重程度等。

(6)已有安全措施确认表:根据已采取的安全措施确认的结果,形成已有安全措施确认表,包括已有安全措施名称、类型、功能描述及实施效果等。

(7)风险评估报告:对整个风险评估过程和结果进行总结,详细说明被评估对象,风险评估方法,资产、威胁、脆弱性的识别结果,风险分析、风险统计和结论等内容。

(8)风险处理计划:针对评估结果中不可接受的风险制定风险处理计划,选择适当的控制目标及安全措施,明确责任、进度、资源,并通过对残余风险的评价确保所选择安全措施的有效性。

二、户外运动风险评估的方法

在户外运动风险评估中,经常使用"列表排序法"和"2×2矩阵法",在下一节中结合山地户外运动进行重点介绍。本节中,先介绍易于掌握、广泛适用的风险矩阵评估法。如表4-2所示,对风险进行评估时,已经将户外运动风险事故的后果

表4-2 风险矩阵法(矩阵风险评估表)

严重级别	风险后果				概率增加				
	人员	财产	环境	声誉	A	B	C	D	E
	P	A	R	E	从没有发生过	本行业发生过	本组织发生过	本组织容易发生	本组织经常发生
0	无伤害	无损失	无影响	无影响					
1	轻微伤害	轻微损失	轻微影响	轻微影响	(Ⅰ区)				
2	小伤害	小损失	小影响	有限损害					
3	重大伤害	局部损失	局部影响	很大影响			(Ⅱ区)		
4	一人死亡	重大影响	重大影响	全国影响					
5	多人死亡	特大影响	巨大影响	国际影响				(Ⅲ区)	

注:Ⅰ区:一般风险,亟待改进,提升管理水平;Ⅱ区:中度风险,需制定措施以减少风险;Ⅲ区:重大风险,后果严重的风险,需制定专门风险管理方案。

严重程度分为不同的等级,也根据户外运动不同风险事故发生的概率相对地划分为若干级所制成的矩阵风险评估表(以严重程度为列、以发生概率为行),赋予行列交合点加权指数。矩阵内就形成了若干加权指数,也可以据此得出风险等级图。

风险矩阵评估法主要关注人员、财产、环境和声誉四个领域的风险后果,根据风险对每个领域造成后果的严重程度分为5个级别,每个级别的具体含义如表4-3～表4-6所示。

表4-3 风险事故对人员的影响

潜在影响		定义
0	无伤害	对健康没有伤害
1	轻微伤害	对个人受雇和完成目前劳动没有伤害
2	小伤害	对完成目前工作有影响,如某些行动不便或需要一周以内的休息才能恢复
3	重大伤害	导致对某些工作能力的永久丧失或需要经过长期恢复才能工作
4	一人死亡	一人死亡或永久丧失全部工作能力
5	多人死亡	多人死亡

表4-4 风险事故对财产的影响

潜在影响		定义
0	无损失	对设备没有损坏
1	轻微损失	对使用没有妨碍,只需要少量的修理费用
2	小损失	给操作带来轻度不便,需要停工修理
3	局部损失	装置倾倒,修理后可以重新开始
4	严重损失	装置部分丧失,停工
5	特大损失	装置全部丧失,大范围损失

表 4-5 风险事故对环境的影响

潜在影响		定义
0	无影响	没有环境影响
1	轻微影响	可以忽略的环境影响,当地环境破坏在小范围内
2	小影响	破坏大到足以影响环境,单项超过基本或预定的标准
3	局部影响	环境影响多项超过基本的或预设的标准,并超出了一定范围
4	严重影响	严重的环境破坏,承包商或业主被责令把污染的环境恢复到污染前水平
5	巨大影响	对环境(商业、娱乐和自然生态)的持续严重破坏或扩散到很大的区域,对承包商或业主造成严重的经济损失,持续破坏预先规定的环境界限

表 4-6 风险事故对声誉的影响

潜在影响		定义
0	无影响	没有公众反应
1	轻微影响	公众对事件有反应,但是没有公众表示关注
2	有限影响	一些当地公众表示关注,受到一些指责;一些媒体有报道和一些政治上的重视
3	很大影响	引起整个区域公众的关注,大量的指责,当地媒体大量反面的报道;国家媒体或当地/国家政策的可能限制措施或许可证影响;引发群众集会
4	国内影响	引起国内公众的反应,持续不断的指责,国家级媒体的大量负面报道;地区/国家政策的可能限制措施或许可证影响;引发群众集会
5	国际影响	引起国际影响和国际关注;国际媒体大量反面报道或国际政策上的关注;可能对进入新的地区得到许可证或税务上有不利影响,受到来自群众的压力;对承包方或业主在其他国家的经营产生不利影响

风险矩阵评估法中,根据后果发生的概率,将其分成5种不同的情形,每种情形的具体含义如表4-7所示。

表4-7 风险后果发生概率的等级

序号	等级	定义
1	A	不可能(每一千年发生一次)
2	B	极少(每一百年至每一千年发生一次)
3	C	偶尔(每十年至每一百年发生一次)
4	D	可能(每年至每十年发生一次)
5	E	经常(每年发生超过一次)

根据以上所述的方法,对于户外运动活动的组织,可以用五级风险评估对户外运动的风险进行评估。第一级风险是无法接受后果的等级,如造成死亡或终身残疾;第二级风险是后果严重且不希望看到的风险,如骨折等造成人身伤害但事后可痊愈的事故;第三级风险是可以选择性接受的风险,如扭伤、划痕等影响活动的轻伤;第四级风险是后果完全可承担的风险,如蚊虫叮咬、轻微磕碰等;最后风险评估等级划分中,风险值是通过户外运动领域中多位有关专家的问卷调查评分所得。

以登山户外运动为例,"人的风险"的评估风险因素中"身体突发疾病"和"迷路"因素位列第一位、第二位,属于一级风险因素。尽管以上两种因素的发生概率不高,但一旦发生,后果却很严重,特别是在户外运动过程中身体突发疾病,如果得不到及时救治,就可能会有生命危险。对于"迷路",特别是在不熟悉的环境中迷路或者在登山过程中遇上天黑、大雾、暴雪、暴雨等恶劣天气,如果没有经过专业训练,或没有户外技能的登山者很难自己找到回去的路。可以看出,"迷路"也将对登山者构成巨大威胁。随着越来越多的人参与到登山户外运动中,许多经验不足且缺乏专业技能的登山者也层出不穷,而由于经验或技能不足导致的户外事故也屡见不鲜。目前,大多数的户外运动还是以多人团队行动的组织形式出现。在团队户外运动中,如果擅自脱离团队,不服从领队指挥,独自冒险逞能进行过激尝试,自我保护意识差或注意力分散都将导致风险,所以我们要避免或控制这些风险的发生。领队是一个户外运动团队的核心,应该具有较强的风险辨别和事故预判能力及应变能力,具有丰富的户外经验、过硬的专业技能和强烈的责任感。通过风险评估可以看出,"风险辨别能力差"和"事故应变能力差"是一级风险因素,"缺乏责任感"和"经验/技能不足"是二级风险因素,而"活动策划不合理"是三级风险因素(表4-8)。

表4-8 登山户外运动风险评估结果表（据郭健，2017）

登山户外运动风险辨识		风险评估结果		
风险源	风险因素	风险值	分值排列	风险等级
人的风险	身体突发疾病	4.01	1	一级
	迷路	4.16	2	一级
	经验/技能不足	5.07	3	二级
	注意力分散	7.80	10	二级
	冒险逞能	7.00	8	二级
参与者	自我保护意识弱	5.47	4	二级
	脱离团队	7.80	9	二级
	不服从指挥	6.76	7	二级
	环境不熟悉	6.03	6	二级
	单独行动	5.73	5	二级
	身体素质差	9.92	11	三级
	体力消耗过大	10.02	12	三级
领队	风险辨别能力差	4.83	1	一级
	事故应变能力差	4.90	2	一级
	缺乏责任感	7.82	4	二级
	经验/技能不足	6.57	3	二级
	活动策划不合理	9.62	5	三级
装备风险	装备不适应活动	6.55	1	二级
装备准备	装备准备不充分	8.92	5	二级
	装备性能差	7.92	4	二级
	无装备	7.01	2	二级
	物资缺乏	7.22	3	二级
装备使用	装备操作不当	8.79	2	二级
	装备功能失灵	8.67	1	二级

续表 4-8

登山户外运动风险辨识			风险评估结果		
风险源		风险因素	风险值	分值排列	风险等级
环境风险	自然环境	雷电袭击	4.78	4	一级
		山体滑坡	4.78	5	一级
		落石	4.33	1	一级
		山洪/洪水	4.70	3	一级
		雪崩/冰崩	4.36	2	一级
		恶劣天气	6.49	6	二级
		悬崖/裂缝	8.73	8	二级
		复杂植被	8.63	7	二级
		有毒植物	8.86	9	二级
		陡坡	11.59	11	三级
		天黑	9.02	10	三级
	人文环境	救援不及时	2.46	1	一级
		无有效保护措施	7.99	2	二级
团队风险		缺乏领队	8.03	1	二级
		缺乏团队精神	8.62	4	二级
		对个体缺少关注	8.40	2	二级
		搞小团体	8.67	5	二级
		团队能力欠缺	8.45	3	二级
		活动设计不合理	13.46	8	三级
		目标不明确	10.67	7	三级
		分工不明	9.11	6	三级
规则风险		违反山林管理规定	5.44	2	二级
		未遵循应急救助程序	5.25	1	二级
		未遵守登山相关规定	5.62	3	二级
		未按行程规划进行	7.08	5	二级
		救助系统不完善	6.20	4	二级

对登山户外运动中风险源"装备风险"进行评估后可知，风险源"装备准备"和"装备使用"中的风险因素均为二级风险因素。户外活动的准备阶段，必须要根据不同的户外活动挑选合适的装备和充足的物资，如果出现物资匮乏或装备性能差的情况，都将加大户外风险的出现概率。比如，在户外活动中，使用不符合标准的锁具或保护设备，用手电筒代替专业头灯，用常规电子通信设备代替卫星电话，用麻绳代替登山专业绳索等情况的出现，均将大大增加户外风险。在装备使用之前建议对队员进行培训，一是可以避免不必要的装备损坏，二是可以规避由于操作不当造成的意外事故。

在"自然环境"风险源中，"雷电袭击""山体滑坡""落石""山洪/洪水"和"雪崩/冰崩"等风险因素均属于一级风险。户外运动通常是在野外自然环境中开展，活动中难免会遇到不利的自然天气或地质灾害，虽然上述风险因素发生的可能性较小，但一旦发生将带来灾难性后果。因此，在登山户外运动中，必须事先辨识这些风险因素，以便优先防范或回避这些风险。通过评估，"恶劣天气""悬崖/裂缝""复杂植被"和"有毒植物"属于二级风险因素。在登山户外运动中，如果遇上这些风险因素，需做好充分准备，谨慎应对，以免发生意外事故。此外，"陡坡"和"天黑"属于三级风险因素。在"人文环境"风险源中，"救援不及时"为一级风险因素。由于我国登山户外运动兴起时间较短，存在着救援制度不健全、专业救援队伍不足、救援系统不够全面等问题，如果在登山户外运动中需要紧急救援，救援及时与否将直接决定事故后果的严重性。风险源"无有效保护措施"为二级风险因素，由于人为疏忽或山林管理不完善等因素，在一些危险路段或悬崖近处无保护围栏或警示提醒标志而导致的登山事故也屡见不鲜。

通过对风险源"团队风险"的评估得知，风险因素"缺乏领队""缺乏团队精神""对个体缺少关注""搞小团体""团队能力欠缺"等均属于二级风险因素，"活动设计不合理""目标不明确""分工不明"等属于三级风险因素。目前大多户外活动组织途径主要是通过网络论坛、聊天软件及其他网络途径以分摊费用的形式进行组队招募的，虽然这种组队的方式具有一定的便捷性，但以这种方式组建的户外队伍团队凝聚力较低，队友之间彼此不熟悉，且个体体能、户外专业技能差异大，危险状况发生时队员往往更关注自我。团队精神缺乏、遇到困难搞小团体、缺少对不同个体的关注等，这些因素都增加了登山户外活动的风险。

第三节 山地户外运动风险评估

山地户外运动作为在山地自然环境中开展的集体运动项目群,包括山地运动、峡谷运动、野外生存(含露营)以及荒漠运动等。目前在我国1.45亿户外运动人数中,经常参加山地户外运动的人数达到0.6~0.7亿,是我国目前参与人数最多的户外运动类型,但也是风险事故频繁发生的领域。因此,本书结合"列表排序法"和"2×2矩阵法"重点对山地户外运动安全风险进行评估。

列表排序法一般先确定评估的风险因素,然后请相关领域的专家对这些风险因素的发生概率和后果严重程度进行评分,并将每一风险因素的这两个得分相乘,乘积(风险量)越大,风险等级越高,最后按风险等级对各项目进行排序。"2×2矩阵法"是从上述"风险发生概率""风险后果严重程度"两个维度来对各个风险因素的影响进行评价和分析,绘制成风险矩阵图(图4-2),在风险排序的基础上对风险进行归类,以此来确定风险事件处理的优先级别,为风险分析与决策提供依据。风险矩阵图共有4个象限区域。Ⅰ区是低风险区,表示风险项"发生概率"和"后果严重程度"的均值都分别低于a和b,都位于较低水平,对于该象限区域的风险因素,应对措施为定期检查。Ⅱ区和Ⅲ区是中风险区,位于Ⅱ区的风险因素"发生概率"均值大于a,"后果严重程度"均值小于b,表明该风险因素发生的概率较大,但后果严重程度较低;位于Ⅲ区的风险因素"发生概率"均值小于a,"后果严重性"均值大于b,表明该风险项的发生概率很小,但一旦发生,后果将较为严重;对处于Ⅱ、Ⅲ象限的风险因素应做好日常监控。Ⅳ区代表某一风险因素的"发生概率"和"后果严重性"均值都分别高于a和b,即某风险因素的发生概率和后果严重性都非常高,该风险指标归属于高风险区,针对这类风险因素需要优先防范。

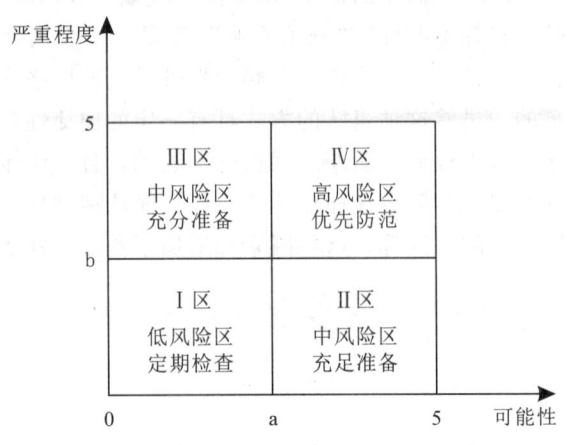

图4-2 我国山地户外运动风险矩阵图

一、山地户外运动风险评估的内容

对山地户外运动进行风险评估,能够为风险应对提供重要依据,进而消除或减小风险事故造成的损失,但我国山地户外运动的发展时间相对较短,对人们的山地户外运动参与行为缺乏完善的监测和研究,目前在客观数据的采集和积累上存在着较多不足,为精确评估山地户外运动的风险发生概率、风险事故后果严重程度带来了一定的难度。本教材主要参考翁家银(2009)的研究成果,对山地户外运动风险评估的内容体系和评估结果进行分析。

1. 山地户外运动风险发生概率的评估标准

根据本章第二节的矩阵风险评估表,可将山地户外运动风险事故的发生概率分成1~5个等级,1表示风险事故发生的概率极小,5表示风险的发生概率极高,具体标准见表4-9。

表4-9 山地户外运动风险发生概率的评估标准

等级	发生概率	定义
1	不可能	发生概率极低,基本不会发生
2	不太可能	发生概率低,不常发生
3	一般	发生概率中等,有时会发生
4	可能	发生概率较高,可能经常发生
5	非常可能	发生概率很高,几乎一定会发生

2. 山地户外运动风险后果严重程度的评估标准

风险后果严重程度是风险事故后果影响山地户外运动计划目标的严重程度,可以从人身伤病的严重程度、造成的财产损失大小和与原计划的偏差三个方面来衡量,其等级同样可分为1~5级:级别1表示风险影响极小,基本可以忽略不计;级别5表示风险影响非常严重,甚至可能威胁到参与者的生命安全(表4-10)。

3. 山地户外运动风险评估的内容

根据第三章户外运动风险识别和上述评估标准,编制了山地户外运动风险评估表,列出山地户外运动风险的主要因素,并从风险发生概率和后果严重程度两个维度对风险因素进行评分(表4-11)。风险量的计算公式为:

$$R = P \times I$$

式中,R为风险量;P为风险发生概率;I为风险后果严重程度。

表 4-10　风险量化的后果影响严重性标准

等级	后果严重程度	伤病程度	预期费用	与计划的偏差
1	无影响	无需恢复时间（如轻度磕碰、皮肤擦伤）	<2%	<2%
2	不太严重	一周内恢复（如非毒蛇咬伤、晒伤）	2%～5%	2%～5%
3	一般	1～6周恢复（如骨折）	5%～10%	5%～10%
4	严重	6周以上恢复（需住院治疗）	10%～20%	10%～20%
5	极其严重	永久性伤残或死亡	>20%	>20%

表 4-11　山地户外运动风险评估表（据翁家银，2009，略有改动）

风险来源	风险因素	发生概率					后果严重程度				
		不可能	不太可能	一般	可能	非常可能	无影响	不太严重	一般	严重	极其严重
参与者风险	技术、装备操作不熟练	1	2	3	4	5	1	2	3	4	5
	战术使用不合理	1	2	3	4	5	1	2	3	4	5
	体能不足	1	2	3	4	5	1	2	3	4	5
	身体状况不佳	1	2	3	4	5	1	2	3	4	5
	冒险逞强	1	2	3	4	5	1	2	3	4	5
	注意力分散	1	2	3	4	5	1	2	3	4	5
	缺乏自我保护意识	1	2	3	4	5	1	2	3	4	5
领队（教练）风险	安全判断力差	1	2	3	4	5	1	2	3	4	5
	技术技能不娴熟	1	2	3	4	5	1	2	3	4	5
	活动设计不合理	1	2	3	4	5	1	2	3	4	5
	必要的技能指导不及时	1	2	3	4	5	1	2	3	4	5
	发现、纠正错误不及时	1	2	3	4	5	1	2	3	4	5
	应急处理能力不足	1	2	3	4	5	1	2	3	4	5
	责任感不强	1	2	3	4	5	1	2	3	4	5
	安全教育工作不到位	1	2	3	4	5	1	2	3	4	5

续表 4-11

风险来源	风险因素	发生概率					后果严重程度				
		不可能	不太可能	一般	可能	非常可能	无影响	不太严重	一般	严重	极其严重
团队风险	分工不明确、不合理	1	2	3	4	5	1	2	3	4	5
	目标不清晰统一	1	2	3	4	5	1	2	3	4	5
	团队凝聚力不足	1	2	3	4	5	1	2	3	4	5
	存在小团体	1	2	3	4	5	1	2	3	4	5
	对不同个体缺少关注	1	2	3	4	5	1	2	3	4	5
装备器材风险	尺码、标准不合适	1	2	3	4	5	1	2	3	4	5
	装备器材质量差、性能差	1	2	3	4	5	1	2	3	4	5
	未及时更新陈旧装备器材	1	2	3	4	5	1	2	3	4	5
	装备器材临时更换不适应	1	2	3	4	5	1	2	3	4	5
	装备器材使用不规范	1	2	3	4	5	1	2	3	4	5
自然环境风险	地震	1	2	3	4	5	1	2	3	4	5
	塌方	1	2	3	4	5	1	2	3	4	5
	洪水	1	2	3	4	5	1	2	3	4	5
	暴雨闪电	1	2	3	4	5	1	2	3	4	5
	寒潮	1	2	3	4	5	1	2	3	4	5
	沙尘暴	1	2	3	4	5	1	2	3	4	5
	野生动物袭击	1	2	3	4	5	1	2	3	4	5
	毒蛇咬伤	1	2	3	4	5	1	2	3	4	5
	复杂地形地貌	1	2	3	4	5	1	2	3	4	5
人文环境风险	相关法律法规不完善	1	2	3	4	5	1	2	3	4	5
	保险体系不健全	1	2	3	4	5	1	2	3	4	5
	救援系统不完善	1	2	3	4	5	1	2	3	4	5
	缺少风险预警机制	1	2	3	4	5	1	2	3	4	5
	安全教育不到位	1	2	3	4	5	1	2	3	4	5

二、山地户外运动风险评估的结果

(一) 山地户外运动人员风险评估结果

山地户外运动的人员风险主要包括了参与者风险、领队(教练)风险和团队风险。根据上述风险量的计算公式,对三类人员风险因素的风险量值进行排序后,得出山地户外运动人员风险评估结果(表4-12)。

表4-12 山地户外运动人员风险评估结果

风险识别			风险评估			排序
风险来源	序号	潜在风险因素	发生概率(均值)	后果严重性(均值)	风险量(均值)	
参与者风险	1	技术、装备操作不熟练	2.95	3.64	10.74	4
	2	战术使用不合理	2.53	3.91	9.89	5
	3	体力状况不佳	1.94	3.86	7.49	6
	4	身体伤病未痊愈	1.64	3.94	6.46	7
	5	冒险逞能	3.88	4.07	15.79	1
	6	注意力分散	3.26	3.88	12.65	3
	7	缺乏自我保护意识	3.44	3.97	13.66	2
领队(教练)风险	1	安全判断力差	2.83	3.99	11.29	5
	2	技术技能不娴熟	2.31	4.07	9.40	8
	3	活动设计不合理	3.03	3.87	11.73	3
	4	必要的技能指导不及时	2.91	3.84	11.17	6
	5	发现、纠正错误不及时	3.42	3.8	12.00	2
	6	应急处理能力不足	3.65	3.71	13.54	1
	7	责任感不强	2.81	4.09	11.49	4
	8	安全教育工作不到位	3.2	3.48	11.14	7
团队风险	1	分工不明确、不合理	2.91	3.63	10.56	2
	2	目标不清晰统一	2.49	3.63	9.04	4
	3	团队凝聚力不足	2.63	3.57	9.39	3
	4	存在小团体	1.53	3.85	5.89	5
	5	对不同个体缺少关注	4.06	3.76	15.27	1

根据风险评估结果,应用"2×2风险矩阵法"将参与者、领队(教练)和团队的风险因素分别进行分类(表4-13～表4-15),便可拟定风险的应对措施。

1. 山地户外运动参与者风险评估

从风险评估结果可知,"冒险逞能""缺乏自我保护意识"和"注意力分散"居参与者风险量的前三位(表4-13),即山地户外运动参与者面临的最大风险是心理风险,而非技术或体能风险。山地户外运动通常具有一定的探险性和刺激性,自然环境也经常变化,极易引起参与者的好奇心,再加上运动项目通常具有一定的挑战性,容易让参与者高估自身能力,导致行为变成冒险和逞能。通常情况下,户外运动经验丰富的参与者能够避免高估自身能力与低估风险因素的情形,而大多数户外运动的"新手"缺乏山地户外运动的安全知识与经验,往往在活动过程中兴奋程度较高,无法像平时一样准确地感知风险,易导致自我保护意识降低和专注力下降。"技术、装备操作不熟练"的风险量排在第四位,属于日常监控类。山地户外运动中的部分项目有着较为复杂的技术操作,如高海拔攀登不仅需要良好的体能,还需熟练掌握绳索、攀登与下降、救援等技能。另外,战术使用不合理、体能不足等问题,也极易引发风险事故,因此要准确识别风险,做好风险评估,采取措施规避风险或将风险控制在可以接受的范围之内。

表4-13 参与者风险分类

序号	风险因素	应对措施
1	冒险逞能	高度优先
2	缺乏自我保护意识	高度优先
3	注意力分散	高度优先
4	身体状况不佳	做好准备
5	体能不足	做好准备
6	战术使用不合理	做好准备
7	技术、装备操作不熟练	日常监控

2. 山地户外运动领队(教练)风险评估

领队(教练)在户外运动风险管理中起着关键性的作用,从活动方案的规划到实施,从装备的准备到环境的应变,判断、选择、指导和决策,都对其组织、领导、风险感知、决策和应急事件处理能力及其技术技能、经验和责任感等提出了较高的要求。表4-12的风险评估排序结果显示,在领队(教练)风险中,排在前三位的分别是"应急处理能力不足""发现、纠正错误不及时"和"活动设计不合理"。山地户外运动活动过程中,一些参与者容易出现装备不符合要求、技术操作不规范、纪律性不强等问题,如不及时处理,也可能造成严重后果,这就需要领队(教练)具备较强的应急处理能力。在突发危险事件时,要求领队(教练)快速及时地根据当时具体情况做出决策,反应的速度与正确性对风险事故的发生具有直接影响,因此尽管其属于日常监控类,但考虑到它的重要性,可将它归为高度优先类(表4-14)。

表4-14 领队风险分类

序号	风险因素	应对措施
1	应急处理能力不足	高度优先
2	发现、纠正错误不及时	高度优先
3	活动设计不合理	高度优先
4	责任感不足	做好准备
5	必要的技能指导不及时	做好准备
6	技术技能不娴熟	做好准备
7	安全判断力差	做好准备
8	安全教育工作不到位	日常监控

另外,"安全判断力差""技术技能不娴熟""必要的技能指导不及时"和"责任感不足"都是领队(教练)需特别注意的方面,应时刻做好准备,避免风险因素发生。在当前户外运动发展的起步阶段,参与人群快速增长,需增强广大参与者的户外安全意识,普及户外安全常识,才能推动户外运动的健康发展,因此要注意山地户外运动的安全教育工作。新西兰的研究表明,户外安全教育工作的广泛性和深入性与事故遇难人数密切相关,户外运动安全教育工作要日常监控,常抓不懈。

3. 山地户外运动团队风险评估

在团队风险中(表4-15),"对不同个体缺少关注"居第一位,表明该风险因素在团队风险中属于高度优先类,"分工不明确、不合理"和"团队凝聚力不足",属于定期评估类;"目标不清晰统一""存在小团体"的风险量排在后两位。在山地户外运动中,个体的技能、经验、体能状况、适应能力等都有较大的差异,而山地户外运动大都属集体运动项目,强调参与者之间的互助与支持,共同克服困难完成目标,集体主义和团队精神都是山地户外运动文化应有之义,因此要关注每一位参与者的状态,明确分工,给予团队足够理解与认同,都会有利于风险的防范。

表 4-15　团队风险分类

序号	风险因素	应对措施
1	对不同个体缺少关注	高度优先
2	团队凝聚力不足	定期评估
3	分工不明确、不合理	定期评估
4	目标不清晰统一	定期评估
5	存在小团体	做好准备

（二）山地户外运动装备器材风险评估结果

山地户外运动不同于日常生活或休闲旅游，除了要求参与者具备较好的身体条件外，专业的装备器材也非常关键。户外环境的多变，特别是具有较高探险性的项目，装备器材的质量性能与规范使用直接关系到目标能否顺利达成，更关系到参与者的健康和生命安全。表 4-16 是运用列表排序法得到山地户外运动装备器材风险评估结果。

表 4-16　山地户外运动装备器材风险评估结果

风险分类	风险识别		风险评估			排序
	序号	可能的风险因素	可能性（均值）	严重性（均值）	风险量（均值）	
装备器材风险	1	尺码、标准不合适	2.20	3.59	7.90	4
	2	装备器材质量差、性能差	2.71	4.27	11.57	2
	3	未及时更新陈旧装备器材	3.85	3.94	15.17	1
	4	装备器材临时更换不适应	2.76	3.27	9.03	3
	5	装备器材使用不规范	1.40	4.36	6.10	5

从表 4-16 的评估结果排序来看，"未及时更新陈旧装备器材"和"装备器材质量、性能差"排在装备器材风险的前两位，均属于高度优先类风险（表 4-17）。科学设计、功能完备的装备器材是每一位山地户外运动参与者的必需品，在恶劣多变的自然环境中，它是生命安全的保障。如羽绒衣裤和睡袋可以在低温环境下保暖，防水透气的冲锋衣在风雨天气保护身体干爽，徒步鞋袜可以保护双脚和脚踝；急救

包、救援绳等装备器材,在危险地段起到支持、保护作用,在事故发生后起到紧急救援作用。因此,在山地户外运动中,装备器材应引起足够的重视。另外,所有的山地户外运动装备器材应通过国际攀联标准认证(UIAA)或欧洲标准认证(CE),避免存在安全隐患。表4-17是根据风险矩阵得到的风险类别和应对措施。

表4-17 装备风险分类

序号	风险因素	应对措施
1	未及时更新陈旧的装备器材	高度优先
2	装备器材质量、性能差	高度优先
3	装备器材使用不规范	做好准备
4	尺码、标准不合适	定期评估
5	装备器材临时更换不适应	日常监控

（三）山地户外运动环境风险评估结果

山地户外运动依托山地地貌的自然环境为主要场地,一般带有探险性质或体验探险的目的,其中自然环境变化莫测,法规制度、保险、救援等人文社会的不完善,都是山地户外运动风险的主要来源。表4-18是运用列表排序法得到的山地户外运动环境风险评估结果及排序,可以看出环境的风险不容小觑。

1. 山地户外运动自然环境风险评估

从表4-18可以看出,在自然环境风险中,复杂地形地貌、暴雨闪电和塌方居前三位,随后是寒潮、毒蛇咬伤和洪水,最后是沙尘暴和野生动物袭击,其中复杂地形地貌属于高度优先类(表4-19)。山地户外运动多在无明显标识的开阔地带开展,很容易造成迷路。如果行前计划不充分,应急预案不完善,再遇上降温、暴雨等天气,风险程度将持续增大。另外,尽管塌方、洪水、野生动物袭击、毒蛇咬伤等风险事件发生的概率并不是很高,但也要有足够的警觉性并做好充分准备。最后,山地户外运动过程中遭遇地震的概率极小,如果发生地震,在户外的危险一般小于室内,只要沉着冷静,远离悬崖、河岸等,一般可以把风险减小到最低程度。

2. 山地户外运动人文环境风险评估

如表4-18所示,"相关法律法规不完善""缺少风险预警机制"和"救援系统不完善"在人文环境风险评估排序中居前三位,应用风险矩阵法进行分类(表4-20);"相关法律法规不完善""救援系统不完善"和"安全宣传教育不到位"属于高度优先类;"保险体系不健全"属于定期评估类;"缺少风险预警机制"属于日常监控类。

表 4-18 山地户外运动环境风险评估结果

风险识别			风险评估			排序
风险分类	序号	潜在风险因素	可能性（均值）	严重性（均值）	风险量（均值）	
自然环境风险	1	地震	1.31	3.42	4.48	9
	2	塌方	2.47	4.51	11.14	3
	3	洪水	1.88	4.63	8.70	6
	4	暴雨闪电	3.28	3.90	12.79	2
	5	寒潮	3.21	3.26	10.47	4
	6	沙尘暴	2.37	3.63	8.60	7
	7	野生动物袭击	1.57	4.12	6.47	8
	8	毒蛇咬伤	1.99	4.51	8.98	5
	9	复杂地形地貌	3.98	4.17	16.60	1
人文环境风险	1	相关法律法规不完善	3.87	3.93	15.21	1
	2	保险体系不健全	2.63	3.35	8.81	5
	3	救援系统不完善	3.69	4.10	15.13	2
	4	缺少风险预警机制	4.08	3.53	14.40	3
	5	安全宣传教育不到位	3.47	3.87	13.43	4

表 4-19 自然环境风险分类

序号	风险因素	应对措施
1	复杂地形地貌	高度优先
2	暴雨闪电	日常监控
3	塌方	日常监控
4	寒潮	做好准备
5	毒蛇咬伤	做好准备
6	洪水	做好准备
7	沙尘暴	定期评估
8	野生动物袭击	定期评估
9	地震	定期评估

表4-20　人文环境风险分类

序号	风险因素	应对措施
1	相关法律法规不完善	高度优先
2	救援系统不完善	高度优先
3	安全宣传教育不到位	高度优先
4	保险体系不健全	定期评估
5	缺少风险预警机制	日常监控

法律法规是规范山地户外运动发展的重要因素,保证其有序、安全地发展。但目前山地户外运动法律法规还不完善,组织者和参与者的责任不甚明确,导致山地户外运动风险事故发生后难以做到"有法可依"。另外,风险预警是事先预防和监测的重要手段,通过风险信息的及时发布,对于提高防范意识、采取预防措施与提升风险控制能力起着极大的作用。安全救援系统则是危险事件发生过程中迅速采取补救措施,尽量减少风险事件消极后果的重要环节,完善的救援系统有助于当山地户外运动组织者与参与者在遭遇危险事件时,得到有效及时的救助,避免悲剧的发生。最后,登山户外运动保险作为事前预防和事后补救的重要手段,受到越来越广泛的关注。尽管目前中体保险经纪有限公司、太平保险有限公司、保游网等相继开发了专业的户外运动保险产品,承保包括高海拔登山在内的高风险山地户外运动,但保险体系仍需要不断完善,因此"保险体系不健全"是定期评估类风险因素。

参考文献与进一步阅读的相关文献

郭健.登山户外运动风险评估研究[J].运动,2017(2):137-139.
洪俊雄.大型体育赛事风险评估指标研究现状[J].体育科技,2014,35(4):36-37.
霍德利.体育赛事风险评估与应对策略研究[J].天津体育学院学报,2011,26(1):49-53.
霍德利.体育赛事风险评估指标体系的构建[J].统计与决策,2011(23):64-67.
蒋俊杰.我国重大事项社会稳定风险评估机制:现状、难点与对策[J].上海行政学院学报,2014,15(2):90-96.
刘泽照,朱正威.掣肘与矫正:中国社会稳定风险评估制度十年发展省思[J].政治学研究,2015(4):118-128.
骆珣,王晓庆.项目风险评估的应用与展望[J].现代管理科学,2006(9):11-12.
聂晓伟,张玉清,杨鼎才.一种基于AHP和模糊理论的风险评估方法[J].北京电子科技学院学报,2005(2):44-49.

彭召方,刘鸿优,国伟,等.我国山地户外运动风险评估指标体系与预警系统的构建[J].体育学刊,2018,25(1):68-73.

石岩,牛娜娜.我国体育领域风险评估方法的比较分析[J].体育与科学,2014,35(5):54-58.

苏玉凤.大学生体育运动风险评估与应对策略研究[J].体育科技文献通报,2011,19(12):14-15.

王博,崔春光,彭涛,等.暴雨灾害风险评估与区划的研究现状与进展[J].暴雨灾害,2007(3):281-286.

翁家银.山地户外运动安全风险管理研究[R].广州:广州体育学院,2009.

翁建锋,高慧林,关多红.大型体育赛事安全风险评估及应对策略[J].首都体育学院学报,2010,22(5):18-22.

吴树仁,石菊松,张春山,等.地质灾害风险评估技术指南初论[J].地质通报,2009,28(8):995-1005.

夏茂春.大众冰雪运动风险评估研究综述[J].吉林体育学院学报,2017,33(2):45-48.

许俊友,张伟,张翔.大型活动风险评估模式初探[J].中国公共安全(学术版),2011(4):26-29.

许蓉蓉,杨倩.户外运动风险管理研究述评[J].当代体育科技,2015,5(18):223-224.

赵晓琦.从法律与经济学视角浅谈风险评估机制[J].经济研究导刊,2011(17):180-181.

朱得旭.大型活动安保风险评估概论[J].犯罪研究,2008(4):40-46.

朱德米.社会稳定风险评估的社会理论图景[J].南京社会科学,2014(4):58-66.

朱华桂,吴超.大型体育赛事风险评估研究——以南京青奥会为例[J].体育与科学,2013,34(5):22-26,30.

第五章

户外运动风险应对

户外运动具有高危性的特点,识别户外运动风险、了解风险类型、确定风险事件、分析风险产生的原因是实现安全风险管理的前提。对组织的风险应对能力做出准确的评估主要是在风险识别的基础上开展的。风险识别与风险评估的最终目的是为了根据风险类型和决策主体对风险的态度与承受能力制定出回避、承受、降低或分担等相应的风险应对方案。风险应对是通过计划和决策控制已识别风险的过程,本章将主要介绍一般策略中的控制型风险应对和财务型风险应对。

第一节 户外运动风险应对概述

一、户外运动风险应对的概念

了解风险、识别风险、评估风险的目的是为了应对风险,预防或减小损失。风险管理者通过风险识别和评估发现户外运动项目中存在的风险因素,综合考虑风险发生的概率、预期损失的严重程度等因素后,得出该项目风险发生的可能性以及风险的危害程度,结合行业公认的风险安全范围指标值与组织自身实际,确定项目的危险等级,最后寻找和确定各种可能的、处理这些风险的管理措施,以做出最终选择和实质性决策,即风险应对。风险应对是风险管理体系的核心。从宏观角度上看,风险应对是对整个风险管理活动的计划和安排;从微观层面上看,风险应对的具体实施过程,也是科学运用决策理论和方法来选择最佳风险应对手段的过程。

户外运动风险应对就是在科学准确识别风险、评估风险的前提下,合理地选择风险应对手段和策略,制定出风险管理总体方案和行动计划,最终实现风险管理目标和宗旨的过程。或简要地表述为,户外运动风险应对是在风险识别和评估的基础上,积极应对户外运动风险因素。

二、户外运动风险应对的内容

户外运动风险应对的主要内容包括以下几个方面。
(1)准确描述识别出风险,包括风险来源、风险类型、预期损失等。

(2)根据风险类型指定风险应对负责人。

(3)选定风险应对方案与办法,选择最佳应对方案或对几个方案进行最佳组合(主要风险处理手段、次要风险处理手段和补充风险处理手段),以确保方案成本最低而安全保障效益最大。

(4)预估风险应对措施的控制效果。

(5)列出风险应对的资金及时间计划。

(6)指定风险应对的应急处理办法。

(7)风险具有客观性和偶然性,应根据情况对所选择的方案进行及时评估和调整。

三、户外运动风险应对的策略

总体而言,控制户外运动风险的基本途径有两种:首先是风险预防,通过各种风险应对策略,在损失发生之前消除潜在的风险因素,避免危害发生;其次是通过各种风险应对策略,在风险事件发生之后实施补救,将已有的损失减少到最低限度。并非任何风险都可以得到有效预防,因此风险的应对策略也应全面详尽,大多数情况下,应对策略是多种方法的组合,以达到最大限度降低损失的目的。

风险应对一般策略主要有两类:控制型风险应对和财务型风险应对。前者又包括风险预防、风险分散、控制型风险转移等;后者包括风险自留、风险转移(保险转移和非保险转移)等;风险应对策略如图5-1所示,本章将重点介绍风险回避、风险控制、风险转移和风险自留。

在选择户外运动风险应对策略时,除了参照下图所示的决策流程外,还应把握以下几项原则:

(1)全面与最优原则。户外运动项目面临的风险多种多样,风险管理的总体目标也可以根据实际情况进行细分。由于不同风险应对策略的使用范围和局限性不同,因此往往需要采用多种策略,决策过程中需将所有可供选择的策略仔细分析,权衡比较,寻找策略的最优组合。当不能找到获得风险收益的最优决策时,需要选择一个使各利益相关者都"满意"的决策方案。

(2)成本效益原则。通常情况下,风险管理的成本与安全保障程度成正比。鉴于风险管理的目标是以最少的经济投入获取最大的安全保障,高成本的风险管理策略未必是最佳方案。因此在选择应对策略时,要将成本与效益作为衡量依据,实际操作过程中,在安全保障水平相当的情况下,优先选择成本最小的决策方案。

(3)商业保险与其他方法并重原则。保险是实现风险管理目标的重要工具,尤其是处理难以预估、发生概率小但损失程度大的风险(如巨灾风险),对绝大多数户外运动组织与参与者来说,购买保险就成为减少风险行之有效的方案。选择保险

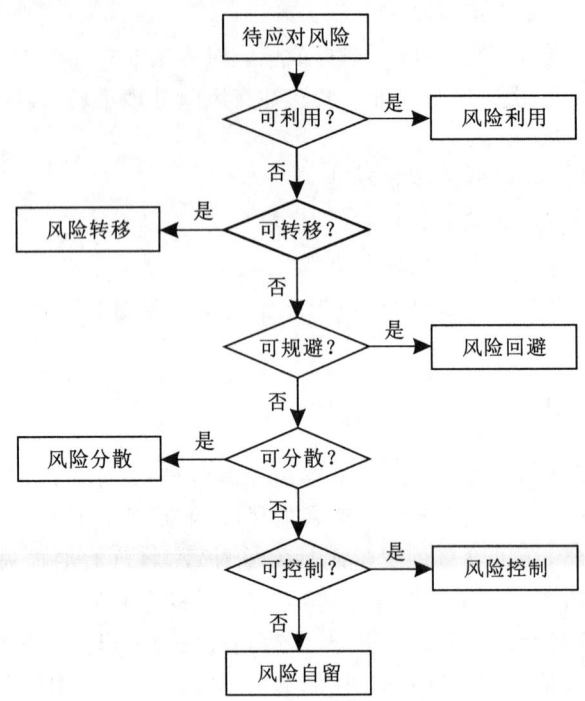

图 5-1　户外运动风险应对策略图

的同时可以根据实际情况适当程度地自留风险或采取其他措施,科学合理地减少保险费用的支出。

第二节　控制型风险应对

一、风险回避

(一)风险回避的基本含义和形式

1. 风险回避的基本含义

风险回避是指消除可能对组织造成负面影响和潜在损失的活动及风险,完全避免危害事件。在户外运动项目潜在风险发生概率大、后果严重的情况下,风险管理主体考虑到风险事件发生的可能性和损失程度,采取措施主动放弃、改变或拒绝实施可能导致风险事故的户外活动方案,设法回避损失发生的可能性。

风险回避是风险管理的应对方式之一,要求组织户外活动前,理性考虑各种风险因素,对组织的人力、技术装备、出行路线、物资储备与供给、救援能力等方面进行综合考量,把风险控制在管理能力之内;对活动方案和出行路线中的潜在风险进行评估,若危险指数超出可承受范围,或某种户外运动风险发生频率高,并且后果严重,必须果断选择风险回避策略,避免风险事故的发生。

2. 风险回避的形式

风险回避的主要形式有以下两种。

第一,采取措施彻底消除风险。它的特点是风险管理主体提前预见风险,在风险未发生前采取措施。如禁止患有严重心脏病、重度高血压和饮酒者参加高空项目和水上项目。

第二,从事替代活动或以其他方式终止现存风险。它的特点在于风险管理者已经预知风险的存在,及时采取有效举措进行风险控制。例如,某高校开展山地自行车运动时,突发闪电暴雨,老师立即停止上课,迅速组织学生转移到安全环境。

(二)风险回避的限制条件

虽然完全消除所有风险是不可能的,风险回避策略的目的是尽可能转移威胁,以避免破坏性事件的高昂代价和破坏性后果,试图将可能构成威胁的漏洞最小化。

通过风险回避,风险管理者可以消除对组织产生负面影响的危害、活动,保证户外运动的风险最低化,保障参与者的健康及生命安全。风险主体也可以避免承受某些潜在风险,但同时,风险主体也可能会失去伴随着这些风险的收益。某些特殊活动(如山地救援技术培训)的预期收益可能远远高于潜在亏损的成本。因此,风险主体若采取风险回避的方式,则需要考虑以下几个要素。

第一,不可回避风险。例如,新的法律法规对某些业务做出禁止性规定。再如在国际范围开展的户外运动,目的地国家因政治、战争原因,方案无法按原计划进行等。

第二,风险回避与经济效益的平衡。回避风险可能会造成经济效益的损失,如果对风险不加考虑地采取回避策略,则会造成户外运动组织者利益受损。如强降雨、低温等恶劣天气不利于户外活动的开展,但是如果均武断地采取风险回避策略来应对风险,则会影响组织者的收益。一般应提前了解天气情况做好应急预案,或是与活动参与者协商推迟户外活动时间来应对风险。如果户外运动组织对成本和效益进行综合权衡后,回避风险的成本远高于应对风险产生的经济效益,则应采取其他措施来应对风险。

第三,风险回避可能导致新的风险。例如,前往异地进行户外活动时,暴雨天气下考虑到乘坐轮船风险过大,故使用其他交通工具,但路途上的风险仍然不能完全克服。

因此，风险回避策略是应对风险最简单易行，也是最彻底的办法。然而，回避某种风险可能意味着同时放弃参与者获得自我超越、获取成功与快乐的机会。因此，最适宜在以下两种情况采用风险回避的策略：第一，某一特定风险可能导致的损失频率和损失程度相当高时；第二，应用其他风险管理技术的成本超过收益回报时。

二、风险控制

（一）风险控制概述

风险控制是风险管理主体为减少风险暴露，主动采取特定手段降低风险的一种策略。风险控制是风险管理的重要阶段，也是控制型风险管理技术中最为重要的一种策略，包括两个方面的含义：第一，在风险损失发生之前，识别和消除潜在的风险因素，降低损失事件发生的频率；第二，在风险事故发生之后，采用特定手段减少损失的程度。风险控制是户外活动最关键的风险应对方法，其目的在于最大限度地降低致损事故发生的概率和减小损失幅度，风险控制的关键在于消除风险因素和减少风险损失。风险控制与风险回避的共同点为两者都以风险单位本身为处理对象，而并非设立基金来消除或转移其所导致的损失。不同之处在于：第一，风险控制是处理风险管理主体不愿（能）放弃或转移的风险，使其能为风险主体所接受，风险回避是放弃或中止某一风险单位；第二，风险控制的性质是积极的，而风险回避的性质则是消极的。

户外运动组织采取适当的风险控制措施可以降低实际风险，同时保持较高的感知风险。为了管理风险和提高安全性，可从以下几个方面对风险实施控制。①制定严格的规则制度，规范户外运动安全操作程序。②加强队伍建设，选择具有从业资格证书、专业技术过硬、责任心强、心理素质良好的工作人员，定期开展职员培训和提供升级进修的平台。此外，作为户外运动领队或教练员，应尽忠职守履行工作职责。③遴选符合要求的参与者并进行培训。户外运动具有较强的探险性和专业性，参与者需要具备一定的体能条件与应急处理能力。对参与者进行户外运动项目的技术技能、装备使用办法和紧急状况处理等培训，能有效降低参与者个人因素带来的风险。④通过网站、宣传册等多种媒介传播户外运动风险知识，提高户外运动爱好者的风险防范意识，使爱好者了解户外运动的项目要求和特征，引导其选择符合自身实际情况的户外运动项目。⑤配备合格规范的高质量户外运动装备，并定期对装备进行常规性检查和保养，及时更新陈旧的装备，减少或消除户外装备所引起的户外风险。⑥同户外活动目的地的户外运动管理中心联系，设计户外活动和出行路线预案，有利于救援部门前期准备与快速救援，有效提高安全保障水平。

（二）损失预防

1. 损失预防的基本含义及性质

损失预防是指为消除或减少损失诱发因素所采取的具体办法，其目的是排除或减少危险因素以降低损失发生的频率。防护可间接地降低损失发生的概率，因此可归入广义预防的范围，称之为"准预防"。严格意义的防护是针对风险单位的保护措施而言，如对机器的定期安全检查。在各种风险管理技术中，损失预防占有极其重要的地位，常在损失频率高但回报幅度低时采用。

2. 损失预防的基本方法

损失预防的措施如果侧重于风险单位的物质因素，则称为工程物理法，如仓库防盗系统的设置、户外设施设备安全检查等。如果是侧重于人员的行为教育则称为教育法，例如经常进行职业安全教育。另外，风险管理主体为预防风险而建立的规章制度、行为指南、安全条例等，对有效预防风险，进行风险管理起着至关重要的作用，可以称为规章制度程序法。

1）工程物理法

（1）防止危险因素的产生。如安全带的使用，应严格按照产品使用说明规范使用，考虑项目适用的范围、适用的年龄和体重等，防止因使用不当而发生安全事故。

（2）减少现存风险因素。如对破损的高空项目器材进行维修或更换等都是减少现存风险因素的具体措施，并能在一定程度上预防风险的发生。

（3）防止现存风险因素释放能量。如保持救生衣浮力系统和腿环处于良好状态，确保其功能正常。又如避免汛期在溪流、海岸等开放水域开展水上活动。

（4）改善风险因素的空间分布并控制能量释放的速度。如使用能有效控制能量释放速度的缓冲装置，感应装置感知到能量释放达到上限，就能够自动加强通风、排气等措施。

（5）从时间和空间上，隔离风险因素和可能遭受危险的人、财、物。例如，夏季营地活动中，延长午休时间，避免高温天气开展室外活动，防止青少年中暑和晒伤。

（6）加强风险单位的防护能力。如在高海拔登山时，使用羽绒手套等保暖装备，既可降低冻伤的发生概率，又可减小冻伤的程度。

（7）救护被损害的风险单位。如对遇险的户外运动参与者进行及时的营救，采取这一措施仅能减少灾害事故的损失程度。

（8）维修或重建毁损的风险单位。例如，对有破损的皮划艇进行及时修理。一般来说，对伤员的救治越及时和对受损财物的补救工作越全面，所需投入的财力、物力和损失程度就越小。

2）教育法

(1) 户外安全法制教育。为了保证户外运动过程中免遭人员伤亡和财产损害，国家或省市制定了一系列的法规、法令和标准，如《新疆维吾尔自治区自助性户外运动安全管理暂行办法》等。需要通过安全法制教育，加强对相关法规的了解。

(2) 户外风险知识教育。户外风险知识教育的内容包括户外运动组织面临哪些潜在风险，可能导致事故的风险因素，以及事故产生的后果。

(3) 户外安全技能教育。户外安全技能教育是通过实践对户外从业者进行安全操作技术教育，提升户外技能技巧，使之对各种突发状况做出正确判断、迅速反应，进而熟练地应对。安全技能教育还包括施救技能的训练。

(4) 户外安全态度教育。安全态度教育是指通过安全思想教育、安全生产方针政策，试图纠正个人在进行判断时的"虽然知道，但不照办"的错误态度，培养其"不仅知道，而且照办"的正确态度。

教育法是针对事故的人为风险因素所采取的措施，具有投入少、效益大的特点，但采取教育法的同时决不能忽略物质性风险因素。

3）规章制度程序法

规章制度程序法是指通过制定相应的规章制度来预防户外风险。我们以户外运动部门通过建立管理制度来预防损失为例，来说明规章制度法是如何进行应用的。

(1) 审核制度。申请参加具有高风险性户外运动的会员须经过严格的资格审批。

(2) 设施设备检查保管制度。对户外运动场地、设施设备指定专门的管理人员负责，定期进行检查，发现安全隐患及时处理。

(3) 稽查制度。户外运动风险管理各项规章制度的贯彻落实需要严格的稽查，保证各体系安全稳健发展，确保相关规定得到执行。就俱乐部而言，稽查的对象一般是俱乐部教练员，但在某些情况下，也可以是户外运动参与人员。

(4) 风险准备金制度。户外运动组织风险准备金的设立，是为弥补因不可预见的风险带来的亏损，风险准备金的动用应遵循事先规定的程序。

对于发生概率较高但预估损失不是很大的风险可以采用"损失预防"的风险应对策略，作为一种事前积极的风险控制技术，采取多种措施努力消除风险的因素，以达到减少损失发生次数或防止损失发生的目的，进而保证户外运动项目的顺利展开。户外运动不同于旅游，它需要借助专业的技术装备来开展相应的运动项目，并带有探险性质。因此，进行户外运动应从以下几个方面采取预防措施：①在活动开展前做好安全等方面的教育培训工作，其中包括技术技能操作、突发事故应急处理以及安全教育等方面。②参与者也应该根据自身身体状况和技能水平，选择能力范围内的运动项目,活动前应提供全面的身体健康状况检查表。③组织者需要具备扎实的专业知识技能和丰富的经验,同时还需要具备领导组织能力和处理突发事件的应变能力。例如进行沙漠徒步项目,领队提前熟悉线路、植被等情况以防迷路,在活动过程中通过控制队伍行进的节奏、依托情境进行安全教育和强化安全措施,减少事故发生的可能等。④在开展如登山、自然岩壁攀爬等难度高且强度大的户外运动项目时,应提前获取目标地的地貌特征、气候特点及植被覆盖等相关信息。⑤提前做好技术装备准备,其中包括绳索、安全带等。⑥做好团队建设工作,保证每项工作都有专人负责。

(三)损失抑制

1. 损失抑制的含义及分类

损失抑制是指事故发生时或发生后采取措施减小损失发生范围或损失严重程度的控制行为。损失抑制是一项积极主动的计划,用于减少风险评估中确定但无法完全消除的潜在风险因素。一般而言适用于损失幅度大而风险又无法回避和转移的情况下。损失抑制措施可分为两类:一类是事前措施,即在损失发生前采取一系列措施以减小损失程度,同时也可能会降低损失发生的可能性;一类是事后措施,即在损失发生后为降低损失程度所采取的一系列紧急状况处理措施。

损失抑制与损失预防的区别在于:损失抑制的重点是降低损失程度而不是损失发生的可能性。事实上,一个风险管理实践计划往往将损失预防和损失抑制两种方法加以结合,如《新疆维吾尔自治区自助性户外运动安全管理暂行办法》中规定,在夏特古道、乌孙古道、狼塔古道等高度危险户外运动线路,或者在有潜在危险的其他区域进行自助性户外运动的,组织者应当制定具体活动预案或计划,向当地户外救援团体报备。活动预案或计划包括进出活动区域的人员、路线、行程安排、风险难度级别评估、安全器材和通信医疗等装备情况、注意事项及救援准备措施等。这种报备制度,既降低了户外风险发生的概率(因为活动预案或计划的制定,需要组织者充分考量活动全程,督促活动方案的科学性,对可能发生的风险做出充分的应对措施),同时又减小了风险发生时或发生后的损失程度(因为向当地户外救援团体报备后,一旦遇险,救援将得到快速实施)。

损失抑制能降低事故损失,同时也是一种事后的户外运动风险应对策略。其目的在于,当户外运动风险无可避免时,限制损失范围扩大,降低风险后果的严重性,缩小损失幅度。它主要适用于风险发生的可能性小,但一旦发生后果严重的风险事件。在户外运动过程中,一旦发生风险事故,领队首先应该把控全局,根据事故性质和严重程度,与其他工作人员共同探讨解决问题的办法。例如某队员被蛇咬伤无法继续活动,应在快速求助就近医疗团队的同时,对其采取初步急救措施,随后将其转移到安全地带进行专业检查与救治,尽量将损失控制在最低限度。如果涉及到团队内部的摩擦或矛盾时,领队必须及时促进成员之间进行有效沟通,控制局面,防止事态的进一步扩大和恶化。在应用损伤抑制策略的时候,户外运动组织者能够调用有形资源(如人员、设备等)和无形资源(如鼓舞士气、激发热情),将各类户外运动具体"风险"都降低到可接受水平以下,以便对风险进行有效的控制,动用团队资源降低风险发生的可能性及后果的严重性。

三、控制型风险转移

（一）控制型风险转移的基本含义

控制型风险转移又叫合伙分担风险,是风险转移技术之一,指借助降低风险单位的损失频率和缩小其损失幅度,将风险及可能造成的损失全部或部分转移给他人承担,以避免损失的一种管理技术。其目的是通过合同或者协议的形式,在风险事故发生的时候将部分损失转移到第三方组织身上。控制型风险转移与风险回避的不同是,风险回避技术是放弃或中止现存风险单位,而风险转移技术容许风险单位的存在,继而将损失责任转移给第三方。它与损失抑制不同的是,损失抑制直接改善风险的损失频率和幅度,而风险转移技术则是将风险转移给他人,从而间接降低损失概率和减小损失幅度。户外运动风险转移是指户外运动组织或个人为避免累积太多特定类型的风险而承担风险损失,通过保险或非保险手段将风险转移给第三方承担的手段或策略,主要应用于户外运动风险发生的概率小并且损失严重的情况下,是一种事前风险应对策略,可通过分包、出售或者商业保险等形式进行实施。

（二）控制型风险转移的具体形式

1. 出售或租赁

通过买卖契约将风险单位转移给其他单位或个人。这一方式的特点是转移风险的同时将财产所有权转让给受让人。如户外运动俱乐部将多余的户外运动装备出售的同时,与这批装备有关的风险(可能遭受火灾或因长期不使用而质量过期等)也一同转移给买主。

2. 分包

组织者通过分包合同,将潜在风险较大的业务或项目转移给其他技术更为先进、经验更为丰富的户外运动组织或个人,从而降低所承担的风险。这样户外运动组织就可以规避由于项目风险大而带来的运营风险。例如,对于登山俱乐部来说,在长周期、高海拔登山过程中,后勤保障需要充足的工作人员,否则风险较大。因此,登山俱乐部通常将登山过程中风险较大的后勤服务分包给当地专业的后勤保障公司。有时,登山俱乐部将向导也分包给具有资质的当地向导公司,对当地的向导公司而言,他们无论在地形地貌、山峰路线、气候,还是与当地政府的沟通和协调等方面均具有优势,因此分包后相对风险减小。

3. 免责合同

通过免责合同,风险承受者可以免除转移者对承受者承担损失的责任。如外科医生在给病人动手术之前,往往要求病人(或家属)签署知情同意书,在这份契约中,风险承受者(病人)免除了转移者(医生)对承受者(病人)承受损失的法律责任。值得特别注意的是,户外运动中常见的免责条款,在法律实践中尚存在较大争议,详见本教材第十章户外运动法律风险相关内容。

第三节 财务型风险应对

户外运动风险应对中的财务型应对方法主要包括风险转移、风险自留和自保等,其中风险转移又可分成保险转移和非保险转移。在户外运动风险管理实践中,保险转移和风险自留是当前的主要方法,因此本教材主要介绍这两种方法。

一、保险转移

保险作为最重要的财务型风险管理技术,近年来在我国的应用发展迅速,其中财产保险服务基本覆盖户外运动、家庭、学校、医院等各种社会团体组织,公众责任保险、职业责任保险、信用保险、家庭房屋保险等各类保险产品不断涌现,人身保险投保人已从户外运动、团体扩展至家庭和个人。

(一)保险的定义

从经济学的角度,保险是指集合同类分担风险损失的一种财务安排。该定义明确指出保险是集合风险的技术,是一种免受经济损失的经济制度。

从法学的角度来看,保险是指合同双方当事人约定、被保险人向保险公司交付保费,保险公司承诺在特定事故发生后,赔偿经济损失责任的一种合同。该定义指出保险是一种合同行为,就分担损失而言,保险具有互助性质。保险的目的是对灾害事故进行经济补偿,提供一般责任保险,以保护户外运动免受因其产品和运营造成的人身伤害和财产损失。

从风险管理的角度来看,保险是一种风险管理形式。通过这一机制,众多经济单位结合在一起,建立保险基金,共同应对不确定的风险损失事故。面临潜在风险的经济单位,通过向保险公司支付和担保已知的相对较小的损失,将风险转移给保险公司,以换取保险公司承诺在承保损失的情况下赔偿被保险人。而保险公司则根据概率论中的大数法则,按照损失分摊的原则,组织众多面临同样风险的经济单位,建立保险基金,使整个社会的经济生活得到保障。

(二)保险的作用

1. 经济补偿作用

保险的根本目的是当被保险人遭受不可预期的损失时,保险人根据保险合同向被保险人提供经济补偿,即为被保险人能迅速恢复生产、经营活动和正常的生活秩序提供保障。

2. 减少不确定性

保险是建立在风险损害事故偶然性和必然性的矛盾对立统一的基础上。对个别投保人来说,风险事故的发生是偶然的、不确定的,而对集合了众多风险单位的保险人来说,风险事故的发生是必然的。购买了保险的户外运动或个人,均因获得保险保障而消除或减少了风险带来的种种不确定性。

3. 提供风险管理服务

保险公司的重要职能是向被保险人和整个社会提供风险管理服务,我国《财产保险合同条例》规定:提供保险的实体可以对被保险人的财产安全状况进行检查,如发现不安全因素,则应及时向投保方提出合理建议,以消除不安全因素。也就是说,保险合同规定了保险公司有义务为保户提供风险管理服务。其服务内容包括向保户提供风险分析、风险管理技术。保险公司的日常事务,从承保、费率计算和理赔,都与风险事故打交道。它不仅掌握了大量各类灾害事故的统计资料,还有大批专家对这些资料进行分析研究,以认识事故发生的规律,研究各种控制技术并掌握其实施手段。

(三)户外运动保险

风险通过管理可以减少却不能完全消除,或者对原来的风险进行规避后又可能出现新的风险。大多数的户外运动项目危险性较高,其风险损失的严重性较强,户外运动组织和个人若单靠自身力量难以承担风险损失带来的损害。因此,风险转移就成为户外运动风险管理的重要手段,风险转移的策略有很多,其中购买户外运动保险是最为重要的策略之一。户外运动组织、户外运动参与者通过订立保险合同,购买人身意外伤害险或俱乐部责任险,将其在户外运动中面临的财产、人身和责任风险等转移给保险公司,从而减轻事故出现后的赔偿等经济压力。购买商业保险是户外运动风险管理手段中分摊事故损失、弥补资金不足的重要方式。当风险事故发生时,投保人就可以获得保险公司的赔偿,同时也能有效降低户外运动组织的运营风险。

2009年12月28日,北京中体保险经纪有限公司正式推出国内首个专注于登山户外安全问题的"登山户外安全网"。同时,由大众保险股份有限公司和中体保险经纪有限公司联合发行的"天涯行"个人登山户外专项保险也正式对外发布。

近十年以来,随着户外运动在国内的快速发展,户外运动保险产品已经非常丰富,对于被保险人在进行跳伞、潜水、攀岩等高风险性运动的过程中,遭受的意外伤害事故,均能根据主保险合同约定的赔偿项目承担保险金。目前户外运动保险产品类型错综复杂,有单一保跑步、滑雪的户外运动保险,部分户外运动保险产品,还会针对如滑雪、登山、潜水等户外运动提供专属保障,也有承保各种户外项目的综合户外运动保险。这就需要根据出行参加的活动项目有针对性地购买保险产品,保证所从事的运动项目在所投保的保险产品的承保范围之内。

1. 户外安全保险的品种

(1)登山及户外运动专项保险。2006年在中国登山协会专家领导的支持下,中体保险经纪有限公司和太平保险有限公司联合推出"登山及户外运动专项保险"。此项保险承保各种登山户外活动(包括攀岩、攀冰、高山探险等),还扩展承保在登山户外运动的同时所进行的其他运动(包括定向、轮滑、洞穴探险等各类俱乐部组织的体育运动项目),投保人必须为具有国家登山协会承认资质的法人团体,或此类机构的个人注册会员。

(2)户外运动俱乐部责任险。2006年,太平保险有限公司和中体保险经纪有限公司联合推出"户外运动俱乐部责任险"。该保险承保俱乐部在保险期间组织户外活动时,因疏忽或过失导致意外事故,直接造成参加者伤亡,依法应由被保险人承担的经济赔偿责任,保险人按照本保险合同给予赔偿。保险事故后,应由被保险人支付仲裁或诉讼费用、律师费用等其他必要的合理的费用。

(3)"天涯行"登山及户外运动个人意外伤害保险。2009年,大众保险股份有限公司、中体保险经纪有限公司在中国登山协会的支持下联合推出"天涯行登山及户外运动个人意外伤害保险",为年龄在18周岁以下(3周岁以上)和60周岁以上(75周岁以下)的户外运动爱好者,提供特种意外伤害险、自愿保险、个体保险等类别的保险。

(4)"领队无忧"责任险。绿野联合百川保险、安盛天平保险推出"领队无忧"责任险。投保的领队在亲自带队过程中因疏忽、过失造成责任事故所应承担的法律赔偿,由保险公司在第一时间内对无辜的受害队员进行赔偿。

2. 户外运动保险风险等级与项目类别

中体保险经纪有限公司开发的户外运动保险风险等级与运动项目类别显示,结合户外运动的海拔高度(3 500m以下、6 000m以下、6 000m以上)与难易程度(旅游型、初级型、技术型、探险型)户外运动共划分为五类风险等级(表5-1)。

表 5-1 中体保险经纪有限公司登山及户外运动专项保险产品

产品	风险等级	项目
"天涯行"计划	第一类:境内旅游以及部分初级户外运动	旅游、自驾游(海拔 3 500m 以下)、自行车旅行、远足徒步、山地穿越、健身登山、露营、非山地定向运动、骑马游玩、划船、拓展、场地趣味活动等
	第二类:初级户外运动	登山运动(3 500m 以下)、人工场地攀岩及下降、山地定向越野、马术培训、游泳、人工场地轮滑、潜水(下潜深度不超过 5m)
	第三类:技术型户外运动(海拔 3 500m 以下)	自然场地攀岩与下降、溯溪、场地滑雪、洞穴体验(由相关部门开发的固定路线),还包括帆船、帆板、皮划艇、漂流、野外生存、山地越野轮滑、山地自行车越野、短途无人区(沙漠、戈壁等)徒步穿越(三天以内)、潜水(下潜深度不超过 15m)
	第四类:高海拔户外运动(3 500~6 000m)	登山探险、攀岩、攀冰、滑雪运动,还包括自行车运动(3 500~6 000m)、自驾车运动(3 500~6 000m)、长途无人区(沙漠、戈壁等)徒步穿越(四天及以上)、滑翔伞运动、潜水(下潜深度超过 15m)、马术比赛(竞速赛、绕桶赛)
	第五类:高山探险等运动(6 000m 以上)	海拔超 6 000m 的攀登运动、高山滑雪、高山滑翔、极地探险,还包括洞穴探险(非固定路线)、蹦极、自由式潜水(下潜深度超过 15m,无水下呼吸设备)
"登山协会"专用计划	工作人员/教练员	仅适用于被保险人以工作人员身份参与由中国登山协会及其各地方协会组织的包含以下运动项目的各类培训及赛事;海拔 6 000m 以下:自行车活动、远足徒步、山地穿越、健身登山、露营、定测向运动、拓展、休闲跑步、民族体育项目(非对抗)、山地越野跑、公路自行车、攀岩与速降、攀冰、溜索、溯溪、场地滑雪、漂流、野外生存、自驾车运动、短途无人区(沙漠、戈壁等)徒步穿越(三天以内)、帆船、帆板、皮划艇等活动(本产品承保年龄限制为 16~70 周岁)发生保险事故时应由中国登山协会及其各地方协会出具书面的出险证明材料,否则保险人不承担赔偿责任
	培训类	仅适用于被保险人参与由中国登山协会及其各地方协会组织的包含以下运动项目的各类培训;海拔 6 000m 以下:自行车活动、远足徒步、山地穿越、健身登山、露营、定测向运动、拓展、休闲跑步、民族体育项目(非对抗)、登山运动、山地越野跑、公路自行车、攀岩与速降、攀冰、溜索、溯溪、场地滑雪、漂流、野外生存、自驾车运动、短途无人区(沙漠、戈壁等)徒步穿越(三天以内)、帆船、帆板、皮划艇等活动。(承保年龄限制为 1~70 周岁)发生保险事故时应由中国登山协会及其各地方协会出具书面的出险证明材料,否则保险人不承担赔偿责任

资料来源:中体保险经纪有限公司在线投保系统,http://zttb.safesport.cn/t/policyIntro.aspx.

第三方在体育保险交易与服务平台中,可提供户外运动保险服务的有保准体育、慧择网、运动保、中体保险经纪等,不同的户外运动保险交易与服务平台在风险等级的划分与保险服务的供给方面尚存在较大差异。例如,保准体育平台按照运动项目划分,所涉及的户外运动项目有马拉松、滑冰、跑步、骑行、滑雪、攀岩等。慧择网平台则将户外运动具体划分为综合户外运动、登山运动、拓展运动、自行车、自驾游。运动保平台主要承接体育类赛事或活动,包括常见的马拉松赛事或活动。中体保险经纪有限公司推出户外运动全年保障计划,并加入了拓展领队责任险(表5-2)。

表5-2 中体保险经纪有限公司登山及户外运动专项保险方案

	保障范围	计划一	计划二	计划三
基本保障	意外身故、残疾及烧烫伤	10万	20万	50万
	公共交通工具意外伤害	5万(如发生公共交通意外则意外伤害保额为15万)	5万(如发生公共交通意外则意外伤害保额为25万)	10万(如发生公共交通意外则意外伤害保额为60万)
	意外医疗	2万	5万	8万
	救援费用(指紧急医疗运送/身故运返)	紧急医疗运送6万/身故运返1.6万	紧急医疗运送8万/身故运返2万	紧急医疗运送10万/身故运返2万
	意外每日住院津贴(40元每天)	最长90天	最长90天	最长90天
	中暑责任	1 500元	2 000元	3 000元
	境外责任(扩展承保港、澳、台地区)	包含	包含	包含
附加保障	旅行延误(每4小时延误赔偿300元,限额600元)	可选	600元	600元
	登山设备、滑雪设备损失(承担设备被盗窃以及运输途中丢失责任,限额1 000元)	可选	可选	1 000元
	猝死责任(限额为意外伤害保额的30%)	可选	可选	可选
	高原病责任	仅4类和5类风险可选		
	冻伤责任	仅4类和5类风险可选		

资料来源:中体保险经纪有限公司在线投保系统,http://zttb.safesport.cn/t/policyIntro.aspx。

二、风险自留

(一)风险自留的定义以及基本性质

1. 风险自留的定义

风险自留是由经济单位自身承担风险事故所致损失的财务型风险管理技术。其实质在于,当风险事故造成一定的损失后,经济单位设立自我保险准备金支付损失,弥补所遭受的损失。它是在损失后提供财务保证,它与财务型非保险转移风险管理技术的不同在于以下两点:

(1)风险自留,而不是将风险转移。非保险转移是在一定条件下,自己不承担风险,将风险转移给其他人。

(2)风险处理阶段不同。风险自留是在风险事故发生后采取措施,财务型非保险转移风险则是在风险事故发生前采取控制措施。

2. 性质

风险自留可能是消极的,也可能是积极的;可能是有意识的,也可能是无意识的;可能是有计划的,也可能是无计划的。风险自留是否合理取决于做出这个决定的环境。如果风险管理者考虑了多种处理风险的办法并且有意识地决定不转移潜在的损失,那么这种自留风险就是积极的和有计划的。如果风险管理者并没有意识到潜在的风险且并未做好资金计划,那么这种风险自留就是消极的和无计划的。因此,如果一个组织没有采取任何措施,那么就默认该组织选择了风险自留。几乎没有一个组织能够识别自己面临的所有财产风险、责任风险和人力资源风险,因此存在一些无计划的风险自留是正常的,也是不可避免的。如果风险管理者正确地识别了风险,但低估了风险的大小,那么这时也会产生无计划的风险自留。风险自留有两个基本性质:

(1)风险自留是一种重要的财务型风险管理技术。风险自留与其他两种财务型风险管理技术的性质不同,它并非将损失转移而是组织自己承受。而这种承受并非企图改变风险单位的损失频率和幅度,故与控制型风险管理技术也有所不同。对特定风险而言,风险自留可与其他技术同时并用。

(2)风险自留是一种残余技术。风险自留之所以被认为是一种残余的技术,是因为在其他风险管理技术无法有效处理风险时,即无法回避、转移和加以控制的情况下,组织只好自己承受该风险。

(二)风险自留的种类

风险自留的种类可分为两大类:一类为非计划性的承担风险,另一类为计划性的承担风险。

1. 非计划性的承担风险

非计划性的承担风险又称被动风险自留,一般在下述情况下采用:①由于认知的限制,没有识别到某些风险的存在,或对其损失后果估计不足,从而将风险自留下来;②由于疏忽、侥幸,或根本无兴趣去分析所存在的风险而自留下来;③留下损失不大的风险,风险事件造成的损失可以接受,不影响户外活动项目开展。前两种情况对组织来说是极其危险的,有可能造成危及组织生存与发展的后果。

2. 计划性的承担风险

计划性的承担风险亦称主动自留风险,是风险管理者在风险识别和评估阶段了解风险基本情况的基础上,对其损失后果做了较为准确的评估,且衡量了运用各种风险处理技术的利弊之后,考虑到在财务上做适当的安排,有可能承受风险事故所造成的损失,从而决定组织全部或部分承担风险损失。显然,风险管理者在决定主动自留风险,特别是全部自留风险时,必须谨慎考虑。

另外根据风险自留的程度。风险自留可以分为全部自留风险和部分自留风险。全部自留风险通常是对那些损失频率高、幅度小的风险主动采取的一种方法。运用该技术时,必须对损失发生的频率、损失的严重程度有较准确的估测,并预计即使发生大损失额时,组织也有足够的财力来承担。否则不宜采用。部分自留风险是在运用其他管理技术的同时,组织自留一定数量的风险,依靠自身的财力来处置这些风险,如保险中的免赔额。

对于一些风险损失小、风险概率和损失程度都非常低的风险,若在可接受范围内,则可以采取低风险管理策略,即风险自留。譬如高空拓展、信任背摔等活动项目,可能会出现擦伤、扭伤等轻微伤害;野外徒步穿越活动中的蚊虫叮咬、中暑、晒伤等,参与者或者组织方可以配备医务人员及紧急药箱处理。总的来讲,自留风险是一种便捷的避险方式,在许多情况下最具经济性。主动的风险自留是户外运动组织确保能够担负潜在损失而采取的一种计划周密、准备充分的风险处理方式。被动风险自留是由于风险评估不足或疏忽大意,没有对潜在风险采取处理办法,最终被动承担风险损失,这必然会对风险处理者产生消极的影响,因此应尽量避免被动自留风险。

(三)风险自留的具体措施

风险自留的常见措施有以下几种。

1. 将损失归入营业期

对于损失概率高但损失程度较小的风险所造成的损失,可以将其归入营业成本。户外运动组织需将额外的支出吸收在较短时期内(一般不超过3个月)的现金流通之中。所能承担的损失或损失累积的规模,将取决于现金流通的余额,加上充裕的可变现的准备金或短期借款的额度,以克服风险突然出现的资金短缺。

2. 借款用以补偿风险损失

(1)特别贷款。事故发生后通过贷款弥补损失是既危险又困难的,因为需求的迫切性,使组织不得不以高利率或其他苛刻条件接受该项贷款。另一方面,组织受损后,随着户外运动资产价值的减少,其贷款信誉将会降低,这将为贷款带来一定困难。

(2)应急贷款。在风险事件发生之前达成应急贷款协议,损失发生后组织就可立即获得必要的资金,并在商定的条件下偿还贷款,应急贷款具有到款及时、还款周期短的特点。它的优点在于组织不用支付保费,并能按户外运动本身的经验估计风险代价,缺点是需要支付较高的利息,而且当致损事故严重减少借款人的收益时,借款人很难履行其偿还义务。

3. 建立意外损失基金

意外损失基金可以通过组织的逐年积累来建立,并结合保险,运用大免赔额的形式逐年把自留风险的水平提高。长期运用意外损失基金处置自留的风险,其管理比较复杂。

 参考文献与进一步阅读的相关文献

杜彩璐."八百流沙极限赛"安全风险管理研究[D].北京:北京体育大学,2019.
樊启荣,康雷闪.保险价值之法本质及功能解释[J].法学,2013(4):104-111.
方红星,王宏.企业风险管理:整合框架[M].大连:东北财经大学出版社,2005.
郭强.试论风险社会的应对机制——风险的知识社会学考察[J].西南大学学报(人文社会科学版),2007(2):118-121.
霍德利,仇慧,仇军.大型体育赛事风险预警模型与应对策略研究[J].沈阳体育学院学报,2014,33(5):6-11.
霍德利.体育赛事风险评估与应对策略研究[J].天津体育学院学报,2011,26(1):49-53.
季冬.发挥保险的社会管理功能为构建和谐社会服务[J].东南大学学报(哲学社会科学版),2007(S2):54-57.
李中斌.风险管理解读:来自管理前沿的案例与分析[M].北京:石油工业出版社,2000.
刘均.风险管理概论[M].北京:清华大学出版社,2008.
刘燕华,葛全胜,吴文祥.风险管理:新世纪的挑战[M].北京:气象出版社,2005.
林宝清.论保险功能说研究的若干逻辑起点问题[J].金融研究,2004(9):19-24.
瑞达.风险管理与保险原理[M].北京:中国人民大学出版社,2006.
石岩.我国优势项目高水平运动员参赛风险的识别、评估与应对[J].体育科学,2004(8):1-6.

宋明哲.现代风险管理[M].北京:中国纺织出版社,2003.
寿嘉俊.我国业余自行车赛事风险管理研究[D].南京:南京师范大学,2018.
田启波.论当代中国社会风险的构成与应对[J].理论探讨,2007(4):70-72.
魏华林,李金辉.论充分发挥保险的社会管理功能[J].保险研究,2003(11):35-38.
谢生玮.商业保险的社会管理功能研究[J].山西财经大学学报,2007(S2):122.
薛生强,徐梅,石健.论现代保险社会管理功能的发挥和实现[J].宁夏社会科学,2006(6):58-61.
杨梅英.风险管理与保险原理[M].北京:北京航空航天大学出版社,1999.
叶林,郭丹.保险本质和功能的法学分析[J].法学杂志,2012,33(8):31-39.
张广利,俞慰刚.应对现代社会风险:基于风险分配的社会政策思考[J].社会科学研究,2008(2):120-123.
张金林.现代保险功能:一般理论与中国特色[J].中南财经政法大学学报,2004(6):74-80,144.
张尧,陈曦,樊治平.综合考虑多因素的项目风险应对策略选择方法[J].技术经济,2013,32(5):74-77.
张尧,陈曦,刘洋,等.考虑两个风险情形的项目风险应对策略选择方法[J].运筹与管理,2014,23(3):252-256.
赵萍,徐艳玲.全球化进程中我国社会风险的表征、根源及应对[J].理论学刊,2014(11):91-96.
中国保监会武汉保监办课题组.对保险功能的再认识[J].保险研究,2003(11):11-14,23.
朱德米,平辉艳.环境风险转变社会风险的演化机制及其应对[J].南京社会科学,2013(7):57-63,86.
卓志.风险管理理论研究[M].北京:中国金融出版社,2006.
卓志,孙正成.现代保险服务业:地位、功能与定位[J].保险研究,2014(11):21-32.
佐飞,张尧.考虑风险间关联作用的项目风险应对策略优选方法[J].技术经济,2014,33(6):67-71,89.

第六章

高校户外运动风险管理

随着我国高校体育事业的发展,大学生已成为户外运动的活跃人群,户外运动越来越受到他们的喜爱,但是高校户外运动的风险成为了不可忽视的因素,通过对高校户外运动开展的状况、各类影响因素的分析,对高校体育运动风险进行风险识别、风险评估、风险应对,可以极大地避免高校户外运动事故,并有效应对风险危机。

第一节 高校户外运动的开展现状

我国体育的价值逐渐从重视体育的竞技和社会价值向满足社会个性需求的方向转变。体育的价值得到了更广泛的体现,体育的休闲、教育、文化等人文价值被人们更多地关注。

户外运动已经被各个学者证实是一种非常好的教育方式,它具有有效促进学生全面发展的功能,这在欧美等很多国家的户外教育实践中也得到印证。高校是高等人才培养的教育部门,因此非常适合开设户外运动专业,发挥户外运动在高校中应有的教育价值,丰富高校内在教育上的功能,为学生提供一流的教育条件。

目前我国许多高校都把户外运动列为了体育课程或课外体育活动,同时为学生自主开展户外运动社团也提供了便利。

我国传统的教育往往过于重视理论知识的学习,而忽视了学生对生活的感悟,大学生作为一批即将走进社会的人才,除了书本知识的学习,个人的整体素质也要达到一定的水平,发掘个性潜力可以更快地融入到社会之中。通过户外运动可以加强高等人才的社会竞争力,户外实践的过程可以给人们体会生命的力量。户外运动是在大自然中进行的一种体验活动,在进入户外的过程中往往会有很多难以在城市环境中出现的情况发生,学生通过对各种情况的处理和学习,能够快速提高自己解决问题的能力。我国在高校开展户外运动的方式主要有以下两种。

(一)户外运动课程

我国的教学课程改革为户外运动在高校的课程建设中提供了肥沃的政策基础。教育部在2002年颁发《全国普通高等学校体育课程教学指导纲要》的发展目标中明确提出,针对部分学有所长和学有余力的学生,也可作为大多数学生的努力目标;积极提高运动技术水平,发展自己的运动才能,在某个运动项目上达到或相当于国家等级运动员水平;能参加有挑战性的野外活动和运动竞赛。另外,还要充分利用课外时间和节假日,开展家庭体育、社区体育、体育夏(冬)令营、体育节、郊游等各种体育活动,开发课外和校外体育资源,也要充分利用空气、阳光、水、江、河、湖、海、沙滩、田野、森林、山地、草原、雪原、荒原等条件,开展野外生存、生活方面的教学与训练,开发自然环境资源。

中国地质大学(武汉)于2003年申办了社会体育(登山户外运动方向)本科专业,2007年开始招收户外运动方向研究生。北京体育大学、武汉体育学院于2007年设立了休闲体育专业,开设定向越野、攀岩等户外课程。而以公共体育课模式也受到了学生们的广泛欢迎,华中科技大学、华中师范大学等高校的户外运动相关课程也已经进入公共体育课体系。

目前,全国高校开设户外运动项目课程作为公共体育课的热度在不断升高,户外运动方向的专业老师也已成为高校招聘的热点。从高校户外运动的课程内容来看,学习的重点不仅是让学生掌握户外技能,同时也会让学生提升科学的户外运动知识,让他们在走向工作岗位后能继续参与,这会为我国户外运动的发展提供优质的新生力量。

(二)高校户外运动社团

高校学生户外运动社团是由高校学生出于对户外运动的兴趣爱好自愿形成的团体,虽然高校户外运动社团有部分的俱乐部性质,但是我国的高校户外运动社团基本没在中国登山协会注册,因此高校户外运动社团实际是在学校有关部门的监督指导下,自主开展活动的非营利性户外运动组织。户外运动社团对学生的积极影响具体体现在培养学生户外运动意识,提高学生综合素质,促进学生对人与人、人与自然、人与社会的认知,同时与常规体育课程的结合,可以完善高校教育的结构。

我国高校户外运动社团数量并未有完全的相关统计,但目前户外运动社团在高校内的发展势头迅猛,以北京大学、清华大学、中国地质大学、中国矿业大学等几所最先尝试开展户外运动社团的高校为代表的专业性登山社团成为高校户外运动社团的代表后,一批专业性院校和师范类院校也开始依托学校影响力和专业特色迅速发展户外运动社团。随着高校体育教学课程的改革和专业设置的不断丰富以及国内各种户外运动赛事的推广,大多数高校都成立了自己的户外运动社团。

第二节 高校户外运动风险源分析

高校户外运动中突发事件发生的频率远高于高校中普通体育活动中发生的突发事件。若发生户外运动事故,不仅将给学生和家长带来身体和精神上的创伤,对高校和户外运动的整体社会评价也将带来不良影响。我国高校户外运动社团兼具了高校社团组织和户外运动本身的双重风险,所以加强高校体育课程中户外运动风险管理意识显得尤为重要。进入21世纪以来,我国高校户外体育活动发生的事故逐年增加,尤其一些具有风险性和冒险性的新兴体育项目,问题更是层出不穷。

本书在前几章已经对户外运动意外的风险分类做出了概括阐述,高校户外运动的风险概念是被涵盖在户外运动安全整体下的更细化的分支,因此本章将主要针对在高校易出现的户外运动风险源做出阐述(图6-1)。

一、高校户外运动风险的特点

(1)对于高校户外运动的要求,既要让户外活动课程能够达到《普通高等学校体育课程教学指导纲要》的要求,又要保证学生团体的户外活动成功的实施,实现普通学生良好的户外运动教育价值。因此高校的户外运动课程要避免过高的活动风险,将风险把握在可控范围之内。

(2)大学生是一个独特的群体,作为社会新技术、新思想的前沿群体是推动社会进步的明日之才,关于大学生安全问题的一举一动都受到社会各界的高度关注,一旦出现事故会引发强烈的社会反响,因此要将预防会引发严重后果的不可控风险作为重点研究。

(3)技术和安全教育占户外运动课程的大部分比例,所以可以充分利用校内课程或社团活动时间,一方面要让学生树立正确的安全意识,对户外运动的风险和规避方式有充分的了解。另一方面,模拟可能遇到的状况,让学生尽可能在外出前掌握规范的户外运动技能和知识。

二、高校户外运动风险源

(一)人的因素

1. 大学生自身因素

(1)准备不足,盲目自信。研究表明,户外运动专家对户外运动风险的评估和预估的判断是建立在规范的技术性方法所进行的风险评估之上,高校学生则往往

- 高校户外体育社团风险
  - 环境风险
    - 市场环境风险
      - 户外行业的市场竞争力度
      - 社团宣传推广力度
      - 市场营销渠道
    - 政策环境风险
      - 学校对社团的支持力度
      - 法律法规的健全程度
      - 救援体系的完善程度
    - 自然环境风险
      - 气象环境风险
      - 地质环境风险
      - 动植物风险
  - 管理风险
    - 社会组织风险
      - 组织目标的明确性
      - 决策方式的有效性
      - 决策的执行情况
      - 组织结构的稳定性
      - 安全培训力度
      - 与赞助商的关系
      - 管理者个人能力
      - 内部监督机制
    - 资金往来风险
      - 资金筹集方式的可持续性
      - 活动成本控制
      - 资金管理的有效性
      - 资金来源渠道的多元化程度
    - 人员流失风险
      - 社团成员对社团的满意度
      - 社团的发展前景
      - 学生加入社团的偏好
      - 个人经济情况
      - 学习压力
  - 户外活动风险
    - 安全技能风险
      - 活动组织者风险控制能力
      - 组织者个人经验
      - 参与者的安全意识
      - 参与者的实践经验
      - 参与者的户外技术
      - 参与者应变和急救技能
      - 参与者的身体素质
      - 参与者的合作精神
    - 技术装备风险
      - 户外装备磨损或老化程度
      - 安全防护装备失灵与否
      - 装备质量
    - 户外活动内生危险
      - 户外活动对自然环境的依赖性
      - 户外运动的经验性特征
      - 户外运动的专业性特征

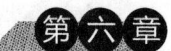

图 6－1 高校户外运动社团风险层次结构图(据许蓉蓉,2016)

有所不同,他们常根据自身的认知和经验对户外运动风险做出主观判断,容易冲动,情感的表现明显。同时,高校学生对户外运动的风险判断普遍具有认知偏差。愿意从事户外运动的学生往往有较强的意志力,在遇到困难时往往迎难而上或迎险而上,但在户外运动活动中,这都有可能导致他们低估发生状况所产生的后果,增加了在人为因素下导致事故发生的概率。

(2)能力有限,技能生疏。户外运动是突发情况种类较多的活动,在出发前,没有经验或未受过专业培训的参与者很难有应对各种突发情况的能力。高校户外运动的参与者往往以学生为主,接触户外运动时间有限,无论是对复杂天气、地形变化等环境因素的判断还是对专业户外器材的使用能力方面均有限,轻则会导致受困、磕碰,重则会导致滑坠、迷路等事故,直接对生命安全产生威胁。

(3)整体身体素质堪忧。运动的场所往往地形复杂,环境多变,这也要求参与者需要具备良好的身体素质。目前我国大学生的身体素质状况不容乐观,身体素质整体情况呈下降趋势,肥胖和视力不良查出率呈逐年上升趋势。当代大学生在长期学习压力下疏于锻炼,导致普遍缺乏在进行户外运动时所必需的身体条件基础。一方面缺乏良好的身体素质加大了户外运动时产生身体不适的可能,户外运动常在偏僻的地区进行,平常的身体不适有可能会引发一系列直接或连锁的危险后果。另一方面,户外运动的环境条件复杂,即便有了周全的计划,也需要参与者具备清醒的意识应对突发情况。有研究表明,疲劳或不适也会影响大脑的判断能力。

(4)参与者流动性大。高校社团作为学生社团,与社会户外运动团体不同,受学制的影响,学生的流动周期相对稳定且短,刚具备了一定的户外运动技能和经验就面临毕业,即便是能够代表社团组织者的社长和副社长等管理职务的学生,往往只担任一年就要进行换届。高校户外运动社团作为学生自发组织的体育活动组织,户外运动技能和知识的传授也往往发生在学生之间。这就存在以下几方面问题:①能起到一定领导作用的学生得不到充分发挥就将离开;②户外活动参与者的技能学习时间短,增加了学生还未具备完整的户外活动能力就要进行户外运动活动的可能性;③增加了本就匮乏的户外社团指导老师的责任压力。

2015年,18岁的阿虹在温州知名景区大罗山进行户外自行车运动时遇难。经温州市当地民警确认,阿虹出事时,骑着一辆"死飞自行车"。"她连人带车,从公路边的山崖上,掉到10多米落差的步行台阶上。"一名自称目击者的游客,叙述了事发经过:"从盘山公路到人行道,落差大概有十米,这名女生直接摔到了步行石阶的角上。"更重要的是,这名女大学生此前从未骑过"死飞自行车",或许,她连这种自行车有没有刹车都不清楚。阿虹姐姐告诉记者:阿虹身高1.6米,体重90斤出头。以前,她从来没接触过"死飞自行车",文文静静的,不是一个很爱运动的女孩。事故中不幸遇难的女孩无论是在技能上,还是身体素质上,都没有达到完成这项户外运动的基本要求。虽然有美好的进行户外运动的愿望,但低估了户外骑行"死飞自行车"的风险,最终导致了悲剧的发生。

2. 高校师资的因素

(1)师资力量匮乏。在高校中,大学生参与体育活动的意愿增强。大学生对多样的户外运动形式产生浓厚兴趣的同时,也面临着高校户外组织人才匮乏的制约。户外运动形式多样,涵盖了如攀岩、定向运动、皮划艇、帆船等能够在校内或城区开展的户外运动,也包括了潜水、高山探险、丛林、漂流、穿越等探险性更高的运动。这也要求组织者包括不同的户外运动活动,具备相应的户外运动技能。户外运动的高风险性是相对的,在进行户外运动前进行周密的计划并由具备相当经验的组织者进行监督,会极大地减少发生危险的可能性。我国目前虽然已经将攀岩、山地户外运动、皮划艇项目纳入了社会职业技能鉴定体系,但成百上千的高校仍有较大人才缺口。

(2)户外运动实践性特点突出。一所高校社团或户外运动课程指导老师一般是由学校体育老师担任,在公共体育课和科研任务的压力下对高校户外运动社团的指导时间往往有限。户外体育活动的合格组织者不仅要对活动进行精心周密的计划,并对可能遇到的突发情况做出预案,也要具备在户外运动损伤中的急救技能。相比理论教学,在面对有毒动物、植物、自然灾害等自然环境的实践能力,户外运动沟通等软技能方面很难在课堂中或校内社团活动中传授给学生。

(二)物的因素

缺乏活动资金。户外运动是一种专业性较强的运动方式。装备种类繁多,即便是基础装备,单价也较为昂贵,加之活动所必需的场地费用、路程费用和食宿费用,一次活动所必需的花费少则数百,多则数万。对于还未就业的高校大学生群体来说,这些开销往往是难以承受的。市场中的户外装备质量参差不齐,而学生对价格有较强的敏感性,若不慎采购了低价的劣质器材,会极大地增加户外运动的风险。所以如何帮助大学生解决资金问题也直接影响到了大学生户外活动能否安全顺利地开展。

2019年8月1日晚,甘肃酒泉阿克塞县公安局接到当地应急管理部门通报称,有一个1 200人规模的徒步队伍在当地戈壁滩迷失方向。当时他们有多人拨打了求助电话,但是由于信号不好,救援队和他们的联系也是断断续续的。最后救援队通过研判定位了他们的位置,好在这次没有人员伤亡。在这次户外活动的风险中,没有必备的应急通信设备,险些酿成了惨剧。应急救援、通信物品在户外运动中扮演的角色可见一斑。

(三)环境因素

相比社会中户外运动活动场地,大学户外教学课程所进行的场地更安全、更稳定。大多数高校开展户外运动的课程使用自有的或固定的户外运动活动场所,这很大程度上减少了户外活动的危险性。绝大多数自然环境导致的户外运动事故都发生于学生自发组织或社团组织的登山、徒步等活动。这就说明我国高校对户外运动课程因自然环境导致的安全事故还是能够进行良好的预防,但对自发组织的户外运动的监督和活动规范程度亟待提高。

户外活动形式多样,包括登山、穿越、攀岩速降、探洞、漂流、溯溪、旅游观光、野餐露营等,团队面临潜在风险因素也较多,即便是做足了细致的准备也会因环境的突发状况导致事故,如2002年8月7日,北京大学山鹰社登山队在攀登西藏希夏邦玛峰的过程中,有五名队员不幸遭遇雪崩,两人遇难,三人失踪。北京大学8月26日下午召开追思会,沉痛悼念和追思五位遇难的北大山鹰社登山队队员,并追授他们"登山勇士"和"共青团标兵"的称号。户外运动由于环境的不确定性以及内容的复杂多样性,决定了参与者必须面对一定的风险,所以对于环境的动态观察,成为不能放松的重要环节。这既需要有专业的气象、地理、地质等相关的知识,还要有相关户外运动的经验,通过不断的积累,周全考虑到在全过程中因环境带来的户外运动风险。

第三节 高校户外运动风险管理及风险应对

一、高校户外运动风险的评估和控制

(一)人

(1)加强户外运动安全教育。户外安全无小事,要想实现户外运动的安全,首先要树立安全第一的观念,清楚安全是一切户外运动的前提。在户外环境下,一切险情都可能导致严重后果。没有安全,户外运动的教育意义和社会价值将无从谈起。户外运动安全教育的对象主要分为三类:①学校的户外运动专任教师;②大学生户外运动参与者;③负责后勤、医疗、外出备案等流程的其他参与者。人是贯穿活动始终的控制者,是户外运动安全最主要的要素,安全教育直接影响人对户外运动安全的主观能动性。要以显性课程形式让学生明白户外运动各类风险产生的利害关系,并在理论和实践中贯穿渗透安全隐性教育。

(2)提高师资专业技能水平。虽然我国高校户外运动已经如火如荼,但是专职教师的数量和水平,依然处于参差不齐的状态。我国还没有针对高校教师所开展

的户外运动技能的专门培训,国家体育总局将各类户外运动项目列入社会体育指导员职业技能鉴定体系,并开展大量户外运动方向的社会体育指导员培训课程,这无疑为高校户外运动教师提供了良好的户外运动技能和组织技巧的学习机会。学校应当鼓励教师积极参与此类课程的学习,以适应户外运动课程开展和满足社团活动进行的指导需求。

(3) 提升参与者基础素质。户外运动有很强的实践性,为确保活动安全地进行,不同危险程度的户外运动要求参与者在参加活动之前,达到一定的基本能力。这些技能包括风险感知能力、紧急救护能力、安全保护能力等基本安全能力,也要包括基础的运动技能,具备基本的身体素质。

(4) 做好事故应急准备。预防胜过一切补救,我们虽然希望能够尽可能地预防户外运动安全事故的发生,但有些状况是无法预测的,一旦事故发生,就必须以最快的速度进行处理。因此,学生要根据自身参与的户外运动,学习一些最基本的自救、求救以及营救方法,在危险来临时,要快速对所面对的困境进行分析,能够使用多种途径向外界求援,充分运用临时状况下、可支配的各方力量来协助急救,同时组织建立应急救护体系,制定救护预案,成立指挥中心。

(5) 建立高校户外运动活动管理制度。校内应有监督和备案部门,时刻关注大学生社团组织及个人的活动审批。高校作为大学生户外运动的管理者和监督者,对自发组织户外运动活动及参加社会户外运动组织的情况进行备案和审批。在活动前进行风险排查,在活动中也要进行监管。既要避免过分干涉正常的户外运动活动组织,也要对活动的实施情况进行追踪,必要时要派出指导老师对活动中可能涉及到严重危险的行为进行纠正。在活动后要对学生进行返校清点,通过管理制度实现对活动的动态监管。

(6) 校方也应充分考虑学生的必要需求,可以通过投入一部分户外运动资金,来购置各种户外运动的基本装备,租给校内户外运动参与者。这样既能提升大学生参与户外运动的积极性,也可以实现对运动装备的资源共享,对高校整体来说也是一种节约成本的措施。除此之外,校方也可以通过帮助学生社团,利用学校的渠道获取赞助或以成立户外运动基金的方式解决部分资金问题,甚至可以与周边的高校进行合作,做到投入最小化,回报最大化。

(7) 校内的户外运动课程和社团要制定规范、可实施的规章制度,以及根据学校本身的具体情况设计科学的户外运动手册。这些规章制度或运动手册在制定时可以与当地甚至国内权威的有资质的户外运动机构合作编写,也可学习其他学校的经验。但重要的一点是,制定的制度和手册内容必须具体,切实可行,对大学生的户外运动能起到有效的指导作用。

(二)物

(1)保证硬件设施可靠性。对户外运动所使用的场地,如攀岩馆、拓展活动基地的损耗、质量要有专业人员定期检查,对户外设备也要进行定期的检查,并加强监管。高校中无论是户外课程还是社团所用的设备,最经济的形式是学校统一采购,以租借等形式供大学生使用,使用后会产生设备的损耗,由专人建立使用登记和损耗记录,保证装备的可靠性。

(2)严格把控食品质量。对外出所准备的食品、水源、能量补充剂等消耗品,在采购过程中要根据户外活动的距离、难度、时长有选择地准备,也要防止过期、变质等食品污染问题,在食用前要确认食品和水的安全性。

(3)根据需求携带紧急用品。急救医疗用品,由随队医生随身携带。

(4)确保电子设备在户外运动活动中能够随时正常使用。户外运动对通信设备的要求要远高于日常生活标准,根据中国登山协会发布的历年事故统计数据,户外运动活动中发生迷路事故的比例远高于其他事故。在户外环境下,使用日常通信设备往往会出现续航差、信号覆盖差、易损坏等问题,因此高校户外体育活动必须确保装配全球定位系统、对讲机、卫星电话等适应活动环境条件的紧急通信设备。

(三)环境

应注重高校户外体育活动中的环境危险预警。对危险预警的主要流程是对户外运动相关的安全信息进行收集、分析和评估,然后向活动相关方发布、提供相应对策预警。户外运动具有一定的冒险性、不可预知性。在活动过程中,指导老师或领队应当较高频率地更新活动相关信息,以实现风险对教育的有益作用并规避事故。主要的环境危险如下。

(1)自然灾害危险。对户外运动范围处的气象条件、地质条件要进行实时信息收集和预警。

(2)危险行为预警。危险行为包括身体素质太差或存有不适合户外运动的疾病,无法进行基本户外运动学习;技术动作不规范或擅自进行还未学习的内容;不遵守教学纪律等。由于学生自身原因而造成的运动损伤或伤害事故屡见不鲜,这些事故不仅影响了正常的学校秩序,也给学生自己的身心带来一定的伤害。常规运动风险在户外运动活动的环境下会加倍放大,对于不同性格、不同特点的学生要进行有规划的分组,避免或解决活动中人际关系的冲突。

(3)综合危险预警。发布户外运动活动区域总体状态的信息,并对可能产生风险的环境内容进行预警,如当地社会安全状况、卫生安全状况、政治状态状况等,进行评估后超出户外活动风险程度时要果断采取行动,如等待、暂停、终止活动等措施。

二、高校户外运动风险的应对

（一）风险回避

户外运动的风险回避是在风险事实的基础上，选择主动终止或选择不实施活动，在危险发生前停止活动，这样就可以避免户外运动事故的发生。采用风险回避策略可以在风险事故发生前做好准备，彻底规避风险造成的后果。风险回避的特点是简易性和彻底性，把风险发生的可能性尽可能地降低。

在高校的户外运动中，通过风险回避的策略可以避免许多环境因素导致的风险，比如：在气候条件恶劣和活动路线损毁等情况下，或对学生户外运动活动造成损害的情况下，一定要停止户外活动。同时在学生存在一些身体疾病的条件下，也须禁止学生参加某些活动。回避风险策略的应用时机一般是在户外运动风险发生率高且伤害严重的情况下，但是应在对风险合理分析和评估的基础上使用，不得利用风险回避的策略剥夺学生参加户外运动的权利或成为减少学生户外运动的借口。

（二）风险转移

户外运动风险转移是指为了避免承担户外运动风险发生后所造成的负面结果，在进行户外运动之前，将风险通过合同或者协议的方式转移到第三方，以此达到转移风险的目的。通常，户外运动的风险转移主要采取保险和非保险方式，其中保险方式转移是高校最常采用的，也是相对成熟的做法。我国的大部分高校学生都购买了学生医疗保险，但参加户外运动时应针对不同户外运动项目进行单独投保。部分学校还设立了专门的风险储备金来应对风险的发生，通常用于较轻等级的损伤救护和支付相关费用。

（三）风险保留

有些风险有较低的发生概率，并且在风险导致的恶性后果不严重的情况下，可采取风险保留的策略。该策略是在这类事故发生时，通过一定的手段消除轻微事件造成的影响，严于防范，采取特定措施，让风险在造成严重后果前就被避免。

（四）风险控制

风险控制是高校户外运动过程中最重要的风险应对措施。高校户外运动风险控制主要通过学校和学生两方面的工作进行。

（1）学校方面。学校要通过做好整体的户外运动安全建设，对学生做到户外运动的安全告知义务，不断强化教师和学生的安全意识，对户外运动的基本知识进行普及，也要积极加强户外运动的监督和审批工作，及时了解学生户外运动活动的状况。

(2)学生方面。学生要积极参加户外运动安全教育,系统地学习户外运动技能知识和风险管理知识,能够做到在户外运动中认识风险、应对风险,必要时能调整风险,也要服从学校规定,参加户外运动相关课程或活动,按照规范进行户外运动的技术操作。

(五)风险自留

风险不可能完全消除,对于一些风险成本低,在可接受范围之内的风险都可以采取风险自留的策略。有的风险自留是主动的,有的是被动的,比如户外运动课程的设备、对学生租用的装备器材的消耗,都应由学校承担费用;在户外运动活动中的轻微疾病、蚊虫叮咬或其他有教育价值的风险,也都应采取风险自留的应对策略。可以说,风险自留是实现教育意义的重要手段,也是户外运动活动中常采取的风险应对策略。

参考文献与进一步阅读的相关文献

董范,曹志凯,牛小洪.户外运动学[M].2版.武汉:中国地质大学出版社,2014.

胡来东,张宏梅,郭凡清.高校体育运动风险防范机制与策略[J].哈尔滨体育学院学报,2015,33(2):42-45.

黄亨奋.对我国普通高校户外运动意外事故发生原因的分析[J].牡丹江师范学院学报(自然科学版),2007(4):56-57.

黄柳倩.高校体育教师对体育教学风险的识别及规避对策研究[J].教育与职业,2012(9):187-188.

兰大卫.我国高校户外运动发展浅谈[J].当代体育科技,2015,5(27):231-232.

刘华荣.我国高校户外运动风险管理研究[D].北京:北京体育大学,2017.

刘思麟.大学生户外运动安全保障体系构建[D].长沙:湖南大学,2014.

庞荣.高校户外运动的安全风险现状与分析[J].赤峰学院学报(自然科学版),2014(13):107-108.

王晶.论我国户外运动的安全保障体系的构建[D].北京:北京体育大学,2017.

许蓉蓉.上海市高校户外体育社团风险评价研究[D].上海:上海体育学院,2016.

闫当岩,韩立明.普通高校大学生户外运动安全防范体系研究[J].品牌研究,2015(6):281.

Booth R. The outdoor classroom:educational use, landscape design & management of school grounds(Second Edition)[M]. London:Publications Centre,1998.

Eick C J,Carrier S,Perez K,et al. Summer methods in summer camps:teaching projects WILD, WET and learning tree at an outdoor environmental education center[M]. Berlin:Springer Netherlands,2010.

Hammerman W M E. Fifty years of resident outdoor education,1930—1980:it's impact on american education[M]. Minnesota: American Camping Association,1980.

McGowan A L. Impact of one-semester outdoor education programs on adolescent perceptions of self-authorship[J]. Journal of Experiential Education,2016,39(4):386-411.

Wattchow B,Higgins P. Through outdoor education: a sense of place on scotland's river spey [J]. The Socioecological Educator,2013:173-187.

White. Playing and learning outdoors[M]. Routledge: Taylor & Francis,1935.

第七章

户外运动赛事风险管理

　　近年来户外运动赛事发展迅猛,吸引了众多户外运动爱好者参与,赛事数量不断增加,赛事规模不断扩大。因户外运动赛事场地的开放性和自然性,其举办过程中面临着巨大的不确定性,风险事故发生的概率较高,如何应对赛事风险成为组织者必须面对的问题。户外运动赛事的风险源来自人员风险、外物风险、财务风险及赛事保障风险。户外运动赛事风险的应对策略主要有风险回避、风险转移、风险控制及风险自留。

第一节　户外运动赛事发展现状

　　户外运动赛事指在自然环境中进行的有一定规模参赛人员,遵守相同的赛事规则,有组织地进行带有探险性质或体验性质的体育活动项目群的比赛,如山地马拉松、登山滑雪比赛等。20世纪90年代末,我国成功举办第一场山地户外运动赛事,此后,我国户外运动赛事举办数量持续增加,其中主要以健康、休闲、娱乐为主。户外运动赛事举办数量的增加为赛事组织积累了经验,加速了我国户外运动办赛数量和规模的发展。21世纪初,我国户外运动赛事体系不成熟,市场开发力度不够,没有得到各地政府及社会各界的足够重视,整体发展遭遇一些考验。但随着近年来国民经济水平和生活质量的提高,人们越来越注重生活品质的提升,对于精神文化的需求日渐提高,户外运动以其亲近自然的特性逐渐被人们接受和喜爱,这为我国户外运动事业的发展提供了契机。户外运动赛事发展迅猛,其中最为知名的赛事是"中国国际山地户外运动公开赛",它在国际上也颇具影响力,已经成为对外展示我国山地户外运动事业发展的重要名片。

　　随着赛事管理与市场运作经验不断丰富与完善,各类赛事规模与影响力正不断扩大。2018年中国登山协会将山地户外运动赛事分为八大系列活动和赛事:全国群众登山系列活动、"徒步中国"全国徒步大会系列活动、中国户外节、高水平CHINA100中国山地越野系列赛、中国山地户外多项系列赛、全国步道联赛、全国健身名山登山系列赛和全国登山精英系列赛。其中,全国群众登山系列活动和"徒步中国"全年共组织了65站,累计共有超百万群众参与其中;中国山地户外多项系列赛8场,参赛队伍超过200支;高水平CHINA100中国山地越野系列赛4场,参与人数超过5 000人;举办国家登山健身步道联赛3场,参与人数超过5 000人;全国健身名山登山系列赛5站,报名参赛人数突破万人;全国登山精英赛2站,参赛人数近5 000人。此外,2018年境内举办800人以上马拉松及相关赛事供给1 581场(中国田径协会认证赛事339场),累计参赛人次达583万,涉及31个省(市、区),285个地级市,占地级市总数的85%,年度马拉松总消费额达178亿元,赛事带动总消费额达288亿元,年度产业总产出达746亿元,同比增长7%。推出中国马拉松大满贯(中国田径协会创建并主办的中国最高等级的马拉松系列赛事之一)、中国马拉松大奖赛、中国马拉松锦标赛等高水平赛事平台,世界马拉松六大满贯落地中国,中国马拉松位居国际田联标牌赛事总数第一。根据中国自行车运动协会的分类,当前在华A类国际赛事有环青海湖、环海南岛、环中国国际公路自行车赛,受到广泛关注。人民体育、人民网舆情数据中心联合发布的数据显示,"2017最具影响力自行车赛事排行TOP100"中参赛运动员数23 889人,赛事奖金总数2 800万元,赛事比赛天数226天,赛事搭台、旅游唱戏的"体育+旅游"模式对区域经济带动效应明显。2017年中国航空运动协会、中国定向运动协会、中国无线电运动协会、中国车辆模型运动协会和中国航海模型运动协会举办赛事95场,经中国航空运动协会命名的航空飞行营地超过150家,中国航空运动协会注册会员18 045人。滑雪比赛在国内正处于起步阶段,大型赛事举办数量较少。2017年全国共举办冰雪类城市大赛62场,国际冰雪赛事22场。政府大力推行冰雪体育赛事的举办,其中冰雪类城市大赛以哈尔滨市举办14场为首,北京市与张家口分别以12场和7场位居第二和第三。受冰雪运动特性的限制,冰雪赛事大多在纬度高、海拔高的地方举办,东北三省因其地域特点而具有明显的发展优势。

因户外运动赛事竞赛场地的自然性和户外运动所具备的探险等性质,给户外运动赛事的举办带来更多不确定性,风险发生的概率更高,应建立完善的赛事风险控制体系,以保障参与者的人身安全和赛事安全地举行。户外运动赛事风险事件一旦发生,产生的后果影响较大,波及范围较广,特别在当今互联网时代,媒体报道传播速度极快,赛事的负面新闻常常被放大后传播,给地方政府和相关赛事举办单位带来了巨大的负面影响,不利于赛事传播积极正面的价值。在户外运动赛事中,风险管理非常有必要,它不是为了提高赛事的运作成本,而是为了能提前规避由不确定性因素造成的损失,从而达到增加赛事收益的目的。

第二节　户外运动赛事风险源分析

　　风险识别是实现风险管理的首要任务,也是风险管理的重要组成部分。风险识别是指确定风险的来源,风险产生的条件,描述风险特征,确定可能影响项目的风险事件,并将其特征进行记录,形成文件化的管理活动。户外运动赛事风险识别是赛事管理者对招标、筹备和赛事举办期间可能发生风险的认知和预测过程。一般户外赛事风险识别需要以下几个步骤:首先,找出事件中的客观不确定性因素,建立风险列表并进行风险分析;其次,将已识别的风险记录在风险列表中;最后,总结户外运动赛事的致险因素并进行分类,常用的赛事风险识别方法有故障树法、德尔菲法、风险核对表法、专家访谈法等。定性分析方法是户外运动赛事领域中进行风险识别的常用方法,具体使用哪种方法,最终还需从赛事规模、赛事类型及赛事影响力等多个角度进行考量。

　　在对赛事风险现象形成准确认识的基础上,分析引发风险现象的风险源是赛事风险识别的重要内容,这有助于组织者更加深入地把握赛事风险形成的根源。因赛事风险具有连续性,单纯地按时间段划分风险源和风险影响分属阶段以及持续产生风险损失会有较大困难。而风险源的分析可以不受风险发生阶段的制约,理清不同风险现象间的关联,为进一步分析赛事风险特征做好铺垫。许多大型赛事风险管理的研究都较为深入地探讨了赛事风险源的分类方法,主要根据起因不同分为自然风险、政治风险、商业风险和组织管理风险,或者根据风险结果不同分为财务风险、人身伤害风险、法律责任风险、赛事取消风险。根据项目管理将人、财、物作为组织运行必须考虑的观点,再结合户外运动赛事的特点,户外运动风险源分析可从人、物、财及赛事保障四个方面入手,以便更加客观、全面地认识户外运动赛事的风险源特点。

一、人员风险

　　户外运动赛事参与人员数量不多,远不及像奥运会这样的大型综合性赛事,但它与大型赛事人员构成的复杂性差距不大。与传统场馆赛事相比,户外运动赛事的特点决定其比赛场地要设在户外。范围广、人员疏散等增加了赛事人员管理的难度,户外赛的办赛场地在给赛事参与者提供极佳的赛事体验之余,也给赛事工作人员的管控工作提出了更高要求。在一场户外赛中,根据参与者的身份不同,大致可分为工作人员、裁判员、运动员、志愿者、领导嘉宾、媒体、赞助商、地方协调部门工作人员、观众等。在赛事组织过程中可将上述人员分为赛事筹办方、合作方、参与方三大类。赛事筹办方主要承担赛事的筹备、实施及各方协调,是赛事活动的主要责任方,一般由工作人员、裁判员及志愿者组成。合作方主要是为赛事提供政策支持或资金赞助的单位或企业,通常需要参加开闭幕式和颁奖活动,一般是领导嘉宾或赞助商。参与方分直接参与和间接参与两个部分:运动员是赛事的直接参与方,是赛事活动举办的核心,是参与者及竞赛价值的主要实现者;观众是赛事的间接参与方,与大型综合性赛事不同,户外运动赛事观众并不是赛事产品的消费者。自赛事活动开始筹备起,所有赛事相关人群的行为就与赛事密切相关,其中大量人群的行为具有极大的主观性和极低的可控性,对赛事目标的实现具有不容忽视的风险隐患。办赛方作为组织赛事和保障赛时运行的主要力量,户外运动赛事风险管理的关键是办赛方人员的风险意识、风险知识和管理户外运动赛事的能力。

根据风险致因,户外运动赛事人员风险主要有人身安全风险和主观人为风险两大主要风险。

(1)人身安全风险。它主要指不由人的主观意识所控制而产生的风险因素,如意外受伤、突发疾病、非自然死亡等。户外运动赛事的场地开阔,运动员出发之后常常会独自一人在赛道上,若运动员不小心受伤只能到下一医疗点进行治疗;在赛道上及主会场的搭建也很有可能因为天气或其他原因危害到在场人员(观众、工作人员、运动员)的人身安全。

(2)主观人为风险。它主要是指由人的主观意识控制而产生的风险因素。如工作人员失职、人员冲突、过激行为、不文明行为等。户外运动赛事举办的筹备期没有大型赛事筹备期长,核心团队人员较少,庞大的赛事体系需要依靠地方政府及志愿者的协助,赛事组织人员构成复杂。赛事筹办方是组织赛事和保障赛事顺利运行的关键力量。工作人员不熟悉户外运动赛事举办情况、相关业务能力和户外技能不足、缺乏责任意识和安全意识、工作中不注重细节等是导致户外赛事风险发生的主要原因。

二、外物风险

户外运动赛事的外物风险因素一般源于比赛所需的场地、设施和器材。户外运动赛事场地的开放性决定赛事的开展极容易受到外部环境影响;其次,比赛场地多是临时搭建,比赛器材露天存放,虽然不及大型综合性赛事场馆结构复杂,但这种开放性决定了其风险的发生与自然环境存在高度关联,在设计、搭建和使用过程中都要充分考虑环境的影响,只要其中一部分有问题都会导致风险产生。在户外运动赛事中具体可分为赛道设计风险、人员管理风险、物资管理风险和信息沟通风险。户外运动赛事比赛场地通常设在自然生态环境优美,极少经过开发的地方,具有比赛时间长、强度大的特点,通常运动员不需要自行准备很多补给,赛事组织者会在赛道上设置休息点,内含补给、医疗、放松等赛事服务,这要求赛事组织者在赛道设计时要充分考虑交通、信息的通畅度。如考虑不当,则会出现交通不便等导致遇到突发事件时无法及时转运、信息沟通不畅等风险。

赛场技术器材风险主要是源于直接服务竞赛运行的计时系统、赛事工作车辆、裁判技术器材等。户外运动赛事场地的开放性决定户外运动赛事计时器材多是露天存放,加之自然条件限制了户外运动赛事电源及网络信息的使用,这些因素都提高了对赛事计时系统的技术要求。赛事车辆是赛事成功举办的重要因素,自然场地要求户外运动赛事用车的性能要能适应许多未经开发的自然路面,车辆出现故障或无法通行时,将会给赛事物资的运送、紧急事故的处理等带来巨大的风险。因此车辆的流畅通行应在赛前进行充分的调研并做出相应的预案。

户外运动赛事面临的环境风险主要有自然环境、天气状况及突发事件等。户外运动赛事在自然开阔的地方举办,周边地形、地貌、气候影响赛事的开展,如遇到大风、暴雨、冻雨等天气时,赛事极有可能面临取消的风险。此外,裁判员直接使用的技术器材还包括对讲机、发令汽笛、书写板夹等。裁判的技术器材发生故障会对裁判员的比赛管控能力产生直接影响,导致相关部门之间无法及时传递信息,容易引发因信息传递不及时,而疏忽关键信息的事故。

三、财务风险

户外运动赛事具有一定的体育产业特征,必要的经济支持对于其成功举办必不可少。从赛事筹备到赛后撤离,人员薪酬、场地租赁、交通费用、宣传推广、技术器材、医疗服务、后勤保障、赛时安保等项目都需要一定的财务资金来实现运转。根据作用阶段和造成后果的不同,一般将财务因素风险源分为资金链断裂导致比赛取消和财务管理不善导致比赛超出预算两类。前者是发生在赛前阶段,由于赛事计划所体现出的影响力缺乏、盈利能力不足,或是赛事组织方与赛事赞助方意外中断协议关系导致赛事筹备资金链断裂,比赛被迫取消。后者则是产生在赛时阶段、作用于赛后阶段,一方面是由于可能存在的可变成本上涨,如场地器材价格、人工成本等项目,因市场供求关系变动产生价格浮动造成的一般性超支。另一方面是由于办赛方不当的财务管理措施,各项目的不平衡资金分配,导致超出预算的财务资金支出,造成比赛亏损,如场地供给者与办赛方无法对租赁价格达成一致意见,可能直接导致一场赛事无法举办。

四、赛事保障风险

体育赛事保障是指以体育竞赛为核心的体育赛事活动所涉及到的竞赛保障、服务保障、安全与控制保障的各方面管理的总和。赛事能否顺利举办,完善的赛事保障是重中之重。户外运动赛事保障主要包含赛事的安保与消防、救援保障、食品

户外运动赛事风险管理

安全与环境卫生等。

（1）赛事安保与消防。安保方面主要涉及人员、物资和现场秩序等。如马拉松运动员进入比赛区域时需进行安检，防止携带如管制刀具、易燃易爆等违禁品。消防方面主要涉及防火防爆和应急疏散。赛事组织方需要考虑的风险因素有防火、防爆、防毒等，消防设施的数量、质量、位置，消防路线的规划等方面。另外，一旦发生事故，如何对人员进行应急疏散，应急路线设计不合理、疏散通道不畅通等极有可能导致踩踏事件的发生。

（2）救援保障。医疗、救援、收尾和收容四部分共同组成一场比赛的救援保障体系。首先，在道路通达的起终点和补给站通常设有医生、护士、救护车的救护站，收容车不断在各个补给站和终点之间循环收容。在补给站之间而车辆无法到达的地区，则会安排相应的救援人员。选手在比赛中发生意外一般分为两种情况：第一，他们有轻微伤病，可以自己坚持走到临近的补给站再退赛，这种情况较为多见和简单。第二，他们受伤严重无法自行到达临近的补给站，只能由临近选手、志愿者或救援人员发现，也有可能在前后都没有人的地方只能等待收尾人员发现，由救援人员护送到临近补给站，交给医护人员处理。

（3）食品安全与环境卫生。由于人员众多，对相关的食物要有严格的标准，禁止不合格的产品进入到赛场区域。赛事现场人员繁杂，垃圾的随意丢弃现象较多，还需由专门的工作人员对各个区域的垃圾进行及时清理，保持赛场的清洁和卫生，防范各类传染病等。

第三节 户外运动赛事风险评估与应对

户外赛事风险管理有两个重要的原则：一是尽可能预测赛事存在的潜在风险以便规避不必要的风险事故，其次是一旦发生风险事故，要最大限度地把控风险带来的负面影响，或将已发生风险的危害程度在可承受范围内控降到最低。在户外运动赛事的风险管理中，通常还包括风险评估、风险应对等过程。

一、户外运动赛事风险的评估

一个完整的户外运动赛事评估体系的构建需要明确评估目的、客体、主体与方法等要素，并按照这些要素确定的方案和要求对一项赛事进行评估。开展户外运动赛事的风险评估最佳时间是在风险事件没有发生或刚刚发生时，及时预判风险事件可能造成的影响，并制定相应的应急预案和防范措施，确保在事故发生的第一时间内及时应对。在风险识别的基础上，赛事风险评估对赛事可能遇到的各种风险进行定性或定量的分析，并根据风险对赛事目标的影响程度将赛事风险由大到小分级排序的过程。它主要包括以下几方面的工作。

(1)评价风险的特性。风险的特性包括可能性、严重性和可控性三个方面。风险发生的可能性是指经识别的风险将会发生的概率;风险的严重性是指经识别的风险发生造成损失的严重程度;风险的可控性是指经识别的风险的可控性程度,即采取安全防范措施以后风险发生的可能性。对赛事风险特性的评价就是通过建立一个风险特征评分标准,列出可能发生的赛事风险,然后按照评分标准从可能性、严重性及可控性三个方面打分,最终三个分数乘积表示该风险的风险级别。分数越大则风险程度越大,越应成为重点关注对象并制定相应的应对风险的措施。

(2)对风险进行排序。就是在赛事风险特性评价的基础上,根据每种风险的级别,按轻重缓急对其排序,目的是找到最大的风险源,在进行资源分配时要优先考虑这些风险。对整个赛事来说,可用于降低风险的资源总是有限的,因此分清风险的轻重缓急,把资源用在最急需解决的风险上是十分重要的。

二、户外运动赛事风险的应对

风险应对策略又称风险处置策略,是指风险管理者或组织者为了消除和减少风险发生的可能性或风险事故的损失程度,在识别风险、分析风险概率和风险影响程度的基础上,综合考虑风险性质和决策主体的风险承受能力,而制定的各种风险防范措施。户外运动赛事风险应对可以从以下几个方面进行。

(一)风险回避

风险回避,是指当某个风险发生的概率非常大,且一旦发生造成的负面影响和损失比赛事举办获得的收益大但也没有其他办法可以规避时,不得不做出取消赛事或调整赛事计划的决定。赛事组委会一般只会在面临极高风险因素或意外突发状况时采用风险回避。通常具有以下两个特点:首先,这些风险因素造成的损失概率和损失程度非常大;其次,使用风险处理技术的成本超出了赛事的预期收益。在户外运动赛事中,风险回避一般表现为赛事取消或者是延期举行。

在户外运动赛事中,天气状况对赛事的影响很大,当赛事遇到极端天气时,取消赛事是常用的风险回避方法。在赛前对赛事举办地的天气状况进行实时监控,并建立相应的评估系统预测赛期天气情况,及时对赛事做出相应的计划调整,并根据具体天气状况决定是否取消比赛。

(二)风险转移

保险转移,是指针对因非赛事组织方原因而产生的风险,这些风险直接作用于赛事参与人员,则可以在赛前为参赛选手和工作人员购买保险来进行风险转移,为参与赛事的人员购买保险,在赛事领域中几乎已成惯例。

非保险转移法应用到户外运动赛事中,主要针对的是外物和赛事保障两种风险因素。赛事技术保障作为信息传输的基础设施,承担着信息交换与反馈的重要职能,为减少此方面造成的风险概率,将业务板块进行外包并签订相应的安全协议是最为直接的转移方法。医疗救援作为风险应对的最后一环,承担着风险应对与风险处理的重大职责,为降低此风险因素对赛事安全造成的不良影响,建议寻找有户外医疗救援资质的第三方,签订赛事安全协议进行业务外包。

为参赛运动员和工作人员统一购买赛事人身保险的方法能有效完成风险转移,部分赛事项目的外包能有效减少赛事风险发生的概率,同时也能在风险发生时将赛事主办单位的风险转移给项目承包方。

(三)风险控制

风险控制即风险承担或风险减轻,赛事组织者通过优化内部管理强化对风险的应对效果(表7-1)。在风险应对策略中,风险回避和风险转移都属于面对风险进行的一种较为消极的风险应对方式,而风险控制更侧重用积极的管理手段改变风险发生的概率或者是缓解风险事故造成的危害性。

表7-1 赛事风险控制措施表(据杜彩璐,2019)

人的风险控制措施	物的风险控制措施	法的风险控制措施
请参赛运动员赛前提供合格的体检表,并通过心理测试,确定运动员心理健康状况;若存在不能参赛的疾患,取消参赛资格	对照清单,对赛事所有装备器材逐一进行检查;准备适量的备用装备器材	组委会成立专门负责赛事风险应对的领导机构,负责赛事全过程的风险管理计划的制定与实施
赛前组织参赛运动员进行急救培训,讲授针对赛事风险的急救技术和急救知识,在赛事期间遇到意外可以自救或互救	赛前对赛道进行科学规划,并逐段细致考察,消除风险隐患;可准备一条难度较低的备用赛道,在特殊情况下使用	组委会各部门制定风险识别清单和风险应急预案,必要时进行演练
对全体志愿者进行赛前培训,讲授不同工作岗位的风险及应对方法;要求所有志愿者熟悉岗位工作流程并进行演练	与当地政府相关部门积极沟通,争取交通、电力、气象、通信、安保等部门的支持;在赛事期间对赛道沿途危险路段进行实时的交通管制	完善赛事规程;制定各岗位工作手册,明确各岗位的职责权利、沟通渠道
对全体工作人员进行赛事培训,明确所有工作人员职责,实行岗位追究制度		

赛事前期建立赛道分组负责制。首先,从赛道设计、赛前布置巡线起,由专人负责赛道维修与建设,减少因赛道原因导致风险发生的概率;其次,为计时系统设立备份系统,在赛事过程中可以有效避免因计时系统故障产生的风险。与政府合作加强群众观赛规范教育和赛道安全维护工作,一方面对赛道沿途进行必要的交通管制,确保参赛者通过时道路畅通且无安全隐患存在。另一方面可以根据赛事发展,在不违背赛事宗旨的前提下调整部分竞赛规则,如根据天气、参赛者人数等,调整比赛时间与难度等,降低因天气和参赛者自身造成的风险。与政府相关部门建立良好的互动,地方政府或者是安保部门应参与到赛前的安全规划和安保安排,对一些有车辆经过的路段,在赛事期间进行半封闭;注重工作人员的培训,优化人员招募机制,赛事筹备组织架构清晰,按工作职责分版块进行,相互交叉的地方多协调且责任人明确;建立完善的信息汇报和传递机制,在户外运动赛事中主要信息传输工具是对讲机,当风险发生时第一被告知者是谁应当明确,若对方在对讲机传输范围之外可通过中间人进行传输,所有人在传输过程中必须注意信息的准确性,将时间、地点、人物、事件、需要什么支援等信息汇报清楚。在赛事现场应有网络专家,确保信息传输的通畅无阻。

(四)风险自留

风险自留也被称为风险承担,指的是赛事组织者在制定风险应对策略时,将风险因素留给组织内部。赛事计划是赛事举办的核心工作,它决定一场赛事如何运营,具有很高的专业性和不可复制性。赛事计划的重要性要求在做计划时要考虑相关的风险因素,并对赛事做出应急预案。相对而言,在经过了缜密的赛事计划制定与人员培训、定岗的基础上,赛事人员风险重要度较低,损害程度较轻,可以运用风险自留策略进行应对,通过在该项风险发生时调用备用资源足以减轻并弥补其所造成的损失。赛事纠纷是户外赛事常见的风险事故之一,赛事纠纷对于赛事的影响较大,在事情尚未发酵之前,应采用风险控制和风险自留策略,主动、积极与矛盾相关方沟通了解事实情况,公平公正地处理赛事纠纷。同时还要做好有关的说服与安抚工作,必要时启用赛事风险保障金,尽快解决相关问题。

参考文献与进一步阅读的相关文献

杜彩璐."八百流沙极限赛"安全风险管理研究[D].北京:北京体育大学,2019.
卢文云,熊晓正.大型体育赛事的风险及风险管理[J].成都体育学院学报,2005(5):18-22.
寿嘉俊.我国业余自行车赛事风险管理研究[D].南京:南京师范大学,2018.
吴东.我国户外运动赛事市场化运作的问题与对策研究[J].中国学校体育:高等教育,2016

(11):34-37.

苑峰源.2022年冬奥会短道速滑赛时风险管理研究[D].北京:北京体育大学,2019.

张雨.我国山地户外运动赛事组织理论与实践研究[D].北京:北京体育大学,2011.

Hanstad D V. Risk management in major sporting events: a participating national olympic team's perspective[J]. Event Management,2012,16(3):189-201.

Helenius I J,Tikkanen H O,Sarna S,et al. Asthma and increased bronchial responsiveness in elite athletes: atopy and sport event as risk factors[J]. Journal of Allergy & Clinical Immunology,1998,101(5):646-652.

Koc E. Risk and safety management in the leisure, events, tourism and sports industries[J]. Tourism Management,2016(54):296-297.

Leopkey B,Parent M M. Risk management issues in large-scale sporting events: a stakeholder perspective[J]. European Sport Management Quarterly,2009,9(2):187-208.

Leopkey B,Parent M M. Risk management strategies by stakeholders in canadian major sporting events[J]. Event Management,2009,13(3):153-170.

Miller J J,Wendt J T. The lack of risk communication at an elite sports event: a case study of the FINA 10K marathon swimming world cup[J]. International Journal of Sport Communication,2012,5(2):265-278.

O'Halloran,Robert M. Managing major sports events: theory and practice[J]. Tourism Management,2014(43):89-90.

Tallman T A,Iv W F P,Telban D J,et al. Spectator risk at professional sporting events: an analysis of the cleveland clinic event medicine program[J]. Annals of Emergency Medicine,2005,46(S3):114.

Xu H W. On the transfer of major sports events risks into commercial insurance[J]. Advanced Materials Research,2013(8):1052-1056.

Zhou H Z. Study on the risk of big-scale sports events[J]. Advanced Materials Research,2011(422):739-742.

第八章

户外运动俱乐部风险管理

俱乐部是户外运动的重要组织载体之一,在以团队协作为显著特征的户外运动中,其广泛开展包括登山、攀岩、徒步、溯溪等户外运动项目。户外运动参与者通过营利性或非营利性、实体存在或网络邀约形式的俱乐部相聚在一起,共同享受户外运动的魅力。然而值得注意的是,户外运动俱乐部也面临户外运动本身所伴随的风险性和不确定性。从俱乐部管理这一关键环节入手,充分了解其运作流程和风险机理,方能更好地发挥其平台作用,最大限度地把控风险,促进户外运动的健康发展。

第一节 户外运动俱乐部概述

从狭义和广义两个方面,对俱乐部的定义有所区分。狭义的俱乐部是指在社会地位、收入、兴趣爱好、职业、居住地等方面具有一定相同特征的人,自愿组成或加入的、非营利性的且通常规模较小的会员制组织,这类组织通常也具有一定私密性,会员间往往共担活动成本。狭义的俱乐部功能比较单纯,其概念更接近早期俱乐部诞生之时的形态,功能亦较为单纯。目前国内的一些骑行协会、"驴友"平台之类的社团及组织,虽然未以"俱乐部"来命名,但其性质仍属于狭义户外运动俱乐部一类。然而,随着俱乐部会员增加,规模扩大,私密性降低,转为以营利为目的时,其狭义意义便在一定程度上被削弱。广义俱乐部涵盖了狭义俱乐部的概念,以会员制为主体或主要经营方式,既包括接近狭义意义的非营利性组织,也包括了具有俱乐部性质的营利性组织。当前我国户外运动俱乐部已然分化出营利性和非营利性两类,广义户外运动俱乐部的定义相对更具适用性,因此本章节采用这一定义进行论述。

一、户外运动俱乐部起源与发展

俱乐部是一个外来词,最早的俱乐部诞生于几百年前的英国。因为共同爱好或一些其他关系,一些人群需要经常聚在一起。为了使大家的交流和活动的开展更加便利,一个专门的聚会场所成为了这群人的客观需求。于是他们为了这一目的而共同买下了一个咖啡厅。这个咖啡厅就作为一个实质上的雏形慢慢发展成为了早期的俱乐部。随着社会的发展进步,人们的消遣方式也日渐多样化,俱乐部这一特殊的集会方式也愈来愈为大众所接受,以欧美地区为主,各式各样的俱乐部开始流行。

体育俱乐部是一种特殊的组织形式,通常指对某一体育运动项目有着共同爱好的一群人,有组织地聚集并进行一定的体育活动,并且拥有较固定的活动场所和人际关系圈。相对于体育俱乐部的定义而言,户外运动俱乐部范围更小,可被理解为拥有户外运动爱好的人们聚集在一起,共同在野外环境中开展登山、攀岩、徒步、溯溪、山地车等户外运动项目,以强身健体、感受自然和挑战自我等为目的,根据一定的组织计划进行活动的一种体育组织形式。

户外运动俱乐部,也可以理解为一种户外休闲旅游的组织形式。户外运动俱乐部爱好者之间的联系主要依靠现代通信工具,如移动电话、网络等。随着20世纪90年代中后期我国互联网建设的普及,网络逐渐成为了作为户外运动爱好者之间进行联络的主要工具,在虚拟社区中,大家可以以发帖的形式进行活动发起、召集成员、讨论行程、汇报财务收支等类似于俱乐部职能的工作,这种便利的形式迅速得到了户外运动爱好者们的普遍认同,越来越多的爱好者们注册加入,逐渐形成了专业的户外运动俱乐部网络论坛。随后,在市场经济的浪潮下,一部分成立之初为非营利性质的网络论坛所蕴含的商业价值被投资人及部分会员所发掘。在这群人的推动下,一些户外网站、论坛等进行了进一步的商业化转型,在组织和服务上表现出更强的专业性,并且得到了户外运动爱好者们更加广泛的认可,在规模和服务上也迅速壮大和扩展。网站、论坛的经营者通过不断的摸索,也使得运营方式得到了逐渐的完善。

户外运动俱乐部应市场经济发展的需求而生,在近几年蓬勃兴起。1989年4月1日,北京大学山鹰社成立,成为国内首家以登山、攀岩为主要活动的学生户外运动社团组织,也是户外运动开始走向群众并日渐普及的标志性事件。同年,有人在广州模仿国外户外俱乐部的形式组建了第一个民间户外运动社团。此后,我国的户外运动开始升温。截至20世纪末,全国仅有数家商业户外运动俱乐部。但在21世纪到来后,我国户外运动俱乐部的数量迎来了爆发式的增长。根据户外运动资料网的数据整理统计,截至2006年底,拥有实体的商业户外运动俱乐部及相关组织已经超过千家,2012年以后,营利性户外运动俱乐部和非营利性的户外运动俱乐部更是不计其数。2018年,达到一定标准和规模且在中国登山协会正式注册的俱乐部已有397家。

二、户外运动俱乐部分类及其运作流程

随着社会不断发展,人们参与户外运动的需求越来越大,户外运动俱乐部数量也随之增加,其形式之多样也是不胜枚举。有职业化的户外运动俱乐部,也有业余性的;有些俱乐部仅负责组织、开展某一单项户外运动,如皮划艇、攀岩、自行车等;有些俱乐部则是同时涉及多个户外运动项目,具有一定的综合性。当前我国的户外运动俱乐部最常见的几种形式:通过QQ群、微信群等网络平台所构建的户外运动爱好者群组;成立于规模较大的事业单位或学校内部体制下的户外运动社团;通过民政部门注册的民办非户外运动性质的户外运动社团;工商局进行注册,能够合法商业性运营的户外运动性质的户外运动俱乐部公司等。如表8-1所示,户外运动俱乐部主要分为营利性和非营利性两大类,而根据其不同的运作模式,又可进行进一步的细分。

表8-1 户外运动俱乐部运作模式分类(据吴倩倩,2013)

性质	分类明细	运作模式	典型俱乐部举例	主要目的
营利性	捆绑式	俱乐部+户外用品店+网站	三夫户外、飞思拓户外俱乐部	户外用品销售
	培训式	俱乐部+培训拓展	海南极域户外运动俱乐部	素质拓展
	单一式	户外用品销售、户外活动组织	沈阳勇者户外运动俱乐部	销售、活动
非营利性	网络虚拟式	网络交流平台、论坛等	户外资料网论坛、磨坊等	户外体验
	自发式	QQ群约伴、活动跟帖	驴友网、户外群等	户外体验
	高校登山队	高校户外登山协会	北大山鹰社、登山队等	户外体验
	临时性	单次活动的组织	某一个活动贴	户外体验

(1)营利性户外运动俱乐部大致可细分为三种:其一是将俱乐部与户外用品店、网站等进行捆绑式运营,通过组织开展户外活动,带动相关户外产品销售以获取利润;其二是从事特色拓展和培训项目的户外活动经营户外运动,主要通过户外装备设施销售、提供拓展训练服务等盈利;其三是仅经营户外用品或仅组织户外活动的单一式运作俱乐部。前者以户外用品店为主要盈利途径,其运营风险一般相对较低,后者一般不经营户外运动用品,而主要通过组织、开展各类户外活动进行盈利。

(2)非营利性户外运动俱乐部建立在对户外运动的热爱和自愿参与之上。完全非营利性的户外运动俱乐部,类似于自助游形式,坚持纯"AA制"模式运作。大多数通过网络论坛发帖等组织活动,主要包括户外网络论坛、驴友群、网络虚拟俱

乐部以及高校户外运动协会等模式。

（一）营利性户外运动俱乐部运作流程

营利性户外运动俱乐部的营利性清晰地体现在其运作流程之中，从户外运动俱乐部主体角度出发，首先以市场调研的方式对目标群体进行定位，然后对目标群体进行产品设计和服务咨询；其次进行市场推广、产品宣传销售、开展服务等工作；最后针对各个活动进行相应的效果评估和信息反馈。其整体运作流程由管理机制、经营运作机制和反馈机制所控制，如图8-1所示。

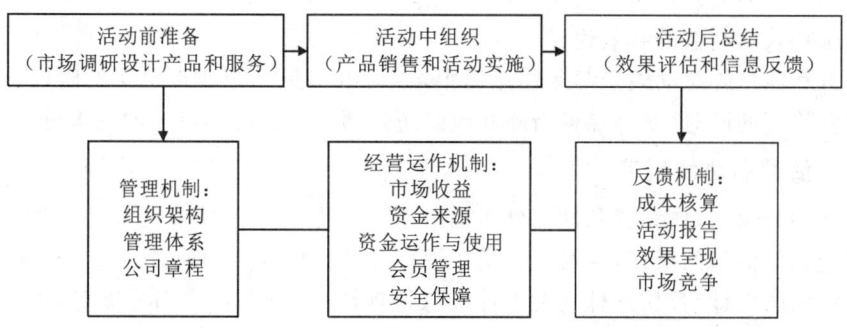

图8-1 营利性户外运动俱乐部运作流程（据吴倩倩，2013）

1. 活动前准备工作

活动前准备阶段，营利性户外运动俱乐部的工作重点在于市场调研和产品设计。例如，有些规模较大的捆绑式经营俱乐部会首先利用其庞大的客户群体，设计诸多具有特色的户外运动线路和活动，其次再从户外装备连锁店业务出发，来达到产品销售和市场推广的目的。作为商业公司性质的营利性户外运动俱乐部必须具有严格而完善的俱乐部章程、组织架构、管理体制以及安全保障体系等。此外，作为顺利运营的前期准备，俱乐部自身管理体系的建立也是重要环节之一。俱乐部的经营运作，不仅需要充足的资金支持，还需要配备具有相应资质的户外运动领队、教练以及管理人员，因此户外运动俱乐部领队的资质认证和严格选拔聘用是非常必要的。而开展素质拓展或高危户外运动项目的俱乐部领队更是需要具备专业的户外技能和应急处理能力。

户外参与人员的知识技能培训，也是俱乐部活动前准备工作的重点之一，尤其是营利性户外运动俱乐部。做好户外知识和安全自救技能的培训与讲解等，提升参与者安全意识，能够为户外活动的顺利开展提供更进一步的保障。

2. 活动中组织实施

以盈利为目的户外运动俱乐部,需要设置有相应的营销部门,负责活动的费用管理和资金核算等工作。日常经营中,俱乐部的盈利途径主要包括三种,并根据运作模式的不同而各有侧重:其一是收取一定的会费,通过组织活动获取会费盈余,达到盈利目的;其二是做好户外运动产品的销售,这也是俱乐部最重要的一项经济利益,户外运动产品销售还包括实体店和网站销售等不同形式;其三是素质拓展业务,通过设计拓展项目方案进行营销,以户外运动员工培训等形式的产品,获取培训费等收入。此外还包括会籍管理、市场营销、产品宣讲、户外培训等,都是户外运动俱乐部获取利益的有效途径。

营利性户外运动俱乐部运作流程中,活动组织是一个非常重要的阶段。在做好经营管理的同时,安全保障措施和风险防范预案也是必不可少的一部分。

3. 活动后总结反馈

活动结束后,作为营利性户外运动俱乐部要做的第一件事就是进行收支核算和资金运作信息的反馈,并对经营模式进行总结。户外活动项目的销售情况、户外活动线路的设计情况、户外突发事件应急处理情况,以及客户满意度等,也要加以总结并形成活动报告备案。

从营利性户外运动俱乐部运作流程来看,其营利性主要体现在产品销售和经营之上,盈利来源主要包括会员会费收取、户外运动装备和产品的销售、素质拓展培训费收取以及一些广告赞助等。多种模式下,户外运动俱乐部在营利方式这一环节上存在差异,因此在运作流程的设计上也非一概而同,应有所区分和侧重。

(二)非营利性户外运动俱乐部运作流程

户外运动在我国的发展历程中,业余爱好者自发采用"AA制"形式组织了我国早期的大部分户外运动俱乐部。然而,在户外运动飞速发展的背景下,为确保户外活动中对参与者的约束和安全保障,俱乐部对会员的管理和会员对俱乐部章程的遵守同样成为非营利性户外运动俱乐部运作中需要重视的地方。非营利性户外运动俱乐部主要运作流程的管控从活动组织召集形式、活动项目开展和信息总结反馈角度进行,如图8-2所示。

1. 活动前准备工作

非营利性俱乐部的主要职责是审核发起人或参与者共同制定的活动日程安排、活动计划方案,配备必要的户外通信设备和救援设备。组织包括登山、露营、徒步、骑行、攀岩、溯溪、漂流、速降等户外活动,以及户外运动知识讲座、野外医疗知识讲座、户外影片欣赏等各类延伸的社交活动,还包括发起或组织参加国内外的各种户外活动、赛事和比赛项目等。非营利性俱乐部主要通过事先的网络论坛、"驴

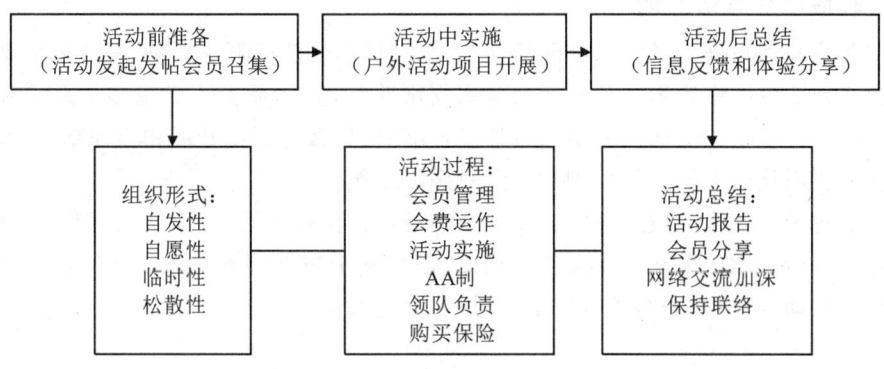

图 8-2　非营利性户外运动俱乐部运作流程图（据吴倩倩,2013）

友"群等渠道召集会员,这种组织形式具有一定的自发性和自愿性,但同时也有较强的临时性和组织松散性等弊端。为提升会员对俱乐部的信任和参加活动的兴趣,一般采用"AA 制"原则,费用公开透明。

因非营利性户外运动俱乐部组织机构管理较为松散,若要确保活动的顺利开展,活动前的准备显得尤为重要,参与者之间需要就活动中的技术操作、安全救助、后勤保障等事宜进行深度的讨论并达成一致意见,甚至应在活动前集体开展或参与相关户外安全知识讲座和技能培训。

2. 活动中组织实施

非营利性户外运动俱乐部在活动实施过程中,以完成某次户外体验为主要任务。户外运动与传统的旅游定义有根本的不同,要求参与者勇于挑战自我、尊重和爱护自然,并具有强烈的团队意识和安全意识。而户外运动存在一定的危险性,在委任或聘请专业领队的情况下,活动中应以领队为核心,服从安排和指挥,安全地进行户外运动项目。另外,参与者之间还需要做到相互信任,如果没有彼此间的相互信任和帮助,参与者相互之间认识度不够或者根本不熟悉,会极大地增加人为风险因素,在本就包含一定环境风险的户外活动中就易存在诸多安全隐患,甚至丢失性命。

随着当前户外安全事故的频繁发生,户外活动意外事故保险亦引起广大户外爱好者和户外"驴友"、背包族等人群的关注,在营利性户外运动俱乐部活动中保险的购买基本已成为风险管理的必备流程,在非营利性户外运动俱乐部组织的活动中,及时提醒大家购买专业的户外保险,也是为俱乐部活动能够顺利地开展做好预案。

3. 活动后总结反馈

非营利性户外运动俱乐部的活动至完成阶段,若活动开展顺利,只需要活动组织者或领队以网络等形式公开活动费用支出明细即可,而无需做过多的总结和核算工作。但若不幸遭遇户外活动意外安全事故,那么在活动开展和活动结束阶段,往往需要面临较多的事故处理和应急救援等工作。

对我国户外运动俱乐部的运作流程进行综合比较之后,可以认为营利性、非营利性户外运动俱乐部在程序上整体相似,都是基于户外活动组织过程时间序列实施户外活动,在户外安全管理方面,同样差异甚微。

第二节 户外运动俱乐部风险形成机理

户外运动俱乐部的职责是组织、推广户外运动以及指导人们正确参与户外运动。户外运动中诸多项目本身即存在较高的风险性,户外运动俱乐部因此也同样面临着诸多风险。了解这些风险及其形成的机理,是进行风险管理的重要前提。

一、户外运动俱乐部活动各阶段事故形成机理

户外运动俱乐部风险管理中存在着多种因素,运用扎根理论[1],可将影响户外运动俱乐部安全事故的因素归为爱好者个人因素、气候环境因素、俱乐部自组织因素、管理机制因素、户外运动制度因素五个核心范畴。每个范畴又涵盖了多种促成因子。

以俱乐部活动前、中、后三个阶段的时间序列为主线,结合不同时期的事故促成因子,各阶段安全事故形成机理剖析如图8-3所示。

(1)在活动筹备阶段,户外运动爱好者通过户外运动联盟、协会或其他形式的户外运动组织,结成"驴伴"从事户外活动。一方面,当前户外运动组织,尤其是非营利性户外运动组织的资质认证机制不健全,潜藏了一定的事故风险;另一方面,在出游前,相当数量的爱好者、"驴友"是通过网络发帖形式组织出行,相互之间不一定熟悉,这也为事故发生后的应急救助环节埋下了安全隐患。另外,一部分户外爱好者在行前未做好充分准备,基本的装备不足,对目的地基本状况不熟悉,自身身体状态不佳,甚至不购买相应的专业保险,这些也为事故发生酝酿了条件。

---

[1]扎根理论(Grounded Theory)是质性研究方法中的一个类型,被视为质性研究领域中较为科学的一种方法。研究开始前一般没有理论假设,而是带着研究问题,直接从实际观察入手,从原始资料中归纳出概念与范畴,然后上升到理论,是一种从下往上建立实质理论的方法,是先有一个待研究的领域,然后自此领域中萌生出概念、范畴和理论。

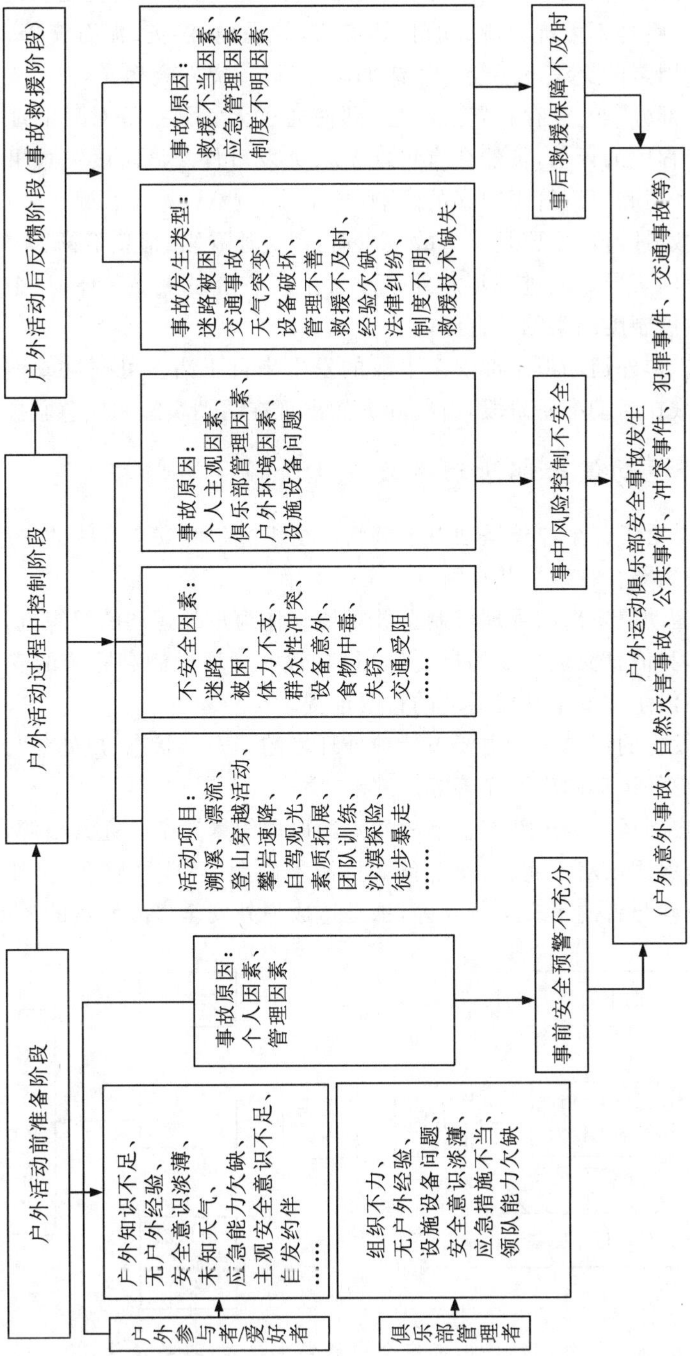

图8-3 户外运动俱乐部安全事故形成机理(据吴倩,2013)

(2)在户外活动实施阶段中,事故的促成因子因参与活动的类型不同而具有一定的复杂性,主要是不可抗力造成的自然灾害,如暴雨、洪灾、泥石流等,一些自然条件在与个人因素的交织下还会产生诸如高原反应、突发疾病、体力不支等事故促成因子。因为部分"驴友"存在冒险心理,即使通过天气预报等对目的地安全状况已经做了一定程度的评估,依然会有可能遭遇突发事件。该阶段灾难事故的发生主要受个人、环境和组织管理因素的影响。

(3)事故救援阶段,主要是指事故发生后,因交通受阻、信息不畅、天气变故、应急技能欠缺等因素导致的进一步意外事故发生。该阶段主要受环境、个人、管理,以及俱乐部救援制度因素的综合影响。

总的看来,户外运动俱乐部安全事故的发生来自于诸多可预见或不可预见的因素,有些潜藏在活动准备阶段,有些则突然出现在活动实施和应急救援过程中。

二、户外运动俱乐部活动事故发生阶段主要特征

图8-4描绘了整个户外运动俱乐部活动组织过程和安全事故的主线,在户外事故发生阶段主要存在以下几点特征。

(1)户外运动俱乐部的管理机制至关重要。作为户外运动的组织方,俱乐部承担着活动载体和信息交流平台的重要作用,有效的管理机制和完善的安全保障机制是户外运动俱乐部安全开展活动的首要前提。

(2)事故发生的促成因子主要包括户外环境的不安全状态、户外参与者自身的不安全行为、户外运动制度不完善等。

(3)促使户外运动俱乐部安全事故发生的原因纷繁复杂。究其根源,户外运动俱乐部的安全保障策略不完善、安全预警机制不健全、环境气候突变、教练员应急技能欠缺以及参与者的不安全行为等,都是造成户外安全事故发生的诱因。

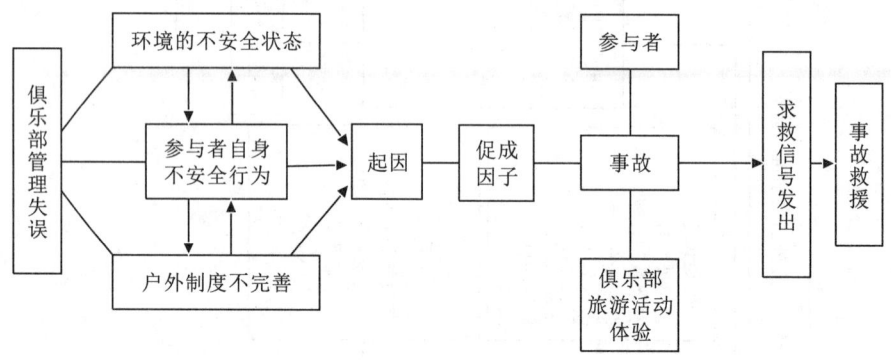

图8-4 户外运动俱乐部安全事故发生机理(据吴倩倩,2013)

第三节 户外运动俱乐部风险应对策略

本书第三章将户外运动风险的来源分为了人的风险、物的风险、环境风险以及项目风险。其中,人的风险又包含组织者风险、消费者风险和外部服务者风险;物的风险包含公共物品风险和私人物品风险;环境风险包含自然环境风险和社会环境风险等。从另一个角度来看,亦可将户外运动俱乐部风险划分为户外运动风险(组织管理机制和运行模式)和组织户外活动过程中存在的风险两大方面。

两种分类方式既有重合之处,也有其不同的适用范围,如组织管理风险大部分可归因于俱乐部中人的因素,但直接划入又难以详尽阐述。鉴于户外运动俱乐部组织管理因素的重要性,以及俱乐部管理作为较宏观层面。不仅为活动前的准备做铺垫,还包括诸如活动中的外部保障、活动后的反思复盘等多个环节。故本节中将户外运动俱乐部户外运动风险单独列举进行重点讨论,对活动组织风险则依据具有普适性的风险管理操作程序进行简要阐述。

一、户外运动俱乐部风险管理策略

(一)规避法律风险

户外运动安全事故一旦发生,可能产生民事责任、行政责任甚至是刑事责任。

民事责任。俱乐部法律风险中最有可能承担,或者承担最多的法律责任。诸多媒体报道的户外事故归责问题,基本上都属于民事责任。

行政责任。如《全民健身条例》(2009年10月1日施行)第三十六条规定:未经批准,擅自经营高危险性体育项目的,县级以上地方人民政府体育主管部门有权要求责令改正;没收违法所得;并处罚款。第一批高危险性体育项目目录于2013年公布,包括:游泳、滑雪(高山滑雪、自由式滑雪、单板滑雪)、潜水、攀岩。未经许可经营就会面临行政处罚。

刑事责任。俱乐部风险中较少出现的法律责任,此处不做过多说明。

因户外运动具有一定的风险性和事故发生的不可预测性,俱乐部须对法律风险合理规避,具体建议如下。

1. 俱乐部改制为独立法人

户外运动俱乐部开展的业务主要是户外运动、拓展训练等,业务主管部门为体育行政部门,而登记主管部门为民政部门。依照《民办非户外运动单位登记管理暂行条例》的规定,颁发的登记证书有《民办非户外运动单位(法人)登记证书》《民办非户外运动单位(合伙)登记证书》《民办非户外运动单位(个体)登记证书》三种,如果不是法人登记证书的,宜依法改制,变更为法人登记证书。因为按照法律规定,独立法人以注册登记的财产限额承担有限责任。(法人)登记证书的投资人承担的是有限责任,不承担无限责任,例如俱乐部注册资金为10万元,发生事故需要赔偿时,就在10万元限额内赔偿,若不够赔偿可申请破产。而持合伙登记证书或者个体登记证书的俱乐部,投资人承担的则是无限责任,无法申请破产,一旦发生事故,极有可能背负远超自身能力的债务。

2. 严格领队和教练选任

国务院行政法规《全民健身条例》第三十一条第三款规定:"国家对以健身指导为职业的社会体育指导人员实行职业资格证书制度。以对高危险性体育项目进行健身指导为职业的社会体育指导人员,应当依照国家有关规定取得职业资格证书。"户外运动俱乐部的领队需要有领队资格,这是法律层面所明确要求的。

户外运动在国内蓬勃发展,不论是出于爱好还是盈利,一些不具领队资格的人员自发组织户外活动的事件时有出现,为户外运动的健康发展埋下安全隐患。近年来,接连发生的事故清楚地表明,除去参与者个人安全意识不足外,一个不称职的领队往往成为事故发生的主要因素。例如北京"夏子"北灵山失温死亡一案,若组织者有相应资历和经验,就不应改变路线将同行者引至自己既不熟悉又危险的境地。

户外运动是一项高风险的活动,对领队的户外知识、经验体能、判断能力、应急处理等方面都有很高的要求。对"驴友"个人自发组织的户外运动,发起者没有领队资历,不能够算是过错,但如果是俱乐部组织户外活动,而领队没有领队资格和经验,那对于专业的户外运动俱乐部而言就属于重大过错了。在活动过程中,领队是否有明显违反户外活动规律的决策?是否因疏忽大意或过于自信将队伍置于险境?这些都是事后衡量其是否需要承担民事责任及责任大小的重要依据。所以,俱乐部在组织户外运动时,一定要审查领队是否有相关资历和经验,一定要由具有领队资历的职业领队来带队,以保证户外运动的安全,降低风险,避免损害发生。合格的领队能够有效应对大部分风险,防止事故的发生。

3. 线路精密设计,尽到安全保障义务

《侵权责任法》第三十七条规定:群众性活动的组织者,未尽到安全保障义务,造成他人损害的,应当承担侵权责任。因第三人的行为造成他人损害的,由第三人承担侵权责任;管理人或者组织者未尽到安全保障义务的,承担相应的补充责任。户外运动俱乐部作为户外活动的组织者,如果没有尽到安全保障义务,就有可能承担赔偿责任。

要求俱乐部承担安全保障义务,一方面是收益与风险相一致原则。俱乐部尤其是营利性俱乐部组织户外运动并从中受益,就要承担一定的风险,对每一位参加者尽到安全保障的义务。另外一方面是危险控制理论。俱乐部作为专业的户外运动组织,要求比其他人更具有专业的知识和技能,更能预见户外运动过程中哪些场所或地点可能发生的危险和损害,更有可能采取必要的措施,以防止损害的发生或减少损害的扩大。俱乐部要履行的安全保障义务主要包括危害预防义务、危害控制义务和救助义务。

危害预防义务方面,可通过一些警告、提示等方式在网站平台公示,使户外运动参加者认识到危险的存在,具体如下。

(1)明示活动参加者的基本条件和要求。例如,未成年人参加户外运动必须有监护人陪同;罹患疾病或者身体健康状况不适合的人不得参加。

(2)公示详细的活动方案(包括活动日程、行进线路、运动强度、技术难度、物资准备等),明确要求参加者对自身健康状况和户外技能状态进行合理评估,在确认合适的情况下参与本次活动。

(3)公示本次活动可能遇到的主要风险以及防范措施和方法。比如,对滑坡、泥石流风险,就要避开危险区域;对蚊虫、毒蛇风险,就要提醒携带驱蚊水,行进时通过绑扎裤脚、打草惊蛇、及时治疗等进行防范。

(4)公示提醒活动期间的气象预报及需要携带的专业装备等。

(5)召开行前会,再次以书面形式提醒活动风险和相关安全注意事项,确保尽到风险告知义务。

危害控制义务主要有以下几个方面。

(1)选择通行车辆安全性能良好、证照保险手续齐全,禁止携带易燃易爆物品上车。

(2)提示或代参与者购买户外运动专业保险。

(3)根据实际需要,配备相关协助人员、急救药品或救援设备。

(4)对高风险、专业性强的户外运动,俱乐部应与参加者签订书面的《户外运动协议书》,要明确俱乐部所提供的技能指导说明及专业协作事项;约定与收费相对应的合理限度范围内的安全保障义务;约定参加者必须购买俱乐部指定的人身意外伤害保险险种和份额;约定免责范围事项等(如包括自然力致害风险、户外运动固有风险、自身所致风险等)。

救助义务主要有以下几个方面。

(1)现场救助。当危害实际发生时,要对受害人现场及时救助,包括及时脱离危险环境、检查伤者受伤情况、及时包扎、合理转移,甚至采用心肺复苏等手段紧急施救。

(2)请求援助。及时拨打户外救援电话,及时拨打120、110以及当地救援队联系电话,汇报事故地点(在户外环境尽可能提供经纬度等定位信息)和伤者详细情况,便于救援力量的准备,并尽可能转移至相对安全、便利处等待救援。同时还应协助公安机关、救援队伍勘察现场,保存证据,为后续定责等问题提供方便。

(二)积极参与资质认证,完善组织机构

2019年颁布的《中国登山协会户外运动俱乐部管理办法(修订版)》对于申请注册成为A级户外运动俱乐部,要求有较规范的章程、组织机构和内部管理制度(如《环保制度》《会员管理制度》《安全管理制度》《活动组织规范》《技术操作规范》等),并能严格执行。俱乐部经营者应充分了解通过资质认证的优越性,通过参与资质认证完善俱乐部内部机制,使俱乐部更具规范化。

规范内部组织结构完善各部门人员配备方面,尤其是营利性户外运动俱乐部,应规范设立执行部专门负责户外活动的组织和开展、应急救援部专门负责户外安全保障和事故救援工作、后勤部专门负责物资采购和装备的维护与管理工作。各部门人员配备应尽可能完善,工作内容及工作职责也应具体落实到个人。

同时,各户外运动俱乐部应依据规定的人员配置标准,合理构建自身的组织结构和人员分工,尤其对于承担风险防范职能的部门以及人员要进行明确的安排,并根据政策要求及时将组织人员报备至体育局等相关监管机构。对于监管机构依据备案信息定期进行的检查与监督工作,俱乐部也应积极配合。

(三)完善并实施户外运动俱乐部安全培训制度

1. 领队和教练安全培训

领队和教练是风险管理执行中的核心人物,其领导能力、协调能力、专业技术、经历和经验、对风险的判断和决策能力等在风险管理和险情的处理中起着至关重要的作用,从业机构在选择领队时,应重点考量其个人全面情况包括技术、执行力、经验等全面素质,以及是否具有国家职业资格认证的资质。

由于领队和教练所处的重要地位,从业机构不能只单方面地增加其承担的责任,也应给予关怀和支持,安排其深造学习机会,使其不断提高业务素质。俱乐部领队和教练进行户外活动组织实施工作前,必须通过专业的领队和教练培训并取得合格证。除专业技能外,领队和教练培训必须包含户外风险管理内容、灵活运用风险管理表等工具,提前将事故因子扼杀在摇篮之中。在已正式聘用领队和教练后,也应定期对其组织开展阶段性培训,除了技术技能外,尤其需要对户外安全风险管理进行针对性强化培训,增强领队和教练风险把控的系统性和规范性,防止其对户外风险防范产生懈怠。同时还可增加案例回顾与分享环节,增加领队和教练对户外安全风险的警觉性。

2. 消费者安全培训

户外运动俱乐部服务于户外运动消费者(非营利性俱乐部户外活动参与者虽不向俱乐部付费,但因为参与活动而产生了其他消费,因而也可归为户外运动消费者之中),在户外活动中保障好消费者的安全就成了户外运动俱乐部风险防范最主要的目的。因此,除了定期组织领队和教练进行专业性培训学习外,消费者户外安全培训制度也是俱乐部所必须重视并落实的。对于新加入俱乐部的消费者,首先要对其个人情况要有充分的了解,将基础的户外安全知识和技能培训作为后续活动开展的前置准备环节。每次活动前也应组织有消费者参与的行前会议,并依据该次活动内容对风险和相关注意事项进行说明,涉及技术操作的也应专门进行培训。日常工作中,还应将组织开展户外消费者的学习交流活动纳入定期计划,使其在这种活动中不断提升风险防范意识和风险认知能力。

(四)建立并实施户外运动俱乐部安全防范制度

安全管理制度要具体、细致、便于执行,同时应落实责任到人,将执行的状态和效果与相关责任人的利益挂钩,保证制度的执行效果。

1. 建立俱乐部户外运动风险信息库

信息资料的搜集整理包括活动经验、外部信息等,以此建立详实的档案库,为活动规划过程中各个步骤提供重要参考。

(1)活动目的地资料:包括活动目的地的自然环境和交通、医疗条件、救援力量等。尤其在自然环境方面,要着重了解当地的地理地形、气候、季节、水文、自然灾害等方面的资料。

(2)全国性资料:中国登山协会自2007年起,每年均会发布中国内地登山户外运动事故报告书,对我国户外事故发生的状况、原因、地理分布、防范措施等进行了详尽的统计和分析,具有较强的指导作用。

(3)俱乐部以往活动资料:对俱乐部以往活动中的事件进行记录、总结和评估,能够有针对性地修正安全控制手段、提升安全管理水平。该类资料的整理应包含在每次活动的风险管理方案之中。

2. 制定风险管理方案

建立一个完整的户外运动风险防范方案,需要依据项目日程等安排,对参与者、环境、设备等各方面的风险因素进行针对性考量。活动开始前,根据活动实施方案进行风险识别和风险评估,制定出详细的风险防范计划,然后依据该计划制定合理的活动预案;活动期间,按照预先制定的风险防范计划和活动预案进行风险预防,确保户外活动的安全进行;活动结束后,则应根据计划和预案的实际执行情况,做出有针对性的反馈与总结,以作为下次活动的参考。户外运动风险防范流程中还应包括每次活动后对事故和装备损耗的情况进行记录,建立完善的事故信息及装备管理信息记录制度。

户外运动俱乐部的风险管理工作非一劳永逸之事,除了每次活动的风险防范工作之外,定期的风险管理资料整理也十分重要。在这些资料的基础上,对以往活动中的风险事故的发生情况、发生原因、处理方式等,以及在某次活动中对风险管理好的地方进行总结。教练员和领队之间再组织对这些资料进行交流学习,以此进一步提高后续活动中风险管理方案的质量,不断提升活动的整体水平。

(五)组织建立户外运动救援系统

户外运动风险客观存在,不可能被完全消除,风险防范实施的意图也并非完全消除户外运动风险。若在户外活动中不幸遇险,为了最大限度地降低所造成的损失,及时有效的救援是必不可少的。

为了保证救援工作的高效性,除了单个俱乐部的相关应急预案之外,各地区户外运动俱乐部应进行联合,组建一定规模的户外运动救援系统以应对某个区域内突发的户外安全事件。首先,地方登山户外运动协会应当牵头,下属户外运动俱乐部进行救援人员推选,集合各俱乐部专业能力较强者组建救援队,再通过优中选优的方式派送核心人员参与中国登山协会所开办的户外运动救援培训,获取专业救援资质,归队后负责救援队指导与管理等工作。同时还应积极联络专业讲师,为下属户外运动俱乐部的其他救援相关人员提供培训与学习机会。户外运动俱乐部中有实力者可以组建自己的户外运动救援队,规模较小者,也可以组建救援小组,俱乐部救援系统之间应进行沟通合作,形成初步区域性救援体系,并定期组织救援体系内人员进行培训交流。在此基础之上,还应积极联络当地政府部门,将户外救援体系与公安、消防和医疗体系建立联系,在发生户外风险事故时,做到统一指挥、相互协作、信息畅通、资源共享,快速有效地进行救援行动,形成具有区域特色的救援系统。

二、户外运动俱乐部风险管理操作程序

户外运动俱乐部风险管理操作程序作为一个先行的作业程序,是将现代风险管理理论与户外活动组织实施的特点相结合,归纳户外运动中的风险特点以及解决问题的方法而建立的一套标准作业程序。风险管理操作程序包含三个基本步骤:建立风险管理计划、执行风险管理计划和管理风险管理计划。

(一)建立户外运动俱乐部风险管理计划

户外运动俱乐部风险管理的核心是借鉴风险管理技术对户外运动中外在的和潜在的风险进行有效的界定,合理的分类和准确的特征描述,对多种风险因素同时

形成的复合效应进行评估,并提出处理风险的方式。一份完整风险管理计划的建立应包含三个步骤:风险识别、风险评估和风险应对。

1. 风险识别

风险识别,即风险主体对所面临的风险以及潜在风险加以判断、归类和鉴定性质的过程。风险识别包括确定风险源产生条件、描述风险特征和确定可能影响项目进行的风险因素。头脑风暴、专家调查等是风险识别过程中常用的基本方法。

2. 风险评估

风险评估指在已经完成风险识别的基础上,用定量和定性分析相结合的方法,对所有不确定性和风险要素进行分析,估计和预测风险发生的概率以及损失的程度。户外运动俱乐部在户外活动组织过程中的风险评估内容应包括以下几个方面。

(1)风险的存在和发生时间分析。即风险可能发生在哪个阶段,哪个环节。如在一次户外活动中有岩壁速降之类的环节,擦伤往往在该环节上发生。

(2)风险的影响和损失分析,即风险后果的严重程度及可能带来的人身、财产损失。在实践中,某些风险(如地质灾害等造成人员死亡)发生的概率很小,但一旦发生会产生严重后果及极其恶劣的影响。

(3)风险发生的可能性分析,通常用概率表示其可能性的大小。

(4)风险级别的区分。根据风险发生的影响程度和可能性大小进行计算,进而划分风险等级,可便于梳理出风险的轻重缓急,突出重点以便于管理。

(5)风险可控性分析。有的风险是可控的,如在活动开展前周到细致的检查工作,可以避免使用已损装备、物资携带不足等造成的风险;有的是不可控的,如即使查阅了气象预报也不能完全避免自然灾害等不可抗力的风险。

3. 风险应对

这是建立风险管理计划的最后步骤,一般包括风险回避、风险转移、风险控制、风险自留等策略。

(二)执行户外运动俱乐部风险管理计划

执行风险管理计划是户外运动俱乐部风险管理的第二个步骤。其关键就是对于户外运动俱乐部内部沟通的重视,只有保证内部沟通的精准性和高效性,才能使得每一位员工都能够明确自己在风险管理计划中的位置,需要完成的任务,以及需要担起的责任。最有效的沟通方法之一,是先使教练员间达成程序上的共识,如将该俱乐部的风险管理计划内容与流程作为新教练员的岗前培训及考核内容;其次,还要在每次活动开展前进行具体化的职责分工和风险预测,并讨论出应对策略,提前加以准备,这一环节可以在行前工作人员会议中进行。

(三)管理户外运动俱乐部风险管理计划

管理风险管理计划是户外运动俱乐部风险管理的最后一个步骤。户外运动俱乐部应安排专门的教练员负责风险管理计划的管理。首先,这类教练员需要有丰富的户外活动经验,并且自身对户外活动风险管理有着高度的重视。其次,他们还必须充分掌握风险管理的方式和方法,尤其要对消费者心理风险有足够的认识和应对手段。风险具有可变性,风险管理计划也注定不会是一成不变的。因此,对户外运动俱乐部风险管理计划的进一步完善和发展也是管理该计划的重要任务之一。在每次活动中发现新的风险因素、应对措施,以及消费者关于活动风险的反馈等,都应当鼓励教练员进行总结与讨论,将这些经验和资料整理并运用在新的风险管理计划中,使之能够具有更广泛、更专业的适用性。

 参考文献与进一步阅读的相关文献

储国强. 武汉市商业性户外俱乐部户外运动风险防范研究[D]. 吉首:吉首大学,2017.

登山运动管理中心. 关于 2019 年度全国登山户外运动俱乐部注册及等级评定工作的通知[EB/OL].(2019-7-15)[2019-8-20]. http://www.sport.gov.cn/n316/n336/c917376/content.html.

国家体育总局职业技能鉴定指导中心. 户外运动[M]. 北京:高等教育出版社,2012.

国务院. 全民健身条例(2016 修订)[EB/OL].(2016-2-6)[2019-8-20]. https://duxiaofa.baidu.com/detail?searchType=statute&from=aladdin_28231&originquery=%E5%85%A8%E6%B0%91%E5%81%A5%E8%BA%AB%E6%9D%A1%E4%BE%8B&count=40&cid=cf997e483b3614b8db60c80d6a734b71_law.

户外运动俱乐部法律风险防范[EB/OL].(2013-9-30)[2019-8-20]. https://wenku.baidu.com/view/5c805e39fc4ffe473268ab17.html.

李俊,凌洁. 户外运动俱乐部活动组织的风险管理操作程序研究[J]. 浙江体育科学,2008(3):13-16.

吴倩倩. 户外运动俱乐部安全管控研究[D]. 厦门:华侨大学,2013.

中国经济网. 五部门公告第一批高危险性体育项目目录[EB/OL].(2013-5-2)[2019-8-20]. http://politics.people.com.cn/n/2013/0502/c70731-21345954.html.

Attarian, A. Trends in outdoor adventure education[J]. Journal of Experiential Education,2001,24(3):141-149.

Boyes M. Outdoor adventure and successful ageing[J]. Ageing and Society,2013,33(4):644-665.

Lekies K S, Yost G, Rode J. Urban youth experiences of nature:implications for outdoor adventure recreation[J]. Journal of Outdoor Recreation and Tourism,2015(9):1-10.

Meyer J P. Four territories of experience: a developmental action inquiry approach to outdoor-adventure experiential learning[J]. Academy of Management Learning & Education, 2003, 2(4): 352 – 363.

Mitten D. A philosophical basis for a women outdoor adventure program[J]. Journal of Experiential Education, 1985, 8(2): 20 – 24.

Sugerman D. Motivations of older adults to participate in outdoor adventure experiences[J]. Journal of Adventure Education & Outdoor Learning, 2001, 1(2): 21 – 33.

Weber K, Sport T. Outdoor adventure tourism: a review of research approaches[J]. Annals of Tourism Research, 2001, 28(2): 360 – 377.

第九章

户外运动法律风险

户外运动法律制度是一条隐形的"安全绳",完善的法律制度是户外运动健康有序发展的保障。相对于欧美户外运动发达国家,我国近年在法律制度完善和司法实务方面进行了诸多有益探索,如 AA 制户外运动事故的责任性质、归责原则、免责事由、责任分担等。但整体而言,我国户外运动相关法律制度的建设亟待加强。

第一节 户外运动的相关法律制度

一、国外户外运动法律制度现状

户外运动起源于 18 世纪的欧美国家,近年来这些国家的户外运动参与人数更是接近或超过了总人口数量的 50%,户外运动管理制度相对较为完善,那些有着较大伤害风险的户外活动,一般由专业程度较高的户外运动俱乐部或较大规模的旅游类户外运动来组织,有较强的风险管理能力。同时,涉及户外运动风险的法律制度也较为健全,从保障户外休闲权利的国家基本法(如 1963 年的《美国户外休闲法案》),到高风险户外项目的风险防范、事故责任等单行法,为我国户外运动法律制度建设提供了有益参考。

(一)美国

美国的户外运动和户外探险旅游较为发达,发展时间较长,民众参与程度较高,项目与活动内容也较为丰富。其较低的意外伤害事故发生率,得益于较为完善的组织管理和法律制度。美国户外运动和户外探险旅游已发展成为规模较大的产业(部分归属于旅游部门),户外运动和户外探险旅游的组织、户外运动和户外探险者的权利日益受到管理部门的重视,特别在户外运动和户外探险旅游的自然资源的开发、利用与管理,包括与这些公共地域相关的项目管理、安全保障以及基础设施建设等方面,均有较为完善的法律制度。如对儿童和青少年保护机构的土地资源管理;如在户外运动与户外探险治疗领域(Outdoor Therapy 或 Adventure Therapy),联邦政府管理部门、各州办事机构和地方行政机关均制定了非常严格

的审批制度,这些项目的营业执照须通过青少年司法局、青年服务局、教育部、家庭服务部等管理部门审核后才可以取得;户外运动教练员也有较高的准入门槛,通常需经过2~3年,甚至更长时间的专业培训,通过考核获得相应资质后方可进行户外活动的组织与管理;地方法律强制要求执行机构在户外伤害事故发生时,必须进行搜救;在热门的户外运动和探险区域建立综合服务站,及时将风险预警的实时动态信息通知户外运动和探险活动的组织者,向户外运动参与者提供安全保障服务,出售食品和药品,出租或出售帐篷、登山杖、睡袋、雪崩发射器等户外装备器材,选派专人负责露营区域的安全等。同时,对于户外运动发生的风险责任问题,在美国一些州也制定了单行法,如《滑雪责任法》《漂流责任法》等,明确了自甘冒险原则,一定程度上排除了经营者的责任,反映了国家立法对户外运动产业的支持(自甘冒险的内容,参阅本章第二节)。上述法律和管理制度有效地减少了户外意外事故的发生,保障了户外运动和户外探险旅游的安全、顺利进行,确保了户外运动与户外探险旅游安全保障的专业性。

另外,美国针对户外运动和户外探险旅游意外伤害事故的保险制度也较为完善。美国户外救援以专业救援公司为主,客户可以在保险公司购买实施紧急救援的保险,获得紧急救援卡。一旦在户外遭遇险情,即可及时与救援公司联系,核对投保信息后,救援公司专业工作人员立即前往最近的救援点组织救援,实施救援产生的相关费用由保险公司支付给救援公司。但如果未购买保险,则由遇险者自行承担所有的救援费用。因此,户外运动和户外探险参与者一般都有较强的保险意识,深知在户外发生意外事故的概率较高,救援和医疗费数额大,租赁的户外器材装备的赔偿也很高,所以他们在进行户外运动时,均会将投保事宜安排妥当。

(二)英国

英国作为现代户外运动的发源地,多年来政府制定了涉及户外运动的各种规章制度和法律条文,各郡(区)市也制定了关于户外运动的一些具体规定。例如关于户外钓鱼就有非常严格和细致的规定,目的在于保护鱼类,同时保障渔业的可持续发展。垂钓者必须遵循英国的相关规定,12岁及以上者必须办理钓鱼竿执照,严格按照所划定钓鱼区域的管理规定,禁渔区域或禁渔时期不得钓鱼。此外,对可同时使用的鱼竿数量、所使用的诱饵和渔网类型等钓鱼装置均有详细规定。在《户外狩猎和野生动物法》也规定了狩猎的时间、允许狩猎的动物种类、可使用的狩猎装备等,若违反相关规定可判处监禁并罚款。这样既保护野生动物不受伤害,又确保满足人们的户外打猎活动需求。英国也建立了相对完善的户外救援体系,包括海岸救援、山地救援和空中救援,有力地保障了户外运动的安全。

(三)澳大利亚

在澳大利亚,与户外运动和户外探险旅游安全关系最密切的法律主要集中在两大领域：一是与安全相关的法律；二是与看护责任有关的法律（类似于国内的《侵权责任法》），另外还涉及《雇佣法》《消费者权益法》《儿童保护法》《隐私权法》《渎职法》《民事责任法》《刑法》等，这些法律共同构成了澳大利亚户外运动风险事故处理的依据。如澳大利亚2002年实施的《民事责任法》规定危险性娱乐活动（包括了高风险的户外运动）组织者或运营者免责抗辩的基本条件：①受害人参与了该危险性娱乐活动，且该娱乐活动本身就存在重大伤害风险；②所受伤害是由危险性娱乐活动中的"显著风险"实际发生所致。2002年底，新南威尔士州率先将危险性娱乐活动条款写入《民事责任法》，对于许多高危险性的户外运动项目中发生的伤害事故，允许被告在原告因活动中的"显著风险"而受到人身伤害的情况下免责。新南威尔士州针对危险性娱乐活动的这一条款范本快速被各州侵权法所仿效，如昆士兰州2003年在《民事责任法》中做出了同样规定。再如澳大利亚有关看护责任的法律中，要求负有看护责任的甲方需采取合理关照措施，避免任何对乙方造成可预见性的伤害。这项法律规定与户外风险管理的关系非常密切：①"可预见性"意味着甲方须预先考虑可能发生的风险情形，即风险识别；②"合理关照"也意味着甲方须根据可能的风险情形，考虑如何规避或最小化可能的风险伤害后果。这是风险评估和风险应对。另外，看护的具体责任主体可根据各方关系的法律性质、乙方对甲方专业性的依赖程度及其他因素（如营销资料上的文字表述或合同条款）对看护责任的影响等。新南威尔士州还特别就国家森林公园中开展户外运动制定了《国家公园和野生动物（国家公园）规章2001》，为开展休闲娱乐活动的航空运动、水上运动等划定了专门区域，还规定了一些特定的户外娱乐活动需通过特殊许可方可进行，如第23(1)条规定："未经相关管理当局的同意，任何人不得①在岩石表面进行攀岩；②绳降；③悬挂式滑翔或任何其他类型的滑翔；④热气球运动；⑤操作模型飞行器或滑翔机；⑥滑沙，但划定的专门区域除外。"若在该州户外运动中受伤而引起民事责任纠纷，则按上述法律规定来确定户外运动组织者和参与者需承担的责任。澳大利亚国家公园对于户外探险经营者规定须强制保险，至少应购买两千万澳元的"公共责任保险"，以确保经营者及其客户在风险事故发生时得到相应赔付。

因此，户外运动法律制度就如一条隐形的"安全绳"，完善的法律制度是户外运动健康有序发展的有力保障，为户外运动中法律纠纷得到合法、准确、规范处理提供了法律依据。如1997年6月，一名英国登山者在攀登勃朗峰时遇难，法庭注意到尽管遇难者知晓登山途中的常规风险，但他付费聘请了登山向导，且充分信赖该向导技术的专业性，故该登山向导被法庭判处渎职，承担相应的责任。1999年7月，21人在瑞士的峡谷漂流中遇难（其中18名遇难者来自澳大利亚），法院因"未就危险对顾客进行预防性解释"而判决此次峡谷漂流的当地组织者"探险世界"6名员工涉嫌渎职导致过失杀人，判处2～5个月监禁，并罚款0.4～0.75万瑞士法郎。澳大利亚遇难者家属又向澳大利亚消费者协会申诉,要求此次漂流的澳大利亚组织方"康体柯假日旅行公司"对事故承担责任,法院依据《消费者权益法》,认定该旅行社在促销广告资料上的安全信息有误,且未对当地组织者的安全性做全面调查,对事故也负有间接责任。2007年一名13岁男孩在参加一次军营学员露营时,食用了内含花生原材料的沙爹牛肉餐包而因花生过敏致死。但露营前其父母曾给学校和露营组织方出具了孩子对花生过敏的书面警告,因此法院根据《澳大利亚职业健康与安全法案1991》,判处露营组织方澳大利亚国防军赔偿20万澳元。

二、国内户外运动法律制度现状

我国现行法律制度中还没有关于户外运动风险的单行或专项立法,目前主要来源于国家体育总局、中国登山协会以及地方政府和相关协会制定的管理办法,涉及外国人来华登山管理、运动员评级管理、户外运动安全和保障管理、教练技术人员管理、户外运动俱乐部管理等方面(表9-1),但仅单一地对登山、攀岩和航空运动等进行了原则性的规定,大多与登山运动和专业运动员相关。但目前户外运动项目和参与范围已远远超过登山运动和专业运动员,据中国登山协会统计,目前大众性、民间性的户外运动参与人数已达到1.45亿。

表9-1 国内部分户外运动法律制度一览表

序号	类别	规章制度	实施时间
1	管理办法	外国人来华登山管理办法	1991.08
2		滑翔伞运动管理办法	2000.07
3		高山向导管理暂行规定	2002.12
4		国内登山管理办法	2003.07
5		户外运动员注册与交流管理办法	2004.01
6		经营高危险性体育项目许可管理办法	2013.01
7		攀岩攀冰运动管理办法	2013.03
8		全国攀岩运动员注册与交流管理办法(试行)	2013.03
9		攀岩运动裁判员技术等级实施办法补充办法(定线员部分)(试行)	2014.03
10		国家攀岩队教练员、运动员选拔标准	2015.07
11		攀岩竞赛裁判员管理办法暨实施细则(试行)	2019.05

续表 9-1

序号	类别	规章制度	实施时间
12	行业标准	体育场所开放条件与技术要求第 3 部分：蹦极场所	2005.06
13		体育场所开放条件与技术要求第 4 部分：攀岩场所	2005.06
14		体育场所开放条件与技术要求第 19 部分：拓展场所	2005.06
15		运动保护装备要求第 1 部分：登山动力绳	2009.07
16		国家登山健身步道标准	2013.03
17		攀岩运动员技术等级标准	2014.01
18		登山运动员技术等级标准	2014.01
19		户外运动俱乐部管理办法（修订版）	2019.07
20	竞赛规则	山地马拉松赛竞赛规则	2006.05
21		全国攀岩运动员积分排名办法	2010.05
22		中国登山协会山地户外运动竞赛规则	2013.03
23		全国山地丛林野战大赛竞赛规则	2013.03
24		溯溪比赛竞赛规则	2013.03
25		全国拓展比赛竞赛规则	2013.03
26		山地竞速项目竞赛规则	2014.01
27		全国攀岩运动员积分排名办法	2014.03
28	地方性管理办法	桂林市户外徒步旅游公约	2011.01
29		丽水市户外运动管理办法	2012.06
30		新疆维吾尔自治区人民政府关于加强户外运动安全管理的通告	2014.05
31		四川省登山管理办法	2016.01
32		洛阳市户外运动管理办法、户外活动安全管理制度、洛阳市户外领队守则	2012.06
33		新疆维吾尔自治区自助性户外运动安全管理暂行办法	2016.08
34		西安市秦岭户外运动指导意见	2018.12
35		酒泉市户外运动管理办法（试行）	2018.03
36		四姑娘山景区山地户外运动突发事件有偿救援管理办法	2018.08

户外运动法律风险

近年来，为保障户外运动的快速发展，各省市政府和地方户外运动协会加强了户外运动法律制度建设，取得了一些成效。新疆维吾尔自治区较早地在此方面进行了探索，2008年对《新疆维吾尔自治区户外运动管理条例（草案）》进行了讨论和研究，拟规定"户外运动组织者应该在每次活动实施前10个工作日向当地体育行政主管部门提出申请，属于新疆登山运动管理中心审批的活动应当在前20个工作日提出申请"，并首次提出了对户外运动组织者进行责任追究，"开展户外运动机构要负责每个成员安全，擅自从事户外运动的将处以5 000到20 000元的罚款，构成犯罪的追究刑事责任，没收组织者非法所得，追究民事、刑事责任"。对开展户外运动的机构也提出了一些限制条件，除了由工商或民政部门依法登记、经新疆登山运动管理中心批准外，还需配备持有相应资格证书的领队、教练或体育专业技术人员（每个运动项目应具备1名中级以上、2名初级以上技术人员或3名以上辅助技术人员）。但在后续的讨论中，对该草案的上述条款有较大的争议。2013年12月27日新疆维吾尔自治区第十二届人民政府第13次常务会议审议通过了《关于加强户外运动安全管理的通告》，规定了"户外运动应当坚持安全第一和谁组织、谁负责的原则"。2016年8月新疆维吾尔自治区体育局政策法规处起草的《新疆维吾尔自治区自助性户外运动安全管理暂行办法》经自治区第十二届人民政府第35次常务会议审议通过，成为我国首个专门的户外运动管理法规。

但目前上述户外运动制度大都是一些管理性规定，较为宏观，对户外运动风险事故发生后的责任认定，当事人的法律关系等也没有做出规定，在户外运动风险事故处理中的作用较小。而目前司法实务中引用较多的《民法通则》《体育法》《全民健身条例》中也没有具体法条对户外运动风险事故纠纷的处理进行相应规制，以至于在户外运动风险事故发生、产生纠纷时，法院只能依据基本原则和一般性规定进行处理。另外，我国现有的部分法律涉及了户外运动救援的责任主体，如《四川省登山管理办法》第十二条规定："在登山活动中，如发生意外事故，登山团队应及时向登山协会、组织者报告。登山协会、组织者应积极组织救援工作，当地政府、有关方面应支持、配合。"《青海省登山管理暂行办法》第七条也规定："登山活动被批准后，省体育主管机构应及时通知山峰所在地体育主管机构。山峰所在地体育主管机构应当为登山团队提供便利条件，做好登山向导、技术保障、安全救援等方面的工作。"但也有的户外运动风险事故多发地无专项立法或已有立法中并未提及救援责任。还有一些地区性立法也涉及了户外运动安全保障与责任承担，如《陕西省旅游条例（2015年修订）》第六十七条规定："在没有道路通行的地方或者旅游景区游览路线以外的地方，组织开展穿越山岭、攀登山峰等具有危险性的健身探险旅游活动，组织者应当向参与者做出风险提示，并应当提前五日将活动时间、地点、路线、人员名单、保障措施、应急方案等向县级以上体育行政部门备案。"第八十二条规定"违反本条例第六十七条规定，组织开展健身探险旅游活动未依法备案的，由县级以上体育行政部门或者旅游行政主管部门责令停止违法活动，对组织者处五百元以上五千元以下罚款；情节严重造成严重后果的，处五千元以上两万元以下罚款；给参与者造成损害的，依法承担民事责任；明知组织者未依法备案参与健身探险旅游活动，造成严重后果的，对参与者可以处两百元以上两千元以下罚款"。然而上述条款涉及到旅游管理部门和体育行政部门，缺乏部门间的协调沟通机制，加上没有对具体报备部门、报备内容、报备强制性等问题做出明确规定，从而导致户外运动报备制度在现实中难以落实。

我国户外运动法律制度的上述现状，究其原因，首先是因为户外运动在国内的兴起时间较短，最初的推动者和参与者多为民间组织和户外运动爱好者，政府较多地关注了户外运动（特别是户外运动赛事）产业化，以及户外运动基础设施规划与建设，户外运动自身的风险在一定程度上容易被忽视。但随着参与人数的急剧增长，越来越多的风险事故也警示政府部门来重新审视，将户外运动风险相关的立法工作提上了日程。其次是户外运动的管理主体也存在诸多交叉，缺乏完善的协商沟通机制，导致管理主体的确定存在一定的困难，在立法中也无法确立法律主体，立法过程处于割裂状态。最后户外运动的属性与归类也对立法者造成了困扰。户外运动与体育运动有着相似的内容与形式，山地户外运动项目也归属于体育行政部门管理，但其在发展规模和市场化程度上则又近似于旅游活动，"探险旅游"在国内外也都是一个取得了共识的领域。旅游与体育运动这两大范畴的差异目前还没有厘清，导致户外运动风险管理的立法也受到了较大程度的限制，现有法律资源无法对户外运动中的风险事故进行及时的救济。

三、国内户外运动法律制度建设的挑战与应对

（一）户外运动法律制度建设的挑战

1. 组织者的准入与资质认证是当前主要风险源之一

户外运动本身具有较高的风险，要求组织者需具备专业的知识和技能，即应设立一定的准入条件，否则风险管理会面临较大的挑战。目前我国有着数量庞大的户外运动俱乐部，是户外运动的主要组织者之一，但类型与经营模式都较为复杂。我国户外运动俱乐部主要模式有在工商管理部门注册的户外运动法人和基于互联网的虚拟俱乐部社区（如绿野户外论坛、磨房网站等）多为盈利性质，业务形式多为召集和组织户外活动、户外装备销售、开展拓展训练等。在民政部门注册的民办非

户外运动类社团又可以分成两类:一类是户外运动爱好者或有一定经济实力的群体自行发起,主要以自娱自乐为主要目的;另一类则具有商业功能,通过召集会员来组织户外运动,并实现一定的经济利益。隶属于学校和事业单位的群众性社团(如高校户外运动社团等)则一般是单纯的非盈利性组织,以满足内部成员兴趣爱好为目的。这些俱乐部的形态和类型在法律上有着较大的差异,组织者的专业技术水平也参差不齐,成员之间的法律关系、责任关系和经济关系等错综复杂,监管难度较大。

因此,户外运动的组织主体、准入形式及许可项目范围等都需设立一定的限制条件。同时明确政府相关部门的管理职责范围、协商沟通机制等。现有户外运动相关法律制度中没有明确规定组织户外运动的机构应具备的资质,如《中华人民共和国旅游法(2018年修正)》第四十七条规定:"经营高空、高速、水上、潜水、探险等高风险旅游项目,应当按照国家有关规定取得经营许可",但"有关规定"还需细化。政府相关部门也很少制定管理办法,特别没有对高海拔登山等探险性质的经营许可做出要求,众多的户外运动项目也就没有确定的法律依据。

2. 户外运动综合性强,涉及面广,立法与管理边界不明确

户外运动依托于我国丰富多样的地理资源,派生出了众多的概念,如户外运动、户外活动、户外探险、背包旅游、特种旅行、探险旅游等,需要在立法和政策上将概念细化、明确化;否则在户外运动的内涵和外延尚未准确界定的情况下,会导致立法和管理的边界模糊不清。体育、旅游、文化、工商、公安在内的多个部门均与之相关,在目前部门牵头管理的体制下,如何在多部门间协调配合对户外运动进行整合式管理,需要寻找相关法律依据。

3. 户外运动法律关系复杂,责任认定难度大

当前户外运动风险事故的性质和类型较为相似,伤害后果主要为人身伤亡,纠纷类型主要为人身损害和财产损害赔偿纠纷。由于法律法规的不完善,法学理论界对户外运动相关主体权利义务关系也关注较少,社会公众对户外运动的认知差异也较大,增加了此类案件审理的难度。法院在案件审理中多依据《民法通则》《保险法》《合同法》和《侵权责任法》的原则性规定来进行处理,在归责原则、责任分担等问题上都存在较大的争议,屡现"同案不同判",引起了社会各界的广泛关注和讨论,这种不确定性导致户外运动当事人不能准确清晰地界定自身责任,组织者(或召集人)和参加者的集体"盲动"使得风险事故不断发生。

(二)户外运动法律制度建设的应对

(1)完善户外运动相关的法律制度。为最大限度地避免户外运动各类伤害事故的发生,并及时处理户外运动伤害事故发生后的相关问题,保障户外运动的健康快速发展,我国应当尽快完善户外运动的法律制度体系。户外运动法律制度体系宜以户外运动单项立法为主,辅以户外运动的地方性法规、安全政策法规、户外运动俱乐部的行业条例、俱乐部内部管理规章等为补充,内容包括户外运动的基本原则、组织者和参与者的权利义务、事故责任认定的原则、保险等方面进行规定,并完善培训、考核、资格认证准入制度以及技术等级制度等,推动我国户外运动快速、健康发展。

(2)政府相关部门积极引导。当前户外运动参与者安全意识普遍较低,户外运动相关知识与技能不足,应对风险和自救能力也较弱,政府相关部门应加大宣传教育的力度,利用各种渠道进行户外运动安全教育,引导公众建立科学的户外运动安全观念。同时加强户外运动场地设施的建设,特别是完善户外运动资源信息的共享,对户外运动热门区域的风险源、应对和紧急救助信息事项向社会公布;根据户外资源情况,科学设计不同安全等级系数的行进线路;健全户外运动安全领导机构,制定应急预案,设立配套设施,并加强日常检查,特别在公众参与旺季,定期进行检查并根据风险事项对户外运动进行管理。

(3)完善我国户外运动有偿救援体系。完善的户外运动救援体系对减轻伤害后果也有重要意义,在户外运动开展较早的国家,建立了较为完善的户外运动有偿救援体系,以专业的救援组织为主,救援费用由保险公司承担,若未购买保险,则由遇险者自行承担。当前,我国若发生重大户外运动风险事故,救援工作一般由当地政府牵头,公安、消防、应急管理、卫生健康以及志愿者和民众共同参与,成为公共救援、公益救援和商业救援相互补充的户外运动救援体系的雏形。

(4)完善户外运动商业保险市场。切实保障户外运动参与者的人身和财产安全,除了法律的事后救济,商业保险机构能够更大限度地降低户外运动本身所造成因法律救济缺失或法律制度不完善而带来的巨大风险。我国自2006年推出"登山及户外运动专项保险"以来,针对户外运动的保险种类越来越多,甚至还可以选购国外保险,这些保险一般提供了户外运动中的意外伤害医疗费用和救援费用,将高海拔登山中的高原病和冻伤也纳入理赔范围,有效地减轻了生命与财产损失。可借鉴旅游强制保险制度,构建户外探险强制保险制度,根据户外运动风险的性质与特点,在保险合同和条款上进行必要的调整和修改。平衡户外运动参与者、组织者和保险公司之间的利益,达到社会各方和谐和保障利益的最大化。同时,提高户外运动参与者的保险意识,提升保险消费观,加深对保险的认识与理解。

第二节　户外运动事故责任的法律适用

一、户外运动法律纠纷的主要领域

中国登山协会历年的登山户外运动事故报告显示,风险事故的数量与组织形式密不可分,其中个人行为、亲友结伴成为了历年事故多发的主要组织形式,2018年合计占比达到了全部事故数量的68.10%;其次是网络招募、AA制,参与者较为松散、户外经验缺乏、技术技能较差,抵御风险能力非常有限,并且难以区别责任主体;再次以法人单位为组织形式的事故数量基本保持在最低,严密的组织团体,专业人才是其组织保障。我们也可根据这个分类来区分户外运动法律纠纷的主要领域。

第一种类型是依法经工商部门或者民政部门登记注册的组织主体,在户外运动组织中管理较为规范,配备了适量的具有专业知识技能的领队、教练和救护员,一般具有一定规模的运作模式,风险防范能力相对较强。2018年全国共有122个户外运动类协会(其中114个户外运动协会,8个极限运动协会),1 792个户外运动俱乐部(其中户外运动俱乐部1 635个,极限运动俱乐部157个)。对于此类营利性的户外运动组织,若发生风险事故,法院一般以《消费者权益保护法》《合同法》《保险法》《最高人民法院关于审理人身损害赔偿案件适用法律若干问题的解释》作为处理户外运动伤害事故的主要依据。

第二种类型是由个体自发组织的户外运动。发起人一般通过网络邀请其他爱好者来参与营利性或非营利性户外运动。非营利性户外运动也就是通常所说的AA制户外运动。AA制户外运动深受我国户外运动爱好者的喜爱,但这类形式也往往因为缺乏具有专业知识技能的领队、教练,而引发风险事故的发生。法院对于AA制户外运动伤害事故的审理,主要参照《民法通则》第4条、第106条、第131条、第132条进行裁判。鉴于我国大多数户外运动风险事故发生于此种组织形式的户外运动中,本书将AA制户外运动作为重点分析。

二、AA制户外运动事故的法律适用

(一)AA制户外运动的特征

AA制户外运动,除了本书第二章所列的基本特征外,还具有一定的特殊性,主要体现在以下两个方面。

(1)主体的意志性与团体互助性。AA制户外运动的参与者有较强的主体性,如对户外运动本身有一定程度的认识,对存在的风险性也有一定的认识;主要通过

对自身的情况,如体能素质、户外技能、经验、装备、其他成员的情况、行进路线的难易程度等方面来决定自己是否参加;有权在得知某位参与者存在不能或不宜参加本次户外运动的客观情况时要求其退出;每个参与者都有权利对活动计划的时间、地点、路线、装备等提出意见和建议。另外,互助协作也是AA制户外运动安全进行的必然要求。户外运动具有较大的风险性,在活动过程中,除要求参与者追求个人能力的发挥外,还合理地期待当自己在活动中遇到风险时能够得到其他成员的救助,成员间是互信互助的关系。

(2)非营利性。与个人或者组织以营利为目的而组织的临时性活动不同,AA制户外运动的目的在于凭借团体的力量实现个人的挑战体验,并根据不同成员的特点进行分工协作来实现这一目标,即参与者的召集仅以互助协作为初衷,任何成员也均不会从中获利。

(二)AA制户外运动事故责任性质

风险事故责任性质的认定在司法实践中具有一定的导向作用,不同的事故性质将采用不同的处理路径和方法,并影响着当事人具体法律责任的划分。目前我国在AA制户外运动事故责任性质的认定上存在两种不同的观点。

1. 侵权责任

在这种观点下,AA制户外运动的发起者与参与者之间,以及各参与者之间存在的义务是一种安全注意义务。若某方当事人违反这种安全注意义务而造成受害方损失(故意或过失),且损失与故意或过失存在因果关系,便满足了侵权责任成立的各构成要件,侵害方需承担相应的侵权责任。若当事人不存在过错,也未违反安全注意义务,即可援引自甘冒险作为抗辩事由而免责,伤害事故所造成的损失由受害方自行承担。这种安全注意义务的主要来源于两个方面:一是活动的发起者将召集他们参与户外运动的消息公布后,便承担了活动组织者的角色,而作为活动组织者的先行义务,即包括了安全注意义务;二是这种自愿参与的临时团体是基于信任关系而建立的,这种信任关系可衍生成所有参与者均负有"善良管理人"的义务,为实现受益人的最大利益负有责任。

2. 侵权责任与违约责任并存

在此种观点下,AA制户外运动的活动组织者(发起者)与参与者之间是合同关系,事故受害方可依据相关合同条款来要求对方承担违约责任。同时由于一方对受害方的损失结果存在过错,亦可依据过错原则构成侵权责任,受害方可选择其中一种责任形式进行追偿。根据合同成立的特征,此种观点又分为两种不同情况。

(1)AA制户外运动中的合同关系,经历了要约邀请、要约和承诺三个阶段。具体而言,活动组织者通过网络发出的活动方案,时间、地点、路线、费用、装备等内容还可在后期的协商中进行更改,因此内容具有不确定性。同时,活动方面所面向的是众多户外运动爱好者这一不特定的群体,故此行为不是要约,而是要约邀请。当其他参与者通过回帖等方式表达参与意愿,并愿意接受活动计划与安排,这种参与者向组织者表达参与意愿的行为可视为参与者发出的要约。组织者经过审核同意其参与该活动,可视为组织者的承诺,即整个过程包括了合同成立所具备的要约、承诺过程,且双方平等、自由,符合合同成立的法律要求。因此,AA 制户外运动双方当事人之间可视为达成了民事合同。

(2)AA 制户外运动中的合同关系,仅经历了要约和承诺两个阶段。具体而言,组织者通过网络发出活动计划,包括了此次活动具体的时间、地点,对装备和参与者的其他要求等。该计划内容非常明确,通常情况下其他参与者不能对内容进行改变,且他在回帖中一般会表示愿意接受活动计划的约束,故组织者在网上的发帖行为可视为要约,参与者通过回帖或者其他方式表达参与意愿,形成了有效的承诺,整个过程符合合同构成的有效要件而在组织者与参与者之间形成有效合同关系。在影响颇大"骆某与被告梁某等生命权、健康权、身体权纠纷"中(详见本章第三节),一审法院认为,活动组织者梁某在网络上招募参与者的发帖行为属于要约,参与者的跟帖等形式属于承诺,进而合同成立,双方当事人之间形成权利义务关系。

(三)AA 制户外运动事故责任归责原则

行为人致他人损害后,依何根据使之担责,就是"归责"。归责原则,即"归责"的基本规则。一般认为,我国现代司法制度中归责原则包括过错责任、无过错责任和公平原则。过错责任原则指行为人主观上存在过错(包括故意与过失),承担民事责任;无过错,不承担民事责任。《民法通则》规定:"公民、法人由于过错侵害国家的、集体的,侵犯他人财产、人身的,应当承担民事责任。"因此除法律特别规定外,均适用过错责任原则。无过错责任原则指只要行为人造成他人损害的事实客观存在,无论是否存在主观上的过错都应承担责任。无过错责任原则的适用范围在法律上有严格规定,主要包括因产品缺陷、高危作业、环境污染、饲养动物致人损害等案件。公平原则是指双方当事人在均没有过错的情况下,法官根据立法精神从公平合理的角度将责任分摊给各方。通常,若无法适用其他归责原则或适用其他归责原则将导致不公平后果,则适用公平责任原则。目前对 AA 制户外运动事故责任归责原则存在一定的争议,主要观点包括以下几种。

(1)过错责任原则可作为 AA 制户外运动事故的归责原则,这是目前司法实践中普遍采用的方法,理由主要包括①AA 制户外运动往往通过网络召集,各自承担相关费用,不存在营利性,属临时团体的性质,参与者彼此之间的义务更多的是一种道义或者伙伴义务;通常也不将发起者的身份等同于法律规定的"组织者"。只要整个过程中履行了相应的伙伴义务,主观上不存在故意或过失,则无需承担相关责任。②每一位参与者均对 AA 制户外运动危险性有所认知,活动的各项计划也是参与者根据自身条件并群体讨论决定的,即每一位参与者是自愿将自己置身于这些危险中;当遭遇因户外运动本身的固有风险或不可抗力等原因而引起的损失时,就不需为自己没有过错而承担相关责任,否则将有悖于法律的公正,也会让 AA 制户外运动的参与者或者发起人产生诸多顾虑,从而不利于我国户外运动的可持续发展。

(2)无过错责任原则不宜作为 AA 制户外运动事故责任的归责原则。理由主要有①AA 制户外运动具有较大的风险,伤害事故发生的概率较高,但这种风险非活动参与者造成,而是户外运动本身固有的特性。如果适用无过错原则,将不但扩大活动参与者承担责任的范围,而且造成在活动中的权利与义务不对等。②无过错责任的适应范围一般均由法律明确规定,否则不能适用,其主要目的是防止造成责任承担的混乱和产生道德风险问题。目前相关法律中的无过错责任适用范围均未提及 AA 制户外运动,因此不宜突破法律规定,将无过错归责原则作为 AA 制户外运动事故的归责原则。

(3)公平责任原则也不宜作为 AA 制户外运动事故责任的归责原则。如上文所述,公平责任原则是作为过错责任和无过错责任的补充,让责任分担更加公平和合理。但该原则在理论上也存在一些异议,因为公平原则通常将责任的分担与当事人的财产相联系,简单地按财产多寡来承担责任,其合理性值得商榷。另外,适用公平责任的情形,一般是双方对损害的发生均没有过错,即并不存在严格意义上的侵权行为,因此也就难以进行"归责"了。在处理侵权案件的司法实践中,若双方当事人均无过错,也并非全部适用由公平责任原则进行调整。因此,公平责任原则能否作为 AA 制户外运动伤害事故的归责原则,也是值得进一步探讨的(但在本章第三节的案例中,法院判决中普遍采用了此原则,判决其他参与者承担一定的赔偿责任)。

(四)AA 制户外运动事故中过错责任的适用

如上文所述,在理论探讨与司法实践中,通常将"过错责任原则"作为 AA 制户外运动风险事故中的责任认定原则,但在具体适用时,一般分为"活动中"和"事故后"两个不同的情况来讨论,两者也存在一定的差异性。

(1)在活动中,主要关注是否尽到了伙伴关系的义务。AA 制户外运动中,所有参与人之间的义务是基于信任而形成的临时团队中的伙伴义务,或者说是理性的、善良的管理人义务。对于是否存在过错,主要考虑以下因素。

首先,鉴于户外环境的多变性和突变性,AA 制户外运动事故多为紧急发生,那么个体在此种紧急状态下的分析能力、行为能力均较平时有所迟钝,故在过错的认定上，宜将违反伙伴义务的认识降到较低的义务认识。其次，可将受害人、其他参与人置于加害人所处境地，客观分析受害人与其他参与者是否也会采取与加害人同样的行为方式，若两者有较大的偏差，即没有尽到一个合理管理人所应采取的方式，则认定存在过错的可能性较大。第三，还应考虑个体应对危险的经验、知识与技能水平。AA制户外运动参与者大多数是业余爱好者，具备的户外运动知识、经验与技能较为有限，因此不能要求其像专业户外运动者一样科学、快速地处理险情，即只要尽到了个人的最大努力，就不宜认为其存在过错，否则则可认为其存在过错。最后，还可考虑行为人的处理方式是否违背了通常情况下的行为方式，尽管不具备极高的专业知识与技能，但作为户外运动的经常参与者，或多或少也掌握了一些基本的险情处理方法，故是否违背伙伴义务中通常处理问题的方法，也可作为其是否存在过错的依据。

（2）在事故发生后，主要关注是否尽到了适当的伙伴救助义务。通常包括以下要点：首先，事故发生后，作为伙伴应当在情况允许的条件下，对受害人进行积极、合理的救助。这一要点需特别注意两个方面：一方面是应积极履行救助义务；另一方面这种救助必须是在当时条件所允许的情况下，即救助应以救助者自身能力以及周围环境条件所允许范围内为限，不能苛刻地要求救助者做出超过自身能力、客观环境不允许、一定成功的救助方式。毕竟在户外事故发生时所处的环境为非正常条件，救助中也不能因为救助别人而使自己陷入危险，不能要求为了救某个人去牺牲另一个人的生命。因此，履行救助义务必须以先保障好自身的安全为前提，救助要符合当时的情况。其次，若当时环境状况和个人身体状况有可能，应该尽力通知其他专业机构进行救助；若有条件、有能力向外界求救，但未及时求救而造成受害人损害的，可认为是存在过错。当然，户外运动类型多样，户外环境复杂多变，风险事故也各具特点，在责任认定上也应根据具体情况进行具体分析，使案件的处理更加公平、合理，同时，不断总结归纳和完善法律制度。

（五）AA制户外运动事故免责事由——自甘冒险

自甘冒险，即自愿承担风险，其实质是自愿参加具有较大潜在风险的人，免除了被告对原告的一般注意义务或对其造成的损害进行免责，是对当事人意思自治和行为自由的尊重。

在AA制户外运动事故处理的司法实践中，自甘冒险作为免责事由已得到了普遍适用。AA制户外运动作为户外运动的一种组织形式，本身包含了户外运动所固有的风险，是难以避免的。作为完全民事行为能力人，每一位参与者可以很好地理解和判断这种风险及其损害后果的严重性。同时不存在营利性，各自负担自身费用的AA制活动，也不能让其他参与者承担比较严重的义务，更多的义务是一种伙伴义务。因此，参与者自愿参与，也就自愿承担了这种风险以及风险后果，因此可免除他人的责任。在我国司法实践中,处理有关 AA 制户外运动事故责任承担的部分案件时,较多地适用该免责事由。如在孙某灵山遇难案件中,北京市第一中级人民法院就认为,在其他参与人无过错的情况下,由于活动中固有的风险为每位参与者所明知,且仍愿意参加,故该案应适用自甘冒险而免除其他参与者的责任。光泽驴友失踪案中、河南驴友第一案二审中均使用了该规则。因此,在我国司法实践中,一定程度上已经认可了将自甘冒险作为 AA 制户外运动事故责任认定中的免责事由。

1. AA 制度户外运动事故中的自甘冒险类型

根据意思表示的不同,自甘冒险可分为明示的自甘冒险与默示的自甘冒险两类。原告通过签署书面合同或口头约定等明示方式,表达自行承担风险及其后果的愿望,即为明示的自甘冒险。但明示形式中不得违反公序良俗和法律规定。若原告知晓且经过估测被告行为产生的风险后,仍通过行动表达自愿承受风险的意思,即为默示的自甘冒险。在司法实践中,一般可通过受害人的行为来推定其对该风险活动做出的自愿承担风险的意思表示。默示的自甘冒险又可以分为主要的默示自甘冒险和次要的默示自甘冒险。前者是指风险损害的产生源于原告自愿承担的风险而产生,且被告没有任何的过失;后者是风险损害的出现是因为被告存在过错,而不是受害人自甘冒险所导致。

通常而言,在 AA 制户外运动事故免责事由中,宜适用明示的自甘冒险,不宜适用主要的默示自甘冒险和次要的默示自甘冒险。一方面是因为在 AA 制户外运动中,参与者的经验、知识与技能存在较大的差异,导致对风险的认识程度不同。因此,活动的各方参与者需将自己对风险的认识做出明确表示,让各方参与者对此次活动的风险理解形成共识,进而重新审视而决定自己是否参与。通过该明示行为,参与者对自己参与活动面临的风险、可能发生的损失、自己所负的责任等有了进一步的预知,为纠纷处理时划分责任提供了依据,避免随意推诿或加重其他参与者的责任。另一方面,在默示的自甘冒险中,仅是参与者自己来认知活动风险,并没有明确表示给其他参与者,这就难免存在认识上的差异,在出现事故后,对各自参与活动时自愿承担的风险就难以证明,这种自甘冒险也就不能作为其他参与者的免责事由了。在主要的默示自甘冒险和次要的默示自甘冒险情形下,双方对事故的发生均存在过错,宜根据是否有过错以及过错大小来承担责任,也就不存在免责的问题。

2. AA 制户外运动事故中自甘冒险的适用条件

自甘冒险作为免责事由在 AA 制户外运动风险事故中的适用,适用条件包括主体、客体、主观和客观方面,特别是客观方面,在适用时需注意以下几个方面。

（1）户外运动中的固有风险。所谓固有风险，一般是指不能避免、不能控制或者排除的风险。自甘冒险能够作为 AA 制户外运动风险事故的免责事由，是因为户外运动存在着固有的较大风险，若所存风险非户外运动本身所存在的，而是其他性质的风险，则可能存在主观上的过失，在抗辩时大多适用比较过失或不可抗力。在 AA 制户外运动中，固有风险一般指所有参与者一起对行进路线共同设计时存在的风险，在行进过程中一起讨论更改路线时存在的问题，行进路线上的路况风险、个体体能和技术风险等，大多数由户外运动本身的特性或周围环境的条件所限制和决定。

（2）损害后果。在 AA 制户外运动中，援引自甘冒险作为免责事由须以损害的存在为前提，由于受害人的过错而导致自身的风险事故，且该过错与损害的发生为相当因果关系，则可适用自甘冒险；若受害人的过错只是扩大损害结果的一个原因，则该损害结果非自甘冒险中的损害后果，不能适用自甘冒险。

（3）固有风险与损害结果之间的因果关系。AA 制户外运动中援引自甘冒险作为免责事由，固有风险与损害结果之间必须存在有相当因果关系，即损害结果的发生源于户外运动的固有风险，也就是受害人参与活动时认可并自愿承担的风险所造成，其他参与者不存在过错。

3. AA 制户外运动事故中自甘冒险适用的效力

自甘冒险的效力也存在着较大的争议，有人执免责观点，即自甘冒险是一种免责事由，受害人一意孤行地参与到具有固定风险的活动中来，并表示愿意自行承担损害后果，这样的情况下免除其他当事人的责任具有合理性，否则有违当事人自治意愿，也将造成双方当事人权利义务的不对等。也有人执过错说，将受害人自愿承担风险作为他个人的过失，在责任认定时仅是免除全部或部分另一方当事人的过失。

一般认为，在明示的自甘冒险中，其效力应当是责任的完全免除。在此种情况下，各参与人对风险已达成共识，并明确表示自愿承担风险后果，这是意思自治的结果，而非胁迫和欺诈。当风险事故发生时，若符合自甘冒险的适用条件，则应免除其他参与者的责任，否则将置法律面临信任危机，也会严重地阻碍 AA 制户外运动的发展。而默示的自甘冒险（包括主要的默示自甘冒险和次要的默示自甘冒险）宜归于比较过失，仅作为减轻责任的事由。其理由是在默示自甘冒险的情形下，只能通过受害人的行为来推定其承担风险的自愿性，远未达到所有参与人对风险达成高度共识的程度。在活动之初就存在着对风险认识上的偏差，这也是风险事故发生的一个间接原因，参与者均负有一定责任。这种情况下，宜依据各方的过错大小来划分责任，而非将其作为免责事由。

（六）ＡＡ制户外运动事故的责任分担

1. 参与者的责任分担

首先需要明确的是，AA制户外运动活动的发起人与其他参与人相同，相互之间是一种伙伴关系，一般认为无需承担组织者责任。若参与者尽到了相应的伙伴义务，那么在风险事故发生后，可援引自甘冒险作为其抗辩事由，此时可以不承担责任。但若参与者未能履行伙伴义务，即因过错而造成他人损失的，则应承担侵权责任；如果受害人不存在过错，则侵害方需承担全部责任。当因多数参与者讨论决定事项而造成事故的，且受害人本身没有过错时，则需考虑多名侵害人按各自的过错程度承担各自的责任；如果无法查明过错的大小，则可按平等原则来分配责任。另外，还需考虑各参与者自身的知识与能力对导致事故决策的参与程度，经验与技能较高者一般在决策中起到了主导作用，而经验与技能弱者因缺乏必要的知识与能力而在决策中处于从属地位。在这种情况下，一般由起主导作用的决策者承担主要责任，其他人因对盲目决策存在一定的过错而承担次要责任。在极端情况下，若决策是由于受害人受到胁迫而做出的，则受害人可援引自己被迫做出决策进行抗辩，不承担责任。这也说明了在不同的AA制户外运动风险事故中，均存在着较为复杂的情况，各参与者的责任分担应根据具体情况来分析和判断。

2. 受害人的责任分担

除上文中的责任分担形式外，受害人具有完全民事行为能力和责任能力，对户外运动固有的风险应有所预见，若其过错行为导致事故发生，且其他参与者未违反操作规定或伙伴义务，则可认定受害人是自甘冒险，相关责任由受害人本人自行承担。当然，若对于伤害事故的发生，其他参与者存在过错，或因其他参与者的过错而加重了受害人的损失，自甘冒险就不能作为免责事由了，宜根据其他参与者存在过错来分析责任的承担。另外，若受害人亦存在过错，如对自己身体状况认知的过错、其他参与者过错而引起的自身过错、预先对先前风险认识的过错等，则可判断侵害人和受害人均存在过错，应依据比较过失原则划分各自责任。

3. 保险公司的责任分担

目前的AA制户外运动中，参与者一般均会事先购买保险，但由于户外运动保险类型的匮乏，所购保险的所保范围较为有限，多为活动中的普通风险，一般将潜水、登山、攀岩等高风险事项排除，而且对赔偿条件要求较为严格，加上在户外收集和保存证据存在较大的难度，为受害人获得理赔增加了很多障碍。但总体而言，户外运动保险作为事故责任处理的补救措施，在我国现阶段也起到了积极作用，在第三节的案例中也可以看到，保险保护了受害人的权益，为户外运动的发展起到积极的保护作用，但保险公司在责任承担上宜以保险约定的内容为限。

三、免责条款的效力

在参加各种社会活动时,参与者经常被要求与组织方签署责任自负保证书或其他免责条款。这种情况的免责条款在户外运动的组织中也非常普遍,组织方在招募材料中大多包括"免责条款"的内容。但我国对于此类免责条款的效力问题存在争议。赞同"免责条款"有效的观点认为,这是双方基于真实意思表示而自愿达成的协议,依据合同自治原则,应予以支持;"免责条款"无效的观点认为,若条款内容涉及到人身伤害,按照目前的法律规定,是不能依合同而免除的。具体到我国当前的户外运动中,可综合这两种观点加以运用。通常而言,这类"免责条款"的有效适用范围应仅限于高风险的营利性户外运动项目,如高海拔登山、自然岩壁攀登、山地车速降等。除此之外,则应依据安全保障义务和自冒风险来划分责任。"免责条款"有效的条件还包括①该免责条款应采用书面形式,且由组织者用合理的方式提醒参与者特别注意;②不允许就该条款作利于组织方的扩大解释;③有效的未成年人免责条款,应符合未成年人的利益。另外,法律和司法实践中认定下列情形的免责条款无效:造成对方人身伤害和因故意或者重大过失给对方造成财产损失的(《合同法》第53条);明显违反诚实信用原则和损害社会公共利益的。

第三节 户外运动法律责任的典型案例[①]

一、原告骆某与被告梁某等生命权、健康权、身体权纠纷

(一)事件经过

2006年7月7日,梁某用"色狼回心转意"的网名,在南宁时空驴行驿站版块发布一个帖:"7月8—9日赵江泡水FB,有人要一起吗?费用AA,每人60元左右"。此论坛长期聚集了众多户外运动爱好者,因此帖子一发出来,就有很多爱好者跟帖报名。网名叫"手牵手"的骆某(昵称"手手")平时喜欢户外运动,也报名参加此次活动。

第二天上午,梁某和其他12名驴友来到南宁市武鸣县两江镇,开始户外活动。同时,每人向梁某交60元活动费用。当天晚上,他们就在两江镇赵江河谷中选择了一处较为平坦的区域进行露营。露营点处于赵江上游,当天处于枯水期。9日凌晨4点多,天气转雨,由小雨渐渐转成大雨,天亮后又转为小雨。

[①] 注:本节所有案例均摘自最高人民法院"中国裁判文书网"。

早上7点左右,干涸的峡谷瞬间山洪滚滚,直接将河谷中安扎的帐篷冲走。巨大的水流将骆某迅速推向下游,被水冲下河流的两级落差后,骆某攀住了河中的大岩石,但随后又被洪水冲走。驴友们打110报警后,当地政府组织武警、消防、村民50多人,赶到了现场搜救。15点左右,搜救队在出事地点下游数公里处的两块岩石中间,找到了已没有生命体征的骆某。

8月4日,骆某父母向南宁市青秀区人民法院提起诉讼,将梁某和其他11名同行驴友列为被告,起诉12名被告对骆某遇难负有不可推卸的责任,请求法院判令12名被告承担骆某遇难的相关责任,要求12名被告承担各项损失15万余元和精神损害费20万元。

(二)一审法院判决

2006年10月19日,案件在南宁市青秀区人民法院开庭审理。法庭争议的核心是:①在本次活动中,12名被告对受害人骆某是否存在侵权行为及过错;各被告是否应该对骆某的死亡后果承担责任,以及责任比例如何划分;②原告提出的赔偿项目及计算标准是否准确。

法院认为:目前,我国尚未建立起户外探险活动相关的制度和法律规定,如发生人身损害事故,没有一个责任认定机制;而事后责任追究的缺失,就会造成户外探险活动事前的轻率化、盲目化。户外探险活动具有一定的危险性,表面上看,所有参与人均是具有完全民事行为能力的自然人,均属自发参与活动,虽然彼此之间无任何合同关系来规范各自的权利和义务,而且经常采取书面或口头方式来规定相互间不需要对活动中因个人因素和不可抗自然因素造成的事故和伤害承担责任,即所谓的"免责条款",但根据我国《合同法》的相关规定,造成对方人身伤害的免责条款是无效的,不受法律保护。

对于本案最重要的第1个争议焦点,法院认为应根据受害人骆某、被告梁某与其余11名被告在本次户外活动中的主观过错大小、事发当时的客观条件及其行为与损害后果之间的因果关系来确定本案的民事责任较为适宜。对被告梁某而言:首先,梁某是此次户外活动的发帖人,由其制定出行日期、路线、经费,召集人员汇合并安排车辆,其一系列行为均具有组织行为的特征,应认定其为组织者;其次,梁某向每一位出行队员都收取了60元的活动经费,虽名为AA制,但在其未能举证证明此次活动没有任何盈余又不曾退过款给队员的情况下,应推定其行为在一定程度上具有营利性质,又因其不具备进行营利活动的资质,故其行为具有一定违法性;第三,梁某作为活动的发起人,对探险活动的危险性应具有前瞻的意识,对指导队员认识困难、克服困难和危险应负有不可推却的责任,但其却对天气形势判断失误,应当预见而没有预见,选择了在南方的暴雨季节,在属于山洪下泻通道的河谷中安扎帐篷露营休息,且在当晚连下几场暴雨的情况下,既不安排队员守夜,也不组织队员及时撤离,最终发生骆某死亡的损害后果,其行为为已具备疏忽大意、疏于防范、未尽职责的重大过失,具有明显的主观过错,必须承担本案中最重大的责任。

对骆某和其余11名被告而言:首先,二者在户外活动中已经形成了一个团队,但却不顾当时的气候与环境,盲目跟随梁某前往,既没有任何人提出防范风险的建议,也没有采取安全防范措施,对风险的认识不足,均存在过于自信或疏忽大意的过失,主观上亦有一定过错;其次,二者之间虽然没有身份上的关联关系,也不是具有特殊身份的公职人员,如警察、消防队员或救护员,但基于有相约进行户外探险行为,在发生危险时,除具有对自身的救助义务外,也就具有了对他人进行救助的义务;第三,对于除梁某之外的11名被告而言,已经完成了自救义务,在当时的自然环境下救助他人的客观条件已实际受到限制的情况下,对于骆某死亡的损害后果,仅需承担本案中最轻的责任,而对于骆某而言,在团队中既未完成自救的义务,也未完成救助他人的义务,故其在本案中应承担比除梁某之外的11名被告更重的责任。因此,法院酌定受害人骆某、被告梁某与其余11名被告按2.5∶6∶1.5的责任比例来承担本案的民事赔偿责任较为适宜(具体赔偿金额的计算略),判决被告梁某赔偿原告各项经济损失 163 540.35 元,其余11名被告连带赔偿原告各项经济损失 48 385.099 元。

(三)二审法院判决

梁某与其余11名被告均不服一审判决,上诉至南宁市中级人民法院。2007年3月13日,案件在法院开庭审理。二审过程中,梁某等12人自行对费用进行了结算,但骆某父母并未参与。期间,法院曾试图调解,但没有结果。

二审法院认为,户外探险活动具有一定的风险性。参与户外集体探险的13名驴友都是成年人,有完全民事行为能力,应当知道户外探险具有一定的风险。各参与者之间基于对风险的认识而产生结伴互助的依赖和信赖,具有临时互助团体的共同利益。各参与者之间并不存在管理与被管理的关系。

二审指出,一审中"梁某在时空网上发帖召集活动"这一提法不是很准确,梁某是在南宁时空驴行驿站版块上发帖,提出到武鸣县两江镇赵江进行户外探险活动的想法,帖子的内容只有出行时间、集合地点、目的地、费用估算以及分担方式,并没有以组织者的身份制定具体活动方案,没有具体的组织分工,也没有公推梁某为组织者,故梁某只是这次活动的发起人,并非组织管理者。一审判决认定梁某为此次活动的组织者,其行为具有营利性质,缺乏事实依据。

法院认为,户外集体探险活动突遇山洪暴发,造成骆某死亡,骆某死亡属不可抗力造成的意外身亡,上诉人已尽必要的救助义务,主观上并无过错。一审判决认定上诉人对骆某的死亡存在过错,并据此判决上诉人承担赔偿责任是错误的,应予以纠正。

法院认为,尽管上诉人对骆某的死亡主观上不存在过错,但根据《民法通则》:"当事人对造成损害都没有过错的,可以根据实际情况,由当事人分担民事责任"等相关规定,上诉人作为参加户外集体探险的当事人仍应分担民事责任,给予被上诉人以经济上的适当补偿。因此,法院酌情确定,梁某在该户外集体探险活动中作为发起人,应比其他参与人适当多分担责任,故补偿骆某父母3 000元,另11名驴友各补偿2 000元。

(四)最高人民法院民一庭意见

当事人进行野外集体探险或结伴自助游,各参与人系成年人,有完全民事行为能力,对野外集体探险或结伴自助游具有一定风险应该明知。各参与者之间基于对风险的认识而产生结伴互助的依赖和信赖,具有临时互助团体的共同利益。尽管受害人的死亡属于意外身亡,参加野外集体探险或结伴自助游的各当事人已尽必要的救助义务,主观上并无过错,但是根据《民法通则》第132条"当事人对造成损害都没有过错的,可以根据实际情况,由当事人分担民事责任",以及最高法院关于《民法通则》若干问题意见第157条"当事人对造成损害均无过错,但一方是在为对方的利益或者共同的利益活动的过程中受到损害的,可以责令对方或者受益人给予一定的经济补偿"的规定,可由参加野外集体探险或结伴自助游的各当事人分担民事责任,给予被上诉人以经济上的适当补偿。鉴于各当事人对损害结果无过错,故其不应再承担精神损害赔偿责任。

二、原告陈某等与被告吴某等生命权、健康权、身体权纠纷

(一)事件经过

陈某以群主的身份创建了一个名为"鼯鼠极限"的户外运动QQ群,同时担任该群的管理员。2017年7月25日,陈某在"鼯鼠极限"的群里以管理员的身份发布群消息:"2017年7月28日星期五早上7点30北山坡师专集合,鼯鼠极限七里峡新手溪降训练营,8人封帖,不足8人或天气原因活动取消;2017年7月29日星期六早上7点30分城东大道夷陵中学大门口集合孔雀谷溪降,人数不限,遇雨视情况取消,(不接受新人报名);2017年7月30日星期日早上八点城东大道夷陵中学大门口集合滴水岩溪降,人数不限,遇雨视情况取消"。吴某与陈某同时系"疯狂木头"QQ群成员,吴某在"疯狂木头"QQ群于2017年7月24日得知此次活动。宋某、周某系"鼯鼠极限"群成员,在网上看到通知后报名参加此次活动。李某与吴某系同事关系,与吴某联系后第一次尝试参加此次活动。后因响应的人少,陈某在与吴某进行商议后,在吴某的建议下,将2017年7月28日的活动改为去夷陵区乐天溪镇兆吉坪村宋家沟进行溪降活动。地点进行更改后,陈某负责联系了周某,吴

某负责联系了宋某和李某。2017年7月28日上午七点半,吴某带个人装备在南苑陈某家楼下与陈某会面。陈某与吴某会面后,陈某驾驶其越野车与吴某一同前往预定的地点夷陵中学门口接应宋某、李某、周某同行前往宋家沟。2017年7月28日9点半左右,五人到达宋家沟。到达宋家沟后,陈某在未采取完整安全措施的情形下(只穿了个人装备,未设置锚点将绳子连接在个人装备上),手提电锤在寻找绳索安全布点的过程中,失足滑倒在斜坡形的青苔台面上,又从青苔台面掉落至30多米高的悬崖底部受伤。陈某受伤后,吴某利用溪降设备降落到崖底,将处于溺水状态的陈某的上半身移到岸边。在探明情况后,吴某又上来,安排周某将宋某与李某送到安全地带,同时嘱咐宋某与李某拨打110、120救助电话。同时吴某也打电话向宜昌市救援协会中心相关人员求助。周某在将宋某与李某护送至安全的公路地带后,返回出事地点,与吴某一同利用溪降设备降落至悬崖底,将陈某抬至岸边进行救助。宋某与李某到达安全地点后拨打110、120电话求助。夷陵医院急救中心于2017年7月28日上午10时05分接到救助电话,随后派120救护车于10时46分赶到现场,将陈某送往夷陵医院急诊科抢救。陈某的伤势经宜昌市夷陵医院初步诊断为:高空坠落伤,急性特重型颅脑损失,多发颅骨、下颌骨骨折。大约12点钟,陈某经抢救无效死亡。

原告邓某、陈某2、陈某3、游某认为陈某是在为吴某、宋某、李某、周某在内的全体人员寻找安全锚点过程中不慎发生意外损伤,陈某的意外事故发生后,吴某、宋某、李某、周某救助不力,延误了最佳救助时间,最终导致陈某失去生命,因此向一审法院起诉请求:邓某、陈某2、陈某3、游某因陈某死亡产生的相关损失费用为丧葬费25 707.5元、死亡赔偿金587 720元、被扶养人生活费175 350元、亲属误工费7 000元、交通费3 000元、精神损害抚慰金30 000元等,共计828 777.50元,由吴某、宋某、李某、周某连带赔偿50%,即414 388.75元。

(二)一审法院判决

一审法院认为,此次活动采取的AA制,费用主要包含交通费以及器材磨损费;费用采取活动结束后进行结算。当事人对造成损害均无过错,但一方是在为对方的利益或者共同的利益进行活动的过程中受到损害的,可以责令对方或者受益人给予一定的经济补偿。本案系相约集体探险发生意外引发的纠纷,各参与人均系成年人,具有完全的民事行为能力,对于这种溪降探险活动的风险应当明知。吴某、宋某、李某、周某对于陈某的死亡不存在过错,且吴某、宋某、李某、周某已经在自身力所能及的范围内对陈某进行了必要的救助,吴某、宋某、李某、周某的行为与陈某的死亡之间并不具备法律上的因果关系。考虑到本案中吴某、宋某、李某、周某与陈某结伴参与户外探险,陈某手提电锤寻找绳索安全布点是为了大家的共同利益,本案经过法官联席会议讨论决定,判决吴某、宋某、李某、周某连带补偿邓某、陈某、陈某2、游某3经济损失10万元;驳回邓某、陈某2、陈某3、游某的其他诉讼请求。

(三)二审法院判决

邓某、陈某2、陈某3、游某对上述一审判决向湖北省宜昌市中级人民法院提起上诉,请求撤销湖北省宜昌市西陵区人民法院(2017)鄂0502民初1851号民事判决,依法改判支持四个上诉人的一审全部诉讼请求,认为一审查明事实不属实,有意解脱吴某的赔偿责任,吴某应当承担这起意外事故的主要责任;吴某、宋某、李某、周某舍近求远的消极施救措施是导致陈某不治身亡的主要原因,请求二审改判上述被上诉人连带赔偿50%的责任;吴某、宋某、李某、周某在本案事故发生前后的过程中具有一定过错,应当根据过错大小承担与其相应的赔偿责任。

吴某上诉请求撤销湖北省宜昌市西陵区人民法院(2017)鄂0502民初1851号民事判决,依法改判降低吴某的赔偿数额。

二审法院认为,本案双方当事人的争议焦点是吴某、宋某、李某、周某是否存在过错、是否承担赔偿责任的问题。《中华人民共和国侵权责任法》第六条第一款规定:行为人因过错侵害他人民事权益,应当承担侵权责任。行为人承担过错赔偿责任的构成要件是行为违法、主观有过错、损害后果与违法行为之间存在因果关系以及有损害后果的产生。

(1)关于吴某、宋某、李某、周某是否存在过错的问题。本案所涉溪降活动属于自发、自愿结伴而行的社交行为,是一种户外探险运动,具有较高的未知性和风险性,参与者应当自担风险。陈某作为完全民事行为能力人,应对自身行为与可能产生的危害后果有预见性并尽合理地注意义务。陈某经常召集组织群员进行溪降等户外探险活动,对所从事的户外探险活动具备一定专业能力和经验,其应当在溪降活动中理性判断行为风险。陈某在手持电锤找点过程中并未主动要求安装安全防护措施,在同行人员告知其在就近安全区域布点的情况下,陈某仍行至岩壁中间青苔处,准备在侧面石壁上布点时脚下打滑,其仰面朝后摔倒坐滑坠下悬崖导致头部严重受伤致死。陈某自身超出预估风险的行为最终导致了事故的发生,其失足跌落的后果是无法预见而且令人惋惜的意外事件,并非吴某、宋某、李某、周某等他人的违法行为导致。吴某、宋某、李某、周某不存在追求放任或者疏忽大意等主观过错,亦无法预见到具有一定专业能力和经验判断的陈某会发生坠崖的可能性。吴某是否为QQ群的管理员以及其是否发布群公告,并不是判断其在本次事件中是否存在过错行为的事实和法律依据,故上诉人邓某、陈某2、陈某3、游某的该项上诉理由不能成立,法院依法不予采信。

(2)关于吴某、宋某、李某、周某是否尽到了救助义务,事实行为是否与陈某致死的损害后果之间存在法律上因果关系的问题。本案中,虽然吴某、宋某、李某均系医务工作人员,但陈某系坠落崖底受伤,届时只有略有溪降经验的吴某能够通过溪降方式降至崖底对陈某进行实际救助,其作为女性两次溪降直线距离达30多米深的崖底,在没有医疗急救设备的情况下,先亲自将溺入水潭的陈某上半身拖出水面,后又与周某对陈某采取简单急救方式堵住伤口、安抚情绪,并向户外救助的专业组织宜昌市救援协会中心打电话求助,已经尽到了必要的救助和照顾义务。随行的宋某、李某在被告知陈某受伤后,立即返回安全地带并积极拨打110、120等应急电话,准确告知事故地点,共同带领120急救人员下崖底救援,亦采取了积极的救助义务。虽然二人未拨打119呼叫消防救援,但在已通知宜昌市救援协会的情况下,宋某、李某的施救行为应视为尽到了一般注意义务。上诉人邓某、陈某2、陈某3、游某认为宋某、李某主动拒绝当地村民救助的主张,仅提供了村民证言,证人未出庭作证且无其他证据加以佐证,法院依法不予采信。法院认为,本案事发地为宜昌市夷陵区乐天溪镇宋家沟,本就交通不便导致抢救期间耗时耗力。陈某的伤情为急性特重型颅脑损伤,多发颅骨、下颌骨骨折,自事发到送至宜昌市夷陵医院抢救历时约1小时40分,后因抢救无效死亡。吴某、宋某、李某、周某的救助行为与陈某伤情严重致死的损害后果之间没有法律上的因果关系,上诉人邓某、陈某2、陈某3、游某痛失至亲确属不幸,但仅因为事实上的关联,而将不幸归咎于法律上没有过错的吴某、宋某、李某、周某,这并不是法律追求的公平正义。民法的基本价值遵循的是鼓励民事主体间的见义勇为、互帮互助,如若过分苛责他人的救助行为,无疑会挫伤救助人的主动性、积极性,实则有悖于民法立法宗旨。故上诉人邓某、陈某2、陈某3、游某认为吴某、宋某、李某、周某消极施救、延误最佳救助时机,要求四人承担赔偿责任的诉讼请求缺乏法律依据,法院不予支持。

(3)根据《侵权责任法》第二十四条"受害人和行为人对损害的发生都没有过错的,可以根据实际情况,由双方分担损失"之规定,在损害事实已经发生的情况下,双方均没有过错,以公平作为标准,根据实际情况和可能,由双方当事人公平地分担损失。本案中陈某死亡的损害后果,属于意外事件,结伴同行的吴某、宋某、李某、周某等四人对陈某的死亡并无过错,且已尽必要的救助义务,但陈某确因大家进行溪降的共同利益布点时受伤致死,故一审法院酌情确定吴某、宋某、李某、周某连带补偿邓某、陈紫萱、陈国忠、游某经济损失10万元,符合法律规定,并无不当。上诉人吴某主张补偿数额过高的理由不能成立,法院不予采信。综上,上诉人邓某、陈某2、陈某3、游某、吴某的上诉请求均不能成立,应予驳回。依照《中华人民共和国民事诉讼法》第一百七十条第一款第一项规定,判决如下:驳回上诉,维持原判。

三、原告张某等与被告北京市自行车运动协会和汤某等生命权、健康权、身体权纠纷

(一)案件经过

刘某与汤某等人通过在"驰鹿聊吧"微信群中相约参加骑行活动,2015年9月12日,刘某与汤某、李某、蔡某、熊某、潘某、夏某、康某等大约二十余人开展往返门头沟的骑行活动,并于当日中午在门头沟区安家庄附近河边共同烧烤饮酒。在当日下午,刘某与汤某、李某、蔡某、熊某、潘某、夏某、康某共同骑行返程。途中刘某发生单方交通事故。一过路车辆发现后,拨打110报警和120急救电话。汤某等人得知刘某出事后,大约于16时30分至16时41分期间陆续返回事故现场,于16时41分至17时03分期间多次拨打120、999急救电话,联系刘某所在单位,并拦截路过救护车辆为刘某进行救助。后刘某被救护车送往北京市门头沟区医院救治,因抢救无效死亡。另查明,参加此次骑行活动的人员大部分互相不知道真实姓名,烧烤餐饮费用由参加者共同支付,没有当事人从中盈利的情形。

张某、刘某2、周某向北京市门头沟区人民法院提出诉讼,认为北京市自行车运动协会对骑行活动未尽到组织管理监督职责,未履行安全保障义务。同时,汤某等七人,作为骑行活动的具体组织者、参与者,未尽到妥善的管理协调、安全防护义务,更未尽到必要的照顾及注意的义务。在刘某发生事故时,汤某等无一人在现场;在事故发生后,汤某等未采取任何积极有效地救护、帮助措施。因此自行车运动协会和汤某等在骑行活动中存在过错,应对刘某的死亡承担民事赔偿责任。请求判令汤某、李某、蔡某、夏某、熊某、潘某、康某、自行车协会共同赔偿医疗费1 452元、丧葬费42 516元、被扶养人生活费366 420元、死亡赔偿金1 057 180元,以上共计1 467 568元。

(二)一审法院判决

法院认为:本案的争议焦点在于,各被告是否尽到了组织者的安全保障义务和参加者的伙伴救助义务。

1. 关于组织者的安全保障义务

《中华人民共和国侵权责任法》第三十七条第一款规定:"宾馆、商场、银行、车站、娱乐场所等公共场所的管理人或者群众性活动的组织者,未尽到安全保障义务,造成他人损害的,应当承担侵权责任。"根据上述规定,群众性活动的组织者,在组织的活动中应尽到安全保障义务,如存在过错,未尽到安全保障义务,造成对他人人身或者财产权益损害的,应承担相应的侵权责任。

就本案而言,此次户外骑行活动的参加者之间无隶属关系,共同出资烧烤餐

饮,不涉及经营或者盈利,应属于自发式户外运动。自发式户外运动属于群众性活动的一种,活动的组织者仍应尽到安全保障义务,但该安全保障义务应有一定的合理限度,其限度范围应根据活动的性质和特点来确定。首先,自发式户外运动不具有营利性,组织者并不从中获取利润。因而该类活动的组织者应当承担的责任不同于商业性营利活动的组织者。后者要承担更为严格的责任。第二,自发式户外运动组织者只负责召集参加者、安排路线行程、管理费用支出等,活动中一些事项需参加者共同决定,组织者对于参加者没有较大的支配权。参加者相对独立、自由,地位平等,组织者和参加者之间不存在绝对的管理和服从、相互隶属关系。因而从组织形式来看,自发式户外运动的组织者也不应承担过重的安全保障义务。第三,与一般群众性活动不同,自发式户外运动存在该类活动自身特有的危险性,自然环境比较复杂,且受到天气、地形等自然因素的影响,参加者自愿参加该类活动,应视为其自愿承担相应的风险。在一般的社会活动中,不应该有超出日常生活的不合理的危险,因而组织者的安全保障义务较重。而在户外活动自冒风险的前提下,组织者对于户外活动本身的风险导致的损害是可以免责的。第四,作为自发式户外运动的组织者,可能没有过多的组织经验,专业性不强,与其他参加者一样只是该项运动的爱好者,意在与兴趣爱好相同的人共同享受该项运动带来的乐趣。组织者并非都是决策者,其决定也不一定都是周全或者正确的,只要不存在明显的重大过失,就不应当要求其承担责任。

根据法院认定的事实,汤某通过在"驰鹿聊吧"微信群中发布信息,召集此次骑行活动,该信息明确了骑行活动的时间、大致路线,可以认定汤某系此次自发式户外运动的组织者,其对于参加活动的人员,负有一定的安全保障义务。汤某于2015年9月8日在微信发言时,提示大家注意骑行安全。应当说汤某在发起户外运动之初,尽到了应当注意的义务。虽然刘某在此次活动休息期间有饮酒行为,但现在并无证据证明饮酒系汤某所倡议,也无证据证明酒水系汤某所提供,亦无证据证明刘某发生的单方交通事故与饮酒有关。

刘某作为完全民事行为能力人,应当清楚饮酒后骑行的风险,汤某作为自发式户外运动的组织者,没有权力和义务制止参与者自愿的饮酒行为,故张某、刘某2、周某以汤某在聚餐时未避免车友饮酒为由,主张其未尽到组织者的安全保障义务,法院不予采信。在事发当日得知刘某受伤后,汤某多次拨打救助电话,并与其他同行者一同拦截救护车、协助随车人员救护等,汤某采取的救助措施符合当时的客观环境及自身条件,不能认为是没有积极救助。综上,汤某在本次自发式户外运动中,对刘某发生单方交通事故死亡的后果并无故意或者重大过失,作为组织者对刘某尽到了相应的安全保障义务,不应承担未尽安全保障义务的侵权责任。

2. 关于参加者的伙伴救助义务

《中华人民共和国侵权责任法》第六条第一款规定:"行为人因过错侵害他人民事权益,应当承担侵权责任。"根据上述规定,侵权责任的构成要件之一是行为人存在过错。本案中,刘某因单方交通事故死亡,汤某等七人作为与刘某共同参加骑行活动的伙伴,判断其是否存在过错,关键在于判断其是否存在应尽的注意义务而未尽到。

因户外运动固有的风险,为了更好地保障参与者的人身安全,体现人们对生命价值的尊重,自发式户外运动的伙伴之间应发扬诚信友爱、危难相助的美德,履行一定的伙伴救助义务。伙伴救助义务是指人们基于共同意思而从事某种活动或者处于某种环境时,一方面临人身危险,另一方应给予力所能及的救助。但同样,因为自发式户外运动赋予了参加者更大的主动性与自由度,为了享受户外运动的乐趣,每名成员均可自我管理,自由表达主观意愿,且没有人从中收获商业利益,所以,对该义务的要求不能过苛,否则,会抑制诸如户外骑行此类活动的开展。具体而言,伙伴救助义务包含以下内容:①在意识到伙伴面临可能的危险时,应当及时进行提醒和劝告,防止危险产生。但警告义务并非制止义务,因为同为活动的参加者,地位平等,行动自由,他人没有义务亦未必有能力完全阻止其伙伴的行为。②当危险已经发生,处于共同环境的伙伴应该伸出援手,进行救助,这种救助既包括亲自实施,也包括协助遭遇危险的伙伴向第三人或专业人员求助。救助义务并不强求必须达到救助成功的效果,义务人在条件和能力范围内履行适当的救助行为即可。③当损害已经发生,处于共同环境的伙伴应该履行通知义务,即通知受害人的亲属或者公权机构、专业机构等。

本案中,汤某作为参加者之一,在最初发布活动信息时,提示大家骑行注意安全,尽到了提醒义务。参与此次骑行活动的人员,在等候刘某休息完毕后与刘某共同骑行返程,在得知刘某出事后纷纷返回事发地点,尽其所能采取拨打120、999急救电话、拦截路过的救护车予以救助等方法,且后来骑行至距离较远的医院帮忙救助,并非放任不理。汤某等七人采取的救助措施符合当时的客观环境及自身条件,应视为已经履行了伙伴之间互相救助的义务。汤某等七人在返回事故现场积极帮忙救助的同时,还主动联系刘某生前所在单位,对于互相并不熟识的骑友而言,应该视为其尽到了通知的义务。虽然最初两名骑友返回现场10分钟后才有骑友拨打120救护电话,但根据执法记录视频显示,最初两名骑友返回事故现场时,一男一女明确说已拨打了120。该二人走后,其他骑友陆续返回事故现场,每个人并不清楚之前发生了什么,已采取何种措施,发现现场无人拨打120后,立即拨打120、999救护电话并多次催促。汤某等七人采取救护措施的时间与方式符合当时客观情况,并非不积极救助。虽然刘某在此次骑行活动休息期间有饮酒行为,但其并非骑行活动的初学者,作为一个完全民事行为能力人及自行车协会注册会员,其应当对骑行活动的风险做出认识和判断,并根据自身情况对是否饮酒等相关事项加以选择。现并无证据证明汤某等七人存在劝酒行为,刘某亦未达到醉酒状态,其死亡主要是由交通事故与骑行运动固有的风险包括活动区域偏远、无法及时救护等因素造成,这些因素并非汤某等七人所能控制。汤某等七人对刘某的死亡并不存在过错,故不应承担侵权赔偿责任。

3. 关于自行车协会应否承担责任

原告张某、刘某2、周某以自行车运动协会对其所属骑行队未尽到组织监管责任,对骑行队及会员缺乏安全教育和宣传为由,主张自行车运动协会未尽到安全保障义务,要求其承担侵权赔偿责任。法院认为,根据《中华人民共和国侵权责任法》第三十七条第一款的规定:负有安全保障义务的主体应当是公共场所的管理人和群众性活动的组织者。本案中,此次骑行活动是骑行爱好者以微信作为联系工具自发组织的活动,自行车运动协会既非此次户外骑行活动的发起者,也非组织者,其没有权力和义务对此次活动进行干预和管理,对该活动的危险源亦不具备任何控制能力,故依法不应承担安全保障义务。至于自行车运动协会的日常组织监管、安全教育宣传是否到位,与刘某的损害后果并无法律上的因果关系,并非其承担侵权责任的法定事由。因此,张某、刘某2、周某要求自行车运动协会承担侵权责任的诉讼请求,缺乏事实和法律依据,法院不予支持。

综上,法院依据《中华人民共和国侵权责任法》第六条第一款、第三十七条第一款,《中华人民共和国民事诉讼法》第六十四条第一款之规定,判决驳回张某、刘某2、周某的诉讼请求。

(三)二审法院判决

张某、周某因与被上诉人汤某、李某、蔡某、夏某、熊某、潘某、康某,原审被告北京市自行车运动协会生命权、健康权、身体权纠纷一案,不服北京市门头沟区人民法院(2016)京0109民初3650号民事判决,向北京市第一中级人民法院提起上诉,请求撤销一审判决,依法改判支持张某、周某一审诉讼请求。

法院认为,本案二审争议的焦点问题为汤某等七人是否应对刘某的死亡负相应的侵权责任;自甘冒险能否成为汤某等人的免责事由;如果成立侵权责任,则汤某等七人之间的责任如何划分。

1. 汤某等七人是否应对刘某的死亡负相应的侵权责任

本案中,汤某等七人是否应对刘某的死亡负侵权责任,关键是看汤某等七人对于共同骑行的伙伴刘某是否存在相应的注意义务,以及汤某等七人是否违反了这一注意义务。

第一,汤某等七人是否存在相应的注意义务。本案中,汤某等七人曾主张,根据我国民法通则的相关规定,类似本案这种既不收费也无营利的自发结伴而行的骑行活动,参与者之间并无民事合同关系,微信群友之间也未形成负有安全保障义务的法律关系。对此,法院认为,民法作为调整平等主体之间人身关系和财产关系的法律规范,其对人们日常生活的介入的确是有限度的。一般情况下,人们日常生活中的很多生活事实,并不会导致民事权利的发生、变更或消灭,民法并不予以关注。例如本案中单纯的不具营利性和比赛性的自发相约骑行,就属于并不引起民事权利变动的生活事实,是社交层面的情谊行为,而不是法律行为。在类似于本案相约骑行这种社交层面的情谊行为中,相约者之间并不负担必须履行的义务。比如,本案中汤某通过微信群约群友一起去骑行,被约之人即使答应要去,也并不负担必须去的法律义务。并且,即使他事后明确表示不去,汤某也不能追究其违约责任。因为这种情谊行为是民法不予介入的社会生活空间。

但是,被约之人一旦以实际行动加入到骑行活动中,则所有实际参与骑行的当事人之间的关系就发生了深刻的变化。在实际参与骑行活动之前,相约者之间在空间上相互隔离,彼此之间仅仅负担"诚实生活,不害他人,各得其所"的一般注意义务。在选择共同的路线实际参与骑行活动之后,相约者之间则由此前的相互隔离变为正面接触,彼此之间基于此次非营利、非比赛的骑行之共同目的产生信赖,并且基于这种具体的信赖,相互开启了各自的权利领域。此时,选择同一路线共同骑行的骑友之间由此前的一般关系转化为特别交往关系或特别约束关系,从而产生了更强的权利保护需求。相应的,他们之间也相互产生了比侵权法上一般注意义务(即"诚实生活,不害他人"的义务)更高的注意义务。也就是,基于社交相约而在同一路线共同骑行的先行行为,骑行者之间产生了相互之间的更高的注意义务。本案中,不仅存在单纯的相约行为,而且在相约之后汤某等七人与刘某按照同一路线共同骑行,因而在他们之间产生了比一般注意义务更高的注意义务。这种义务对于组织者而言,是我国侵权责任法规定的安全保障义务;对于其他参加者而言,则是基于诚实信用原则和共同从事某项活动的事实而产生的帮助义务。

第二,汤某等七人是否违反了这一注意义务。庭审中,汤某等七人主张,即使存在安全保障义务或伙伴救助义务,他们也已经尽到了相应的义务,不应承担责任。对此,法院认为,根据上面的分析,既然汤某等七人与刘某基于涉案的实际骑行活动产生了比一般注意义务更高的注意义务,则考察是否违反这一义务,就需要结合这一注意义务的内容并根据本案的实际情况进行具体的考察。

从义务的内容上看,参加不具有营利性和比赛性的相约骑行活动的骑友之间,其注意义务主要是骑行活动中的互相提醒、劝告、帮助、扶持等。当发生损害事故时,参加骑行活动的骑友之间还应当提供一般人所能提供的力所能及的救助。鉴于骑行活动的危险性,这里的提醒、劝告、帮助、扶持等义务,是一种主动的、积极的义务,贯穿于骑行活动的始终,这与一般的仅仅是不侵害他人的注意义务是不同的。同时,对于组织者而言,其承担的安全保障义务虽然应低于商业性骑行活动或竞赛性骑行活动组织者的义务,但仍然应承担比一般骑行参加者更高的注意义务。组织者除了应承担以上一般骑行者应承担的注意义务外,还应承担召集参加者、安排路线、管理费用支出、督促骑行人员遵守基本的骑行安全常识等义务。组织者和其他参加者一旦违反上述各自的注意义务,未能避免损害的发生,则此前社交层面的情谊行为就转化为情谊侵权行为,义务违反者即应承担相应的赔偿责任。

本案中,虽然汤某在审理中主张此次骑行活动是自发组织,自己并非是组织者。但结合汤某事先在微信群中发布骑行时间、路线和后勤保障的通知以及大家在微信群中的反馈等相关事实情况,一审判决已将汤某认定为此次骑行活动的组织者,法院对此不持异议。骑行活动是一项具有较强危险性的体育活动,尤其是在骑行路线中存在山路、弯道等复杂路况时,骑行的危险性更为明显。本案中,汤某作为组织者所选择的线路存在较多的陡坡和弯道,这本是为了提升骑行活动的挑战性和趣味性,但同时,却也增加了此次骑行活动的危险性。在这种情况下,作为组织者的汤某应对骑行活动的安全性进行起码的评估,并提醒、告诫和督促参加骑行人员注意安全。事实上,汤某也的确在微信群中明确提示大家注意安全。但是,考虑到骑行活动所固有的危险性及本次骑行活动所选路线所增加的危险性,作为组织者的汤某除了进行一般的"注意安全"式的提醒外,至少应提醒和告诫参加骑行者不应饮酒,或者在发现有人饮酒时进行善意的提醒或规劝(而不必制止,也无权制止)。这种提醒或规劝的成本非常低,任何人只要稍尽注意,即可做到。但本案中没有任何证据表明汤某对大家的饮酒行为有任何的提醒和劝告,反而是有大量证据表明汤某自己也和大家一起饮酒。虽然并无证据表明刘某所发生的单方交通事故与饮酒有关,且当事人之间关于刘某到底是喝了两瓶瓶装啤酒还是四瓶瓶装啤酒存在争议,但一个不可否认的事实是,刘某在出事后大量失血流失酒精并进行输液稀释酒精的情况下,且在出事后六小时(在此期间酒精也会进行自然代谢)的情况下,检验报告仍然显示刘某血液内酒精含量高达 56.4mg/100ml。也就是说,刘某在出事时,体内酒精含量应更高于 56.4mg/100ml。在这种情况下,刘某发生交通事故的几率无疑将大大增加。作为组织者的汤某只要安排或者建议一两名骑友跟随在刘某附近进行提醒或随时提供帮助,刘某发生单方交通事故的概率就会降低,发生交通事故没有人在现场以致耽搁了黄金救助时间的情况也就不会存在。并且,这种安排或建议的成本也非常低,只要稍加注意,就可做到,被安排的人也会理解而予以配合。但是,没有证据表明汤某做出了这样的安排或建议。基于以上分析,法院认为,汤某作为组织者在此次骑行活动中并未完全尽到安全保障义务,应当承担相应的责任。

本案中,汤某之外的其他六人并非此次骑行活动的组织者,而仅仅是参与者。但是,基于他们与刘某选择同一路线共同骑行的先行行为,大家相互之间产生了一定的帮助扶持义务。基于与上述关于组织者承担责任的相同理由,当大家共同参加具有一定危险性的骑行活动时,相互之间应进行必要的安全提醒,提醒和劝诫不要喝酒、不要接打电话等。当发生损害的危险因素增加,如有人饮酒过量时,大家应提高警惕,对饮酒过量之人进行适当的照看或帮助,以避免损害的发生。同样的,上述提醒、劝诫以及适当的照看或协助,非常容易做到,成本很低。但是,现有证据并未表明其他六人中有任何一人尽到了这样的提醒、照看或帮助义务。因此,法院认为,汤某之外的其他六人也没有完全尽到同一路线共同骑行的参加者所应尽的帮助义务,应当承担相应的责任。一审判决认定汤某等七人已尽到相应的注意义务从而判决其不承担责任有所不当,法院予以纠正。

当然,法院也注意到,在事故发生后,汤某等七人返回事故现场竭尽所能积极协助交警和医务人员进行施救,做了大量的配合工作,充分体现了骑友之间的互助友爱精神,应该予以充分的肯定。但是,这些积极施救行为都是在损害事故发生之后,并且,这些积极的补救行为也并未能阻止刘某的死亡,无法弥补之前的过失行为。因此,从法律上,应当把损害发生之前的义务违反行为和损害发生之后的积极补救行为区分开来,不能用损害发生之后的积极补救行为来折抵之前的过失侵权行为。尽管如此,法院仍然对汤某等七人的事后救助行为给予充分肯定,这些救助行为虽然不能成为汤某等承担侵权责任的阻却事由,但应成为法院判定损害赔偿数额时的酌定事由,法院将充分考虑汤某等人在事后的积极救助行为,适当减轻其承担的损害赔偿数额。

2. 自甘冒险能否成为汤某等人的免责事由

汤某等七人在诉讼中主张此次骑行活动是群众性、自发性活动,自愿参加,自担风险,因而汤某等七人不应承担责任。对此,法院认为,自甘冒险是受害人明知可能遭受来自特定危险源的风险,却依然冒险行事。第一,在自甘冒险中,受害人虽然同意承受一定的危险,但其并不真的希望产生这种危险,他不会直接去追求对自己利益的损害。第二,至关重要的是,自甘冒险仅仅是针对受害人和直接加害人而言的。就如同拳击运动中互相对抗的双方那样,他们都是自甘冒险的,受害人不可能要求按照拳击规则出拳打伤自己的对手赔偿。并且,即便是在受害人和直接加害人之间主张自甘冒险抗辩,也并不必定免除加害人的侵权责任,而是要通过适用过失相抵规则具体地、因案制宜地减轻或免除其责任。本案中,受害人刘某参加具有危险性的户外骑行活动发生事故,该事件并不存在直接加害人,因而并不存在自甘冒险抗辩的基础。第三,在一些极端情况下,即使损害是由受害人故意造成的,队友或伙伴仍有帮助救助义务。举重以明轻,骑行活动本身有固有风险,这种风险使得参加骑行活动的人处于危险之中。相比受害人故意造成的自己损害而言,来自外部风险和受害人本人重大过失而造成的损害,更应得到队友或伙伴的救助。第四,在类似于本案这样的共同骑行活动中,大家组队骑行的目的一方面是为了锻炼身体、增进友谊,另一方面也是为了降低风险以及危险发生时能够起到救助作用,把风险降到最低。因此,参加共同的骑行活动,往往不是自甘冒险,反而是为了降低风险。基于以上分析,法院认为,汤某等人以刘某参加共同骑行活动是自甘冒险作为免责事由不能成立。

3. 汤某等七人之间的责任应如何划分

根据《中华人民共和国侵权责任法》第二十六条之规定,被侵权人对损害的发生也有过错的,可以减轻侵权人的责任。本案中,刘某作为完全民事行为能力人,且作为具有一定骑行经验的骑行者,明知此次骑行活动的危险性,但仍然不顾安全而饮酒骑行,并造成骑行返程中发生单方交通事故而死亡的严重后果,其自身对于损害后果的发生存在重大过失,应当承担此次损害后果的主要责任。

根据《中华人民共和国侵权责任法》第三十七条第一款之规定,宾馆、商场、银行、车站、娱乐场所等公共场所的管理人或者群众性活动的组织者,未尽到安全保障义务,造成他人损害的,应当承担侵权责任。本案中,汤某作为自发性的群众性骑行活动的组织者,在组织骑行活动过程中没有完全尽到安全保障义务,应当承担相应的民事责任。同时,根据《中华人民共和国侵权责任法》第六条之规定,行为人因过错侵害他人民事权益,应当承担侵权责任。本案中,汤某之外的其他六人在参加本次骑行活动中没有完全尽到骑行队友之间的帮助义务,对损害事故的发生存在过错,也应承担一定的民事责任。

鉴于刘某的死亡结果主要由其自身原因造成,汤某等七人的过失行为对其死亡结果的原因力非常小,且汤某等七人在事发前尽到了一定的注意义务,在事发后积极参与救助,故法院综合上述情况酌情确定汤某等七人的赔偿数额。汤某因作为组织者在骑行活动中较一般参与者发挥着更大的作用,应当承担相对较大责任,其他六人承担相对较小的责任。经法院核查,刘某发生的医疗费为1 452元,丧葬费为42 519元,张某、周某请求的丧葬费为42 516元,法院不持异议。由于刘某的父亲已经在诉讼中去世,则本案涉及的被扶养人仅为周某(超过75周岁),其被扶养人生活费为183 210元,刘某去世时不足60周岁,其死亡赔偿金为1 057 180元,以上共计1 284 358元。在此数额内,汤某承担8 000元的赔偿责任,李某、蔡某、夏某、熊某、潘某、康某每人承担5 000元的赔偿责任。

综上所述,张某、周某的上诉,具备一定的事实及法律依据,对其合理部分,法院予以支持。一审判决在认定汤某等七人是否违反注意义务、是否应当承担责任方面存在错误,法院予以改判。依照《中华人民共和国侵权责任法》第六条、第二十六条、第三十七条第一款,《中华人民共和国民事诉讼法》第一百七十条第一款第(二)项之规定,判决如下:

一、撤销北京市门头沟区人民法院(2016)京0109民初3650号民事判决;

二、本判决生效后十日内汤某给付张某、周某赔偿金8 000元;

三、本判决生效后十日内,李某、蔡某、夏某、熊某、潘某、康某分别给付张某、周某赔偿金5 000元,共计30 000元;

四、驳回张某、周某的其他诉讼请求。

(四)再审审查与审判监督裁定

再审申请人汤某因与被申请人张某、周某及一审被告、二审被上诉人李某、蔡某、夏某、熊某、潘某、康某和一审被告北京市自行车运动协会生命权、健康权、身体权纠纷一案,不服北京市第一中级人民法院(2017)京01民终1536号民事判决,向北京市高级人民法院申请再审,请求撤销本案二审民事判决,维持本案一审民事判决;一、二审诉讼费由被申请人承担。认为:①二审法院认定再审申请人等人未尽到注意义务的理由不成立,并与相关证据呈现的法律事实相违背;②二审法院关于事故发生原因的推测超越了其职权,是典型的枉法裁判;③二审法院关于再审申请人等人未尽到充分的救助义务的认定违背了基本事实,是错误的判决;④再审申请人等人对于事故的发生没有任何过错,也未实施任何侵权行为,二审法院判决再审申请人等人承担侵权责任,没有事实和法律依据,本案依法应予纠正。

法院经审查认为,本案存在的主要问题为,汤某等人是否应对刘某的死亡负相应的侵权责任;自甘冒险能否成为汤某等人的免责事由;如果成立侵权责任,汤某等人之间的责任如何划分。

本案中,汤某提出的申请再审理由与其在一、二审时的辩称意见理由基本一致。经审查,关于汤某提出的申请再审理由,二审法院在判决理由中给予了具体细致明确的分析阐释。法院认为,并无不妥。

正如二审法院在判决理由中所称,对于骑行这样的群众性户外运动应该予以鼓励并进行保护。但是,鼓励不等于放任。如果以自发性活动和自甘冒险为由而豁免活动组织者和参加者起码的注意义务,实际上是对骑行安全的漠视。从长远来看,更会导致群众性骑行活动的不健康发展甚至畸形发展。相反,要求骑行的组织者和共同参加者承担适当的注意义务不但不会阻碍群众性骑行活动的发展,反而会促使该项运动更为健康、有序、规范、安全地进行。法院判决汤某等人承担适当的责任,目的不仅仅是对刘某家人的赔偿和慰藉,更是为了督促骑行活动的组织者和参加者充分提高安全防范意识,杜绝饮酒等一切有悖活动安全要求的行为。同时也是为了督促骑行活动的组织者和参加者在活动过程中相互之间施以举手之劳的关爱,最大程度地防止损害结果的发生,而不仅仅是在损害发生之后才给予积极救助。对于二审法院上述的判决理由,法院予以支持。

根据本案查明情况,一审判决在认定汤某等人是否违反注意义务、是否应当承担责任方面存在错误,二审法院予以改判,认为主要过错在于刘某本人,汤某等人亦存在一定过错,判决汤某等人承担较少比例的过错责任。法院认为,并无不当。

根据本案查明情况,汤某等人主张的申请再审理由虽有一定依据但依据不足,即不足以证明其主张的本案应当提审的申请再审理由成立。

综上,根据本案查明的情况,本案不存在应当再审的申请再审理由。汤某提出的申请再审事由,不符合《中华人民共和国民事诉讼法》第二百条规定的应当再审的情形。依照《中华人民共和国民事诉讼法》第二百零四条第一款,《最高人民法院关于适用＜中华人民共和国民事诉讼法＞的解释》第三百九十五条第二款规定,裁定驳回汤某的再审申请。

四、乐某与被告长沙火山户外运动策划有限公司、中国平安财产保险股份有限公司深圳分公司旅游合同纠纷

(一)案件经过

2016年1月,火山户外公司在网上组织"强冷来袭,相约一起去南岳衡山祈福赏雾凇,见证冰雪奇缘"活动。2016年1月21日,乐某报名参加了上述活动,并向火山户外公司交纳了团费248元并支付45元购买了一副冰爪。火山户外公司的员工陈某为包括乐某在内的18位活动参与者在被告平安保险深圳分公司投保了"慧择—畅享户外"户外运动保险,约定高风险运动意外身故、伤残保险限额为100 000元、意外伤害医疗保险限额为15 000元。保险条款第八条约定,对营养费、辅助器具费、护理费、交通费、伙食费、误工费,保险人不承担给付保险金责任。2016年1月24日,火山户外公司组织参与者进行了攀爬衡山活动,乐某在活动中摔伤,火山户外公司的导游及活动参与者立即将乐某送到南华大学附属医院进行治疗,并于当晚将乐某送至长沙市中医医院继续治疗。

乐某于2016年2月15日出院,共住院22天,出院诊断为左胫骨下段骨折、左腓骨上段骨折、宫颈多发囊肿。乐某在两个医院的住院费共计30 679.53元,其中医保支付22575.11元、中国平安人寿保险股份有限公司(以下简称平安人寿保险公司)保险支付3 572.9元、乐某自付4 531.52元;乐某支付的门诊医疗费用共计3 054.7元。2016年2月15日,乐某支付116元购买了残疾辅助器具。2016年2月16日,乐某支付2016年1月26日至2016年2月16日的护理费4 480元(32天×140元/天,2月7日—13日春节期间加倍)。火山户外公司于2016年1月25日向乐某支付了4 000元。乐某于2016年5月3日委托湖南师范大学司法鉴定

中心根据《劳动能力鉴定—职工工伤与职业病致残等级分级》标准对乐某的伤残程度、误工、护理、营养期、后续治疗费进行了鉴定。

经火山户外公司申请,法院依法于 2017 年 4 月 7 日委托湖南省湘雅司法鉴定中心依据《人体损伤致残程度分级》标准对乐某的伤残等级、误工期、护理期、营养期及后期医疗费进行了鉴定,该中心于 2017 年 4 月 12 日做出湘雅司鉴中心[2017]临鉴字第 248 号《法医学鉴定意见书》,鉴定意见为:乐某的伤情构成十级伤残,误工期为 6 个月、护理期为 3 个月、营养期为 3 个月,后期医疗费为 8 000 元。

乐某向长沙市雨花区人民法院提起诉讼,请求法院判令原告的损失(包括医疗费、护理费、误工费、伙食补助费、交通费、营养费、残疾赔偿金、残疾辅助器具、被扶养人生活费、后续治疗费、鉴定费、后续治疗期间护理费、误工费等)共计 225 623.43 元,由被告平安保险深圳分公司在意外伤残保险责任范围内赔付 107 586.22 元,被告火山户外公司赔偿其余损失 118 037.21 元;判令两被告承担本案诉讼费用。

被告火山户外公司辩称:①被告火山户外公司与原告之间不构成旅游合同关系,只是普通的相约出行;②被告火山户外公司在进行活动组织的时候,对于活动的风险、难度进行了相应的提示;③被告火山户外公司已为原告投保了意外保险,履行了组织活动声明中的购买保险的责任。

被告平安保险深圳分公司辩称:①被告平安保险深圳分公司作为"履行意外伤害保险"的保险人,与原告之间成立的人身保险合同关系,而原告与被告火山户外公司之间成立的是旅游合同关系,两者属于不同的法律关系;②被告平安保险深圳分公司也不能作为第三人参加本案诉讼;③被告平安保险深圳分公司仅在保险责任范围内及保额范围内承担保险责任,对于超出的范围,不承担保险责任;④《保险条款》中约定被告平安保险深圳分公司赔付伤残保证金的鉴定依据是《人身保险伤残评定标准》;⑤对于本次事故的发生,原告自身应承担一定的责任。

(二)一审法院判决

法院认为:《最高人民法院关于审理旅游纠纷案件适用法律若干问题》第三条规定,因旅游经营者方面的同一原因造成旅游者人身损害、财产损失,旅游者选择要求旅游经营者承担违约责任或者侵权责任的,人民法院应当根据当事人选择的案由进行审理。第七条规定,旅游经营者未尽到安全保障义务,造成旅游者人身损害、财产损失,旅游者请求旅游经营者承担责任的,人民法院应予支持。本案原告在火山户外公司安排的户外活动中受伤,选择以合同之诉要求被告火山户外公司承担赔偿责任,符合上述规定。原告在被告火山户外公司的安排下进行户外登山活动,火山户外公司作为旅游经营者,应提供服务,保障游客安全,对在旅游过程中可能危及旅游者人身、财产安全的情况,应事先说明或者明确警示,并采取防止危害发生的措施,火山户外公司虽做了必要提示,但安全保障义务不完全,致使原告人身受到损害,应承担相应的赔偿责任。在强冷天气下进行户外登山活动,本身具有较高的危险,原告作为成年人,应当知道强冷天气登山看雾凇是一项存在一定危险性的活动,应对自身安全尽到合理的注意义务。原告登山中受伤与自身未尽安全注意义务存在一定关联,亦存在过错。结合本案案情,法院酌情认定被告火山户外公司对原告的损害后果承担60%的责任,原告自负40%的责任。

被告火山户外公司在被告平安保险深圳分公司处投保了户外运动保险。原告主张先由被告平安保险深圳分公司在保险限额范围内对原告的损失进行赔偿,法院予以支持,不足部分由原告与被告火山户外公司按比例分担责任。被告平安保险深圳分公司辩称不应承担赔偿责任,不符合法律规定和合同约定,法院不予采纳。

原告的损失合计128 535.22元,其中医疗费15 586.22元、残疾赔偿金、被扶养人生活费共计75 420元,由被告平安保险深圳分公司分别在意外伤害医疗保险限额内赔偿15 000元,在高风险运动意外身故、伤残保险限额内赔偿75 420元,其余损失38 115.22元,由被告火山户外公司赔偿22 869.13元(38 115.22元×60%),减去已向原告支付的4 000元,被告火山户外公司还应赔偿18 869.13元。

依照《中华人民共和国合同法》第六十条、第一百零七条、第一百二十二条,《中华人民共和国保险法》第六十五条,《最高人民法院关于审理旅游纠纷案件适用法律若干问题的规定》第三条、第七条,《最高人民法院关于审理人身损害赔偿案件适用法律若干问题的解释》第十七条、第十九条、第二十条、第二十一条、第二十二条、第二十三条、第二十四条、第二十五条、第二十六条、第二十八条,《中华人民共和国民事诉讼法》第六十四条第一款之规定,判决:

(1)被告中国平安财产保险股份有限公司深圳分公司于本判决生效后十日内赔付原告乐某90 420元。

(2)被告长沙火山户外运动策划有限公司于本判决生效后十日内赔付原告乐某18 869.13元。

(3)驳回原告乐某的其他诉讼请求。

五、张某与被告安联财产保险(中国)有限公司人身保险合同纠纷

(一)案件经过

2018年5月27日,肖某随漯河风行户外健康俱乐部前往鲁山县四棵树乡境内的羊圈沟进行野外登山活动。2018年5月26日,肖某在被告安联财产保险(中

国)有限公司(简称:安联保险公司)处投保《动力无限—安联户外运动保障基本计划》,保险合同的有效期自2018年5月27日零时至2018年5月27日23时59分。该保险意外身故及伤残保险金额为100 000元,意外医疗(免赔100元,100%赔付)保险金额为10 000元,紧急医疗运送和往返保险金额为10 000元,身故遗体运返(丧葬费用以20 000元为限)保险金额为20 000元。该保险合同中,对属于个人人身意外伤害及旅行身故遗体运返保险责任免除的情形作出了明确约定。在登山过程中,肖某不慎摔倒,其头部受伤后死亡。110、119救援队,120急救车在接到报警后赶到车场村大块地时,肖某已经死亡。当日下午18时许,由鲁山县四棵树乡车场村大块地农民救援队8名成员将肖某的遗体运送到山下。当日下午19时,肖某的遗体被运回漯河。2018年5月29日,肖某的遗体在郑州市殡仪馆火化。

2018年11月15日,原告张某向被告安联保险公司进行索赔。2019年1月22日,被告安联保险公司向原告支付遗体运返费用10 400元,但被告以无资料显示肖某遭受到保单约定的意外事故导致身故,未向原告支付意外身故保险金。因双方就赔偿问题未达成一致意见,原告遂以安联保险公司为被告提起民事诉讼,请求被告支付保险金。

原告认为,根据保险合同约定,意外身故及伤残保险金额为10万元,身故遗体运返保险金额2万元。2018年5月27日,肖某在野外登山,发生意外死亡。后原告要求被告给付保险金12万元,被告仅赔付部分保险金,余下保险金109 600元被告借故不予赔偿。原告作为肖某合法继承人有权要求被告支付保险金,被告也应当按照保险合同约定支付余下的保险金109 600元。

被告安联保险公司辩称:①原告未能提供被保险人肖某身故原因的有效证明文件,我公司有权不承担无法核实部分的保险金赔付责任。原告在2018年11月15日向我公司申请领取保险金,经我公司多次沟通,原告均未能提供符合合同约定的有效证明文件或者其他合法有效的材料,说明肖某的身故原因为意外事故。结合原告提供的申请材料,我公司无法核实被保险人身故原因符合保险合同约定的保险责任范围。根据保险合同约定,我公司对无法核实部分不承担给付保险金的责任,符合保险法和合同的约定。②原告未及时向我公司告知被保险人的事故,导致我公司无法确定事故是否属于保险责任范围,原告应当对自身故意或者因重大过失未及时通知的行为承担法律后果。被保险人于2018年5月27日身故,遗体于5月29日被火化。但原告在时隔近半年后,至2018年11月15日才向我公司提出理赔申请。如前所述,原告理赔申请时提供的材料,未能证明被保险人的身故事故属于保险责任范围。原告未能及时通知,导致我公司未能进一步了解、调查事故情况和成因等,无法确认保险责任。因无法确定涉案事故的保险责任是由于原告的故意或者重大过失造成的,我公司对无法确定的事故,无需承担保险金给付责任。③我公司已就被保险人身故遗体运返事宜支付了 10 400 元,原告要求支付 9 600 元没有依据。

(二) 一审法院判决

法院认为,肖某与被告安联保险公司之间的保险合同依法成立、有效并受到法律的保护,双方均应在按照保险合同的约定行使权利、履行义务,被告安联公司在出现符合保险合同的理赔情况时,应当按照保险合同约定支付相应的保险金。肖某投保的保险合同约定,意外身故及伤残保险金额为 100 000 元。被告安联保险公司出具的理赔通知书中对意外伤害也作出了相应的解释:"意外伤害,指以外来的、突发的、非本意的和非疾病的客观原因为直接或单独的原因致使身体受到的伤害"。依据本案中查明的情况,肖某在进行野外登山活动中,不慎摔倒致头部受伤后死亡,属于因发生意外事故而造成肖某死亡的情形。在肖某意外身亡后三日内进行遗体火化符合本地风俗习惯。因不存在抢救的情形也就不存在医院出具的死亡证明,本不属于刑事案件,公安机关不会再对死者进行尸体检验后出具检验报告确定死亡原因。现无证据证实存在属于被告安联保险公司责任免除的情形,被告安联保险公司以原告提供的资料不齐全为由拒绝支付保险金的行为实际上在推脱自身的责任,加大原告依据保险合同进行理赔的难度,损害了原告张某的合法权益,被告安联保险公司应当按照合同的约定,向作为肖某配偶的原告张某支付合同约定的保险金。

依据《中华人民共和国民法通则》第六条、第七条、第一百七十六条,《中华人民共和国保险法》第十四条、第二十三条,《中华人民共和国民事诉讼法》第六十四条之规定,判决如下:

一、被告安联财产保险(中国)有限公司须在本判决生效后十日内,向原告张某支付保险金 100 000 元。

二、驳回原告张某的其他诉讼请求。

参考文献与进一步阅读的相关文献

陈晖. AA 制户外运动事故责任研究[D]. 成都:西南财经大学,2012.
陈勇军. 我国高危户外运动的法律研究[J]. 体育文化导刊,2015(8):26 - 29,19.
崔春芳. AA 制户外自助游法律责任思考[J]. 中国律师,2010(10):67 - 68.
高圣平. 中华人民共和国侵权责任法:立法争点、立法例及经典案例[M]. 北京:北京大学出版社,2010.
韩飞,于善旭. "AA"制自助游户外运动事故法律争议探析[J]. 天津体育学院学报,2013,28(2): 171 - 175.

胡亚楠.自愿冒险在自助游相关法律制度中的确立[D].开封:河南大学,2010.

蒋云蔚,王康.侵权责任法原理[M].上海:格致出版社,2010.

解国粹.户外运动意外伤害案件的法律问题初探[J].曲阜师范大学学报(自然科学版),2014,40(4):112-114.

刘士国.侵权责任法若干问题研究[M].济南:山东人民出版社,2004.

刘苏,傅志平,汤卫东.AA制山地户外运动事故的法律争议及归责[J].山东体育学院学报,2018,34(2):1-8.

刘苏.我国户外运动法律规制模式研究[J].武汉体育学院学报,2011,45(4):33-38,52.

刘雪芹,黄世席.美国户外运动侵权的法律风险和免责问题研究——兼谈对中国的借鉴[J].天津体育学院学报,2009,24(3):253-256.

宋艳.我国户外探险旅游意外伤害事故的规避及法律问题研究[J].法制与社会,2019(4):58-59.

宋岩.户外自助游的法律性质及其规制[D].兰州:兰州大学,2010.

汪渊智.侵权责任法学[M].北京:法律出版社,2008.

王利明.侵权行为法归责原则研究[M].北京:中国政法大学出版社,1992.

肖海婷.我国户外探险旅游意外伤害事故的规避及法律问题研究[J].广州体育学院学报,2016,36(5):33-38,52.

熊建设.法律视阈下我国户外运动健康发展的政策控制[J].武汉体育学院学报,2016,50(10):37-41.

应学斌.户外探险活动法律责任初探——以南宁7·9事件为背景[J].法制与社会,2007(9):282-283.

俞谢亮,肖攀.我国户外运动安全及其相关法律问题研究[J].法制与社会,2008(17):241-242.

张力,刘中杰.户外自助旅游遇险事件法律分析——从"南宁7·9案"到"重庆7·11事件"[J].广西社会科学,2010(5):57-61.

张新宝.侵权责任法立法研究[M].北京:中国人民大学出版社,2009.

第十章

户外运动安全保障体系

我国户外运动发展面临的最重要问题之一就是安全问题,只有建立一个科学、高效的户外运动安全保障体系,才能为广大爱好者参与户外运动保驾护航,并吸引更多的人参与到户外运动中来,进而促进我国户外运动的健康可持续发展。当前我国户外运动安全保障体系子系统已初具规模,但还不够完善和健全,因此在深度分析了解我国当前户外运动安全保障体系现状的前提下,结合影响户外运动发展大环境及安全影响因素,构建一个符合我国基本国情、科学高效的户外运动安全保障体系显得尤其必要。

第一节 户外运动安全保障体系概述

一、户外运动安全保障体系的概念

体系是由若干有关事物相互联系、相互制约而构成的一个整体。体系之间的各要素是相互联系和制约的,构成体系的各要素需作为一个整体执行某种功能。户外运动安全保障体系就是由各个子系统要素有序组合,用来保障户外运动参与者的安全,促进户外运动健康发展的体系架构。

影响户外运动的安全因素主要有三个方面:人、装备、环境。我国应结合理论和实践构建一套适合我国基本国情的户外运动安全保障体系。该体系应由户外安全保障机构与政策法规系统、预警系统、教育系统、救援系统和保险系统等组成,也可根据户外运动项目特点设置不同的户外运动安全保障体系。如拓展训练的安全保障体系应包括设计科学合理的课程;使用质量过关的场地器材、科学严谨管理拓展项目、聘用资深拓展师资、完善应急预案、购买合适保险等;背包旅游安全保障体系构建应从参与者、人才培养、相关组织管理等方面入手,构建"1+6+2"背包旅游安全保障体系模型:"1"指以旅游者为核心,"6"指宣传教育、安全风险管理、安全预警、安全监控、安全救援和安全保险六个子系统,"2"指背包旅游相关的安全法律法规制度的建立健全和政府管理合作机制的构建。

由上可知,相关部门应当结合我国当前体育制度改革和体育产业发展的大背景,从系统角度出发,构建一个由户外安全保障机构与政策法规系统、户外安全教育培训系统、户外安全预警系统、户外安全救援系统和户外安全保险系统这五大系统组成的户外运动安全保障体系。构建后的体系应是一个政府、社会、公众联动合力的系统,应是一个从管理者到参与者、从宏观到微观的全方位多层次的保障体系。

二、户外运动安全保障体系的结构

户外运动从西方国家传入我国,目前在我国尚处于初级发展阶段。户外运动一般可自由组合,多人一起参加体现了其较松散的活动组织形式。户外运动既包括无人区穿越、横贯大沙漠、徒手攀岩等相对危险的项目,也涵盖了诸如露营、徒步、野炊等风险较低的大众项目,体现了其内容的多样性。户外运动可以满足人们追求刺激和挑战的天性,同时,刺激性和挑战性也是户外运动的本性。从户外运动的安全管理看,户外运动有参与者、组织者等主体,并且涉及到医院、公安机构、卫生防疫部门、消防部门、武警部队、保险机构和户外运动俱乐部等社会和政府的多个机构。当前,人们对户外运动各项知识、资讯缺乏有效认识,再加上户外运动本身自带风险性,因此户外运动组织方和参与方唯有秉承科学、安全、环保等户外理念,提升其户外安全意识,才能尽享户外运动为其带来的快乐,促进户外运动安全有序地开展。

综上,我国应建立一个由户外安全保障机构与政策法规系统、户外安全教育培训系统、户外安全预警系统、户外安全救援系统和户外安全保险系统这五大系统组成的户外运动安全保障体系。户外运动安全保障系统构成如图10-1所示。

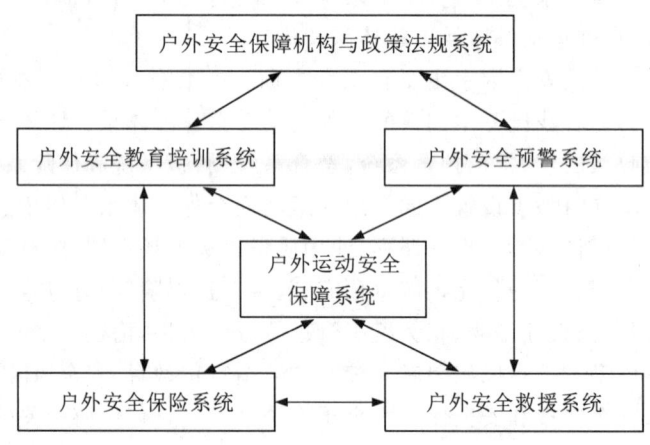

图10-1 户外运动安全保障系统构成(据周红伟,2010)

三、户外运动安全保障体系建立的原因与意义

(一)户外运动安全保障体系建立的原因

1. 我国户外运动发展迅速、安全事故频发

20世纪80年代初,户外运动从西方发达国家传入我国。2005年4月,国家体育总局批准山地户外运动为我国正式开展的体育项目,标志着户外运动从自发阶段走向了规范发展的新轨道,实现了里程碑式的跨越。近年来,户外运动在我国发展更是迅速,人们通过参与户外运动来亲近自然、回归自然、释放压力、提升个人素质及凝聚团队精神等,参与人群也逐步实现大众化、普通化。据新华社报道,2017年我国户外运动爱好者已达1.3亿人。

伴随户外运动参与人数的急剧增加,户外运动安全事故的发生率也"水涨船高"。据有关部门不完全统计,2018年我国因户外安全事故死亡45人(不包括台湾地区),是2001年的11倍(2001年死亡人数为4人)。沉甸甸的死亡数字给我国户外运动相关管理部门、组织者、爱好者们敲响了警钟,户外参与者的人身安全已成为我国社会各界日益关注的焦点,户外运动安全成为当前急需解决的问题。虽户外运动伤亡人数比日常生活中的交通事故或其他家庭事故相对较低,但我们应该明白大多户外事故都是由于参与者风险意识薄弱、硬件装备不过关导致的。换言之,此类事故都是可以人为避免或降低其损失程度的,这恰恰反映了我国在户外运动安全保障方面工作的缺失与不足。

2. 户外运动被列为高危险性体育项目

2011年10月,中国登山协会在北京怀柔召开了高危体育项目管理的研讨会。会议上,攀岩、攀冰、高山探险、山地户外运动等户外运动项目被列为《全民健身条例》中的高危险性体育项目。高危险性体育项目在带给人们惊险、刺激的同时,往往伴随着更多的危险因素,更易导致安全事故的发生。

3. 我国幅员辽阔、地理气候条件复杂、自然灾害严重

我国幅员辽阔、山川秀丽,是户外运动的天堂。同时由于地理气候条件复杂,我国也是世界上自然灾害最为严重的国家之一。我国有70%以上的城市和50%以上的人口分布在气象、地震、地质、海洋等自然灾害多发、易发地区,2/3以上的国土面积曾受到洪涝灾害威胁。这些都极易导致我国户外运动安全事故的发生。

4. 我国户外运动安全保障体系尚未建立

目前,我国户外运动安全保障体系尚未建立,户外运动安全相关的法律法规不甚完善,应急救援体系不够健全。这就急需构建我国户外运动安全保障体系,全面

展开预防为主、有效救援等各项工作,预防和减少我国户外运动事故的发生,保证户外运动安全、健康、可持续地发展。

(二)户外运动安全保障体系建立的意义

大自然给我们带来幸福和健康的同时,也充满了各种各样的危险和不确定性。如果我们仅仅因为潜在的风险因素而放弃接触大自然的机会,显然是得不偿失的。户外运动充满了风险,但参与其中并不等于冒险。只要树立牢固的风险意识,遵循客观规律,就可以避免或减少户外安全事故的发生。户外运动安全保障体系的建立就是为了构建安全防范体系,发挥预防和干预作用,从而保障户外运动参与者的人身安全,促进户外运动的健康发展。

四、户外运动安全保障体系的构建原则

(一)系统性原则

系统性原则指应把户外运动安全保障体系视为一个整体,把户外安全保障机构与政策法规系统、教育与培训系统、预警系统、救援保障系统和保险系统等子系统的特性放到户外运动安全保障体系整体中去权衡,使整个系统协调配合发挥作用。

(二)全面性原则

全面性原则主要包含以下含义:一是户外教育、培训应面向全体户外爱好者,给他们平等的学习机会;二是户外安全意识传授、技术培训应充分从大多数户外爱好者的角度出发,以提高大多数户外参与者的安全素质为目的。

(三)可控性原则

有关部门、管理机构应在相关安全制度的指导下,控制整体安全体系。这样才可以更好地从安全技术、安全范围、安全环境、安全意识等多层面进行有效利用和管理,保证安全可控。

(四)动态性原则

该原则认为系统与要素之间、要素与要素之间,每时每刻都在进行人流、物流、信息流的交流,从而使系统的外部适应性和内部协调性不断地从打破建立再打破在新的层次上再建立。依据发展的观点,实现对户外运动安全保障体系的动态管理,不断地检验和调整其内部因子,以实现协调发展,保持整个系统的动态平衡。

第二节 户外安全保障机构与政策法规系统

一、户外安全保障机构

(一)户外安全保障机构现状

目前,中国登山协会尚未设立专门的安全保障机构,各地登山户外运动协会也基本没有下设专门安全保障机构。户外事故发生时,大多由当地公安消防、武警部门、各地登山协会和户外运动俱乐部临时组成保障机构进行应急救护。

(二)户外安全保障机构的构建

户外运动安全保障体系中,安全保障机构是核心,在户外运动安全保障体系中担当着重要的角色。它承担着总领全局,整体把控户外安全保障体系功能和作用的角色,主要负责政策法规的制定、宣传教育、安全预警和安全救援的实施,安全装备及相关保险的管理工作。它的具体构建应当依托于中国登山协会,成立专门的户外安全保障部门,地方各协会也成立相应的安全保障部门,从而形成从全国到地方的全方位管理体系。

二、户外安全政策法规系统

(一)户外安全政策法规现状

如表10-1所示,当前我国户外运动在法律法规方面尚处于初建阶段,缺乏相关成熟的法律法规制度。目前仅出台了攀岩、登山等项目的管理办法,且约束力、强制力不强。如在户外运动参与者的权益保护方面,缺乏相应的法律法规和配套的规章制度,致使一些侵犯户外运动参与者权益的行为屡见不鲜,户外运动参与者难以维护自身合法权益。

目前更为严峻的问题之一就是我国缺乏关于户外运动安全事故责任界定的相关法规,致使户外运动事故责任划分不够明确,信服力不够。当前我国在处理户外运动纠纷时主要依据《民法通则》《合同法》《侵权责任法》,但这三部法律在处理户外运动问题时应用不甚合理,尤其是针对风险免责协议的法律效力问题。因此当前急需制定户外运动相关的全国性法律、完善行业标准,明确户外参与各主体的权利义务。

(二)户外安全政策法规系统的构建

为保障户外运动安全保障体系的正常运行,必须健全法规制度,尤其是户外运动安全保障的法律法规,这是我国户外运动安全保障体系能够真正发挥作用的基础,同时也是户外运动安全保障体系管理活动的法律依据、有力支撑。构建户外运动安全政策法规系统应从宏观和微观入手,构建从国家到地方再到各俱乐部、各参与主体协同合作的纵向模式(图10-2)。

表10-1 户外运动相关管理办法和行业标准

《法规政策》管理办法	《法规政策》行业标准
攀岩竞赛裁判员管理办法(试行)	攀岩运动员技术等级标准(2014年1月14日更新)
国家攀岩队教练员、运动员选拔标准	登山户外运动俱乐部及相关从业机构技术等级标准
攀岩运动裁判员技术等级实施办法补充办法(定线员部分)	登山户外俱乐部及相关从业机构资质认证标准
高山向导管理暂行规定	登山运动员技术等级标准(2014年1月14日更新)
国内登山管理办法	国家登山健身步道标准(NTS国家标准0708)
户外运动注册与交流管理办法(试行)	体育场所开放条件与技术要求 第3部分:蹦极场所
攀岩攀冰运动管理办法	体育场所开放条件与技术要求 第4部分:攀岩场所
外国人来华登山管理办法	体育场所开放条件与技术要求 第19部分:拓展场所

资料来源:中国登山协会,http://cmasports.sport.org.cn/sshd/hwyd/。

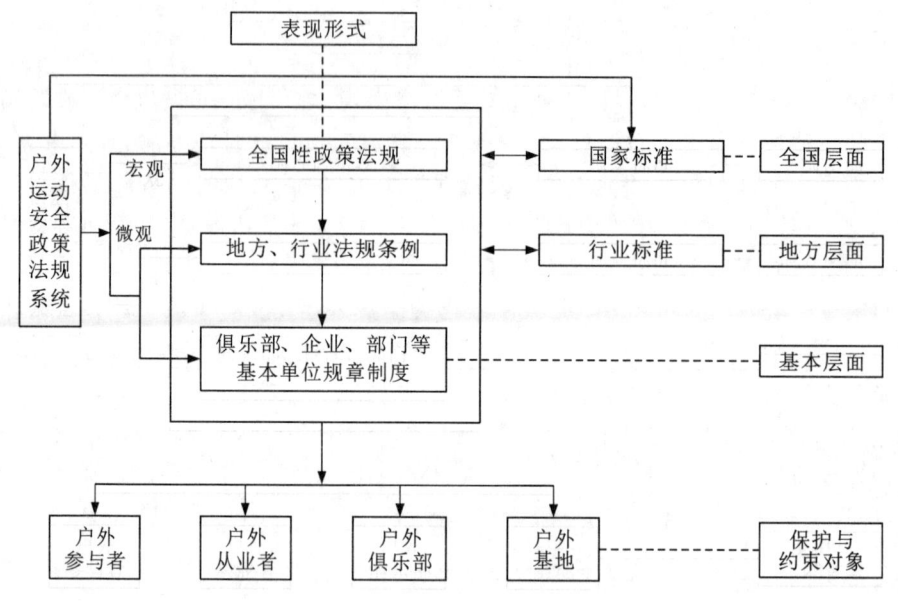

图10-2 户外安全政策法规系统

宏观方面,中国登山协会作为我国户外运动的最高管理机构,应该负责或协助有关部门制定符合我国户外运动发展现状的全国性法律法规、规章标准等,如户外安全救援法、户外环境保护法等;微观方面,完善户外行业的规章制度,重点把握全国性标准和地方行业标准两个层次,如攀岩场地标准、户外装备标准等。通过宏观政策法规和微观行业标准,规范和保护户外运动参与者、户外从业人员和户外环境场地健康有序地发展。

第三节 户外安全教育培训与安全预警系统

一、户外安全教育培训系统

(一)户外安全教育培训现状

据有关部门不完全统计,我国"泛户外"人口已达 1.45 亿,但其中参加过正规培训的户外人员仅有 31 289 人次(统计日期截至 2017 年)。户外运动的安全问题也因领队及参与人员在户外专业技术知识方面的缺乏而日益突出。

中国登山协会自 1999 年开始培训工作的组织与开展。2005 年,它的下属专门的培训部正式成立,主要负责登山及运动户外相关项目的培训和认证,认证资质包括户外指导员、攀岩指导员、户外营地指导员,山地救援、户外赛事裁判等。2001—2017 年,中国登山协会开展了各级各类培训班共 1 150 期,仅 2017 年就举办了 286 期课程,培训了 9 002 位学员,学员主要分布在技能类、职业类、竞赛类、师资类和管理类等行业中。珠三角、长三角等经济发达地区借助于良好的户外资源、经济优势等,目前在户外培训方面处于全国领先地位。

为更好地推行国家职业资格证书认证机制,提高从业人员的素质,保障广大户外运动参与人群的人身安全,2009 年、2011 年、2012 年和 2015 年,最早的四期"社会体育指导员国家职业资格教师"资质培训("师资班")在国家体育总局登山运动管理中心和中国登山协会的探索下开办,近 70 名参与培训的户外运动专业人士组成了我国第一批职业户外运动培训师资队伍。此外,中国地质大学(武汉)率先于2005 年开设了社会体育专业户外运动方向并进行招生,成为我国第一所培养专业户外运动人才的高校,并在几年里被国内多所高校效仿。据不完全统计,当前我国已有 100 多所高校将户外运动项目纳入了公共选修课的范畴,将它作为专业(社会体育指导与管理、休闲体育等)必修课程,培养专业人才的高校也有近 50 所。总体看来,当前我国户外运动培训主要由中国登山协会所组织,开班数量有限,下设协会发挥作用有限,因而可能存在影响力不足、力度不够等问题。而在高校方面,即使是开设必修课,户外运动也仅仅是一个方向,大多数高校在该专业建设上还处于摸索状态,所培养的专业人才数量和质量很难满足户外行业迅速发展的需求。

除了正式的培训和专业学习之外,通过电视、网络、杂志、新媒体等方式,传播户外安全理念,培养户外安全习惯,也是当前我国户外安全教育普及的重要方式。2013年4月,"全国户外安全教育计划"正式启动(图10-3),作为中国登山协会重点推广的公益项目,为增强户外运动爱好者的风险意识,提高户外安全技能,首先选取8~12座大中城市作为重点,通过全国巡讲、发放宣传资料、开辟媒体专栏等形式,向全社会进行广泛而持久的户外安全宣传教育。2019年6月13日,《户外安全知识系列短片》于"全国户外安全教育计划"微信公众平台首发,中国登山协会倾心打造了22支户外知识精品短视频,通过轻松有趣的形式,传播户外安全知识,呼吁广大户外爱好者"安全户外、尽享自然"。

图10-3 户外安全教育计划标志

(二)户外安全教育培训系统的构建

户外安全教育培训系统是户外安全保障体系的核心环节。有些户外爱好者怀有自担风险的心态意识,盲目参与本身具有较高风险因素的户外运动项目,但这种无计划、没有专业知识储备的盲目行为不值得提倡。近些年,户外运动虽在活动内容和数量上发展迅速,但其中的一些理念在大众眼里却远未引起足够的重视。为了帮助爱好者们建立良好的户外运动安全意识,有关组织机构应当建立完善的户外教育和培训系统,在户外爱好者群体中进行教育和培训,以此促进户外运动的健康发展。

如图10-4所示,户外安全教育培训系统根据其对象和专业程度的不同,一般应包含普及教育和专业教育两个层次。户外运动安全普及教育又可分为两个方面,但都需要寻求体育行政部门的支持与合作。其一,要尝试将户外安全的教育纳入国民教育范畴,通过电视、网络、杂志、新媒体等多种形式,介绍户外运动知识、户外安全常识,广泛宣传户外安全理念,在大众心中树立起防范风险、理性户外、安全户外的意识和习惯;其二,应将户外安全教育纳入中小学基础教育体系之中,教育主管部门、体育主管部门应支持中小学与登山协会、高校户外运动专业以及符合资质的户外运动俱乐部建立联系与合作,定期向在校学生开展户外安全知识讲座和基础应急技能培训,开展符合其年龄特征的配套活动,还要注意在初次开展户外活动时潜移默化地将户外安全理念传授给学生,让学生心中牢固树立户外安全意识。长此以往,我国新一代户外运动人群将具备更优秀的户外素养,能够更好地避免户外安全事故的发生。

在户外运动安全专业教育方面,除了在中国登山协会和一些有实力的户外俱乐部体系下,组织开展面向户外运动相关从业人员的短期培训,满足日常户外运动中对专业领队教练的需求之外,从长期来看,还应继续加强高校教育系统的户外安全教育,通过院校相关专业的长期综合训练,培养、输送出合格的专业户外运动人才。

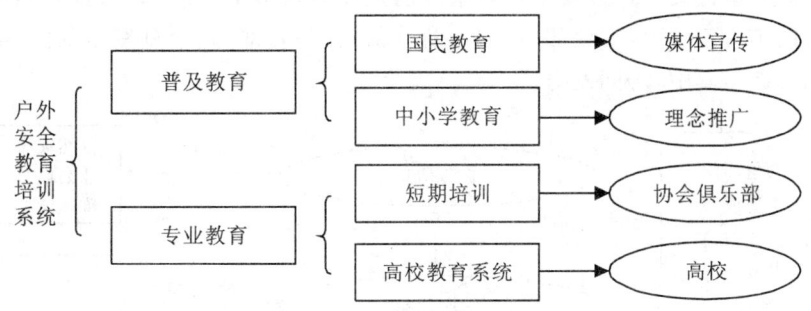

图10-4　户外安全教育培训系统(据王晶,2017)

二、户外安全预警系统

(一)户外安全预警系统现状

当今国内有许多户外爱好者参加户外活动的计划性不够、准备性不足。譬如,有许多户外爱好者经常是在对即将参与的户外运动、对即将前往的目的地不是很了解的情况下参与进去的,只是一味追求刺激,殊不知,这种毫无风险意识、盲目参与的行为是造成户外事故频发的重要原因。事故发生后,户外爱好者自救不足,只有寻求外界救援,但外界救援本质上只是一种事后机制,仅是对已造成的损失起一种补救的作用,而且其结果往往不理想。因此,在户外安全事故发生前做好预警是降低事故发生率、减轻损害程度的最好方法之一。预防工作主要包括对目的地线路、环境、装备的预了解,以及同行人员技能、意识水平的评估等。

目前我国户外安全预警机构还处于一个空缺状态,因此没有对相关户外风险信息进行收集整理、分析判断,并根据分析结果进行制定策略、发布警告等工作的专业和专职人员。如一些户外运动景区应有一定的义务对户外运动参加者提供相关的预警,比如告知当地特殊的天气、地理条件等情况,在事故易发生地区树立警示牌等,有些景区尤其是开发程度低的景区,对警示牌等相关预警设备多有忽略。另外,对于一些高难度的登山探险等活动,相关部门也缺乏足够的监管。

(二)户外运动安全预警系统的构建

户外运动安全预警是指在安全事故发生前,建立合理的指标体系,运用科学的方法和手段对户外运动中潜在的安全隐患进行预测和预警,为户外运动参与者制定户外活动计划提供参考。

户外运动安全预警应包括两个方面:一是提前发布预警信息,以防止事故发生或减少其发生的概率;二是及时向预警地区相关部门发出通知,做好协助救援的准备,在发生事故时及时出动,避免事故进一步恶化,减少参与者在事故中所造成的人身财产安全损失。户外安全预警系统的建设涉及多个政府部门,具有相对复杂性。如图10-5所示,气象部门、卫生防疫部门、公安部门、信息发布部门、体育部门等都要参与其中,协同发力。

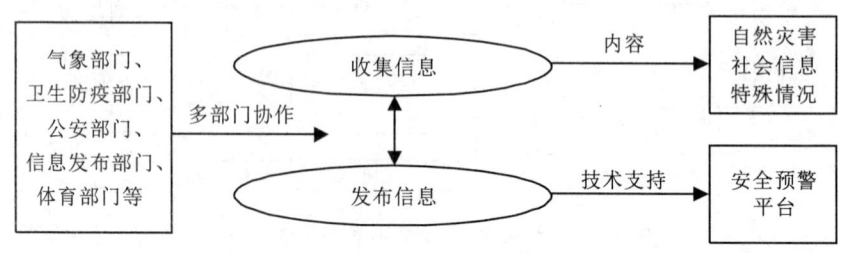

图10-5 户外安全预警系统(据王晶,2017)

户外安全预警系统应当包括两部分:一是信息的收集,包括台风、雷电、洪水、泥石流以及地震等自然灾害信息,治安状况、民风传统等社会环境信息,防火区、事故多发区、禁入区等景区管理信息以及其他能够对户外活动开展产生影响的信息;二是信息的发布,高效性、及时性是发布预警信息时所需要遵循的原则。户外俱乐部、户外运动协会应积极配合政府职能部门,发挥各自优势,协同合作,如向相关技术部门提供以往的活动资料,结合GPS、北斗等卫星定位技术,开发一套区域性的安全预警平台,经测试后推广至其他户外俱乐部、户外爱好者,为广大户外运动群体提供技术上的安全预警支持。

第四节　户外安全救援与保险系统

一、户外安全救援系统

(一)户外安全救援系统现状

户外运动救援主要由自救、互救和外界救援所组成。自救，一般是指户外参与者凭借自身专业知识储备和经验在遭遇危险情况时，在对周遭环境进行准确判断的基础上实现自我脱困；互救，指两位或以上的户外参与者共同遭遇户外事故后，他们互相帮助从而实现脱困的一种救援方式，包括伤口包扎、人工呼吸等；外界救援，指通过包括公安、医生、当地百姓或专业救援队等外界救援力量实现被困者获救的一种救援方式。救援的具体措施如下：

(1)对事发地和事故现场状况的相关信息，要尽可能收集全面。如遇险人数、性别、团队成员的健康状态、经验、个人能力以及携带的装备和食品是否充足等，还要了解遇险地点、范围和时间等。

(2)确定搜寻方案。在信息不全的情况下，确定在什么地方和如何开展搜寻是很困难的。搜寻工作的原则是全面、细致、不落死角、不轻易放弃。搜寻方法可分为空中搜寻和地面搜寻，最好是通过通信手段将两种搜寻方法结合起来。搜寻使用的技术手段很多，如使用定位仪、定向仪、红外线(或雷达)搜索仪、望远夜视镜、声光指示仪、烟雾发生器、信号灯、搜寻犬乃至直升机等。

(3)现场急救。中止伤员病情的加重，为实施下一步救援工作做好准备。

(4)伤病员的搬运。搬运骨折伤员要做好骨折的固定，尤其是搬运脊柱损伤伤员时不能造成新的更严重的损伤。在深山峡谷中、悬崖下、雪山上搬运伤病员会困难得多，需要更多更专业的装备和技术。

(5)将伤病员送至安全地区或医院。

当前，我国户外运动参与者普遍存在基本户外专业理论和实践能力较差、安全意识和风险识别能力淡薄、缺乏基础的自救与互救能力，这就导致我国户外事故的处理对外界救援的依赖较大。目前，我国户外救援长期以政府救援为主，主要依赖于公安、消防、医疗等公共应急部门，占用了大量公共资源。通过对比2014年和2015年我国事故救援中参与救援的组织组成可以发现，虽近年来我国专业户外救援队在户外运动救援中扮演着越来越重要的角色，所占比例有很大地提升，但政府救援依然是户外救援的主体力量。而且还可以看出，作为通过联合政府、专业救援队、当地的村民及专业户外人士和志愿者等多方力量组成的联合救援力量，近年来发展也比较迅速，联合救援是我国户外运动救援中的重要组织形式，这种救援组织形式应是我国户外运动救援未来的发展方向。

我国政府层面的救援工作由国家体育总局登山运动管理中心、地方的户外运动救援专业部门及各景区救援队承担,除了肩负着一线救援工作的开展外,还负责培训一线救援人员、推广普及救援知识,同时为了救援工作的顺利开展,往往还承担着协调消防、公安及医疗救护等相关部门的联系工作。政府层面的救援其优势显而易见,即拥有充足的人力、物力保障,协调调动能力强,但是公共部门普遍缺乏户外环境下(尤其是山地环境下)的专业救援培训,对户外环境下作业的陌生就导致大量人力、物力的投入往往不能够得到最高救援效率的回报,反而可能增加救援成本,更重要的是可能耽误最佳救援时间。因此,民间的商业救援机构便应运而生,作为救援体系的一种补充,商业救援的服务对象为注册会员或者缴费客户,费用高且服务对象范围小。商业救援主要以商业保险公司相关业务和部分职业救援队为主。伴随着我国户外事业的发展而逐渐兴起,由于起步晚、发展慢、费用高、覆盖面小,目前多存在于成熟景区和经济发达地区。例如,神舟旅行救援中心、中国银河红十字公众应急救援服务系统等。

民间救援组织的构成多为具备专业救援知识的户外爱好者,多为公益性质,大家因为共同的理念相聚在一起,但是流动性较大,多为临时人员。2008年奥运会的举办为我国的民间救援发展提供了更多的机遇,以此为界,我国的民间救援组织发展基本可以划分为两个阶段:2003—2008年,随着人民生活水平的提高,户外运动开始进入快速发展阶段,参与人数的激增也就导致了户外事故频发。该阶段,逐渐有户外爱好者有意识地学习救援知识,开始自发地参与到身边的户外事故救援中。民间力量的参与填补了我国户外事故救援的空白,但是初期的发展却举步维艰,面临许多问题。首先,户外爱好者形成的民间救援组织多为自发性且流动性大,导致组织相对松散,缺乏健全的规章制度,短时间内也无法在相关部门取得合法的身份认同;其次,由于上述原因,导致社会对这些组织的不信任,也很难找到支持组织发展的资金和赞助商,专业设备和正常活动受到挑战。另外,由于户外环境的特殊性,在该阶段并没有保险公司愿意为这种高危行为承保,在一定程度上打击了参与救援人员的积极性(表10-2)。2009年至今,民间援助组织发展迅速。不仅新建了许多户外救援队,参加搜救活动的人数不断增加,社会和个人的救援意识不断增强。然而,从大多数搜救工作的角度来看,山区搜救工作还存在许多问题。缺乏统一协调指挥、搜救的专业知识和技能,缺乏救援设备。无论是硬件还是软件,与发达国家之间都存在很大的差距。这与中国日益增长的户外运动极不相符。尽快加强我国登山户外救援体系的建设势在必行。

综上,我国统一的户外安全救援体系尚未形成,依然存在技术装备专用程度弱、救援理念相对落后的局面,但是政府与民间已经形成齐头并进的发展态势。尤

表 10-2　全国山地救援队(部分)(据王晶,2017)

省(市、区)	山地救援队名称
四川	四川省山地救援总队、自治区登协山地救援队
新疆维吾尔自治区	新疆山友救援队、新疆蓝天救援队
西藏自治区	西藏高山救援队
青海	青海登山协会山地救援队
云南	云南省镇雄迷彩志愿救援队、云南蓝天救援队
福建	福建省山地救援队、厦门蓝天救援队、厦门北极星救援队
山西	山西天龙救援队
广东	深圳山地救援队
北京	绿野救援队
陕西	陕西山地救援队
湖北	云豹救援队、湖北黄冈红十字蓝天救援队
河南	河南户外救援总队、河南户外救援联盟
湖南	衡阳山地救援队
浙江	温州山地救援队、新昌县红十字户外救援队、浙江民安公益救援中心、公羊队浙江省队、仙居山地救援队、富阳公狼应急救援队、武义民防救援队、义乌民间紧急救援协会、宁波市四明户外应急救援队、东阳红十字会救援队、乐清市三角洲民间志愿救援队

其是民间救援组织,其生存和发展依然面临很大挑战,未来需要更多的社会和政府力量的支持。此外,救援费用的承担主体不明确,依然是当下我们所面临的重要问题。还有大量户外参与者认为救援是政府行为、公益性质,根本没有缴费意识。因此,常有户外参与者在不申报的情况下,进行非法户外运动,从而引发安全事故,带来了负面的社会影响,在一定程度上打击了户外救援组织的积极性,阻碍了户外运动的发展。

(二)户外安全救援系统的构建

户外安全救援系统的事后响应是户外运动安全事故处理过程中的重要环节。2016年6月,中国登山协会副主席王勇峰指出,中国登山协会将继续贯彻执行"以政府为主导,各地救援组织为骨干、社会广泛参与"的指导方针,加快发布"山地救援队的注册管理办法",积极筹备中国登山协会山地救援委员会的成立,建立政府、山地户外救援组织和志愿者的联动机制(图10-6)。从以上信息可以得知,我国政府部门正在加速构建以政府和民间救援力量为主体的统一户外事故安全救援体系,打造政府、民间救援和当地志愿者的立体化联动。在这个体系中,民间救援包括了公益和商业救援两种形式。随着我国户外运动的蓬勃发展,我国在完善和构建户外救援体系的过程中,尤其要注意扶持规范公益和商业救援组织的发展,便于在未来根据户外事故的类型和严重程度派遣合适的救援队,进行高效救援。

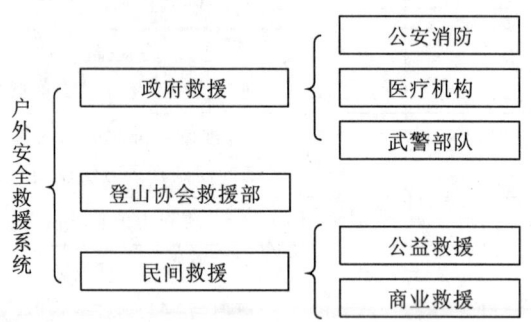

图10-6 户外安全救援系统(据王晶,2017)

在未来的发展中,事故多发的景区应以当地居民和景区员工为主体自建救援队。政府部门也应当减少不必要的行政审批和注册程序,为民间救援团体身份的合法化提供助力。在以往民间救援组织发展中遇到的资金困境,可采取多种渠道资助。首先,各省市政府可以提供一定的财政拨款及彩票专项支出。其次,对于事故多发地,当地可以成立专项救援基金接受社会各界的捐款或赞助。另外,政府相关部门或民间协会应当重视面向专业人才和志愿者等群体进行专业救援的培训,尤其是公益组织的志愿者，应当提供免费的培训，经过严格把关，向培训合格的人员发放相关资质证书。通过长期的专业培训扩大救援人口，可为民间的救援专业人员筛选提供流畅的通道，加速构建科学高效的救援体系。

综上，中国登山协会及地方各级登山协会在户外救援体系中起着重要的作用，当事故发生时，及时评估事故现场，协调消防、公安、医疗等相关部门及合适的救援队伍，展开有效的联合救援，尽可能减少人员伤亡和财产损失及不良社会影响。

二、户外保险系统

（一）户外保险系统现状

户外运动保险是指户外运动爱好者在参与户外运动时，为保障自身利益，向保险公司支付一定保险费用，一旦被保险人在活动过程中发生意外事故，承保公司按合同约定向投保人支付相应保险赔偿的险种。

在户外运动传入我国初期，我国并没有专门的户外运动保险，且一些人身意外伤害险等险种也明确说明不承保户外运动项目等本身自带较高风险的运动项目。但随着近年来我国户外运动的进一步发展，人们参与意识、保险意识的提高，我国的户外保险也逐渐起步，户外运动保险各类产品和险种相继出现，并不断丰富。我国第一个真正意义上的户外运动专业保险是2006年推出的"登山户外运动专项保险"。该保险由中体保险经纪有限公司和太平保险公司联合推出。2009年中国登山协会、中体保险经纪有限公司、大众保险股份有限公司联手推出了"天涯行"登山及户外运动个人意外伤害保险，该险种涵盖1～70周岁的自然人，扩展承保猝死、突发性疾病等，还对特殊活动提供了针对性的保障方案。

虽然各类户外运动险种不断推出，但我国户外运动参与者投保率并没有成比例增加。据相关统计可知，目前我国每年至少有5万人的户外运动参与者处于无保险或无有效保险的状态。通过分析不难发现，我国户外运动爱好者投保率较低的原因与我国现在户外运动保险本身存在的不足有很大关系。首先，户外保险的险种仍有很大局限性，体育保险市场不完善，户外运动专项险较少。在我国的户外运动保险种类上，像雷击、山洪这类不可抗力造成的人身损失，除非特别约定，否则都不在被保范围内。使得户外运动参加者即使购买了保险也处于无效保险状态。而且由于"驴友"的户外活动存在时间短、投保低、风险大、赔付高等特点，大多数保险公司都只接受有资质的户外俱乐部和团体的投保，不接受个人名义的户外参加者投保。另外，已推出的户外专项保险宣传力度不够，很多户外运动参与者对其不了解、事故发生后面临的理赔比较繁琐等问题，导致很多户外运动俱乐部或者户外运动参与者不愿购买保险。一些户外俱乐部、户外领队等户外组织者为了省钱省事，自身也不愿为顾客购买相关保险。

我国目前现有的户外运动保险险种大多都是集中在户外运动参与者和组织者方面,缺乏针对户外救援人员的专业保险。我国"登山户外运动专项保险"中虽有"救援费用补偿"的规定,但在险种规则、实施方面仍不成熟,缺乏特殊的救援保险。一些户外救援队成员指出,由于救援队成员的特殊性,中国的保险公司对救援人员的人身伤害保险投保一般采取拒绝态度,只能通过互联网购买国外保险。

(二)户外保险系统的构建

户外安全保险系统在户外安全保障系统中属于事后处理的重要环节,户外保险能为户外运动参与者、户外俱乐部和户外救援队,降低和转嫁风险,为户外运动的安全、有序、长效发展提供了有效的保证,解决了后顾之忧。

当前我国的户外保险系统还不够健全,完备的户外保险系统应当包括户外运动参与人群和户外运动救援人群两个基本群体的专项险。我国目前的户外运动保险面临着"三少一高"的现状,即户外运动专项险种少、户外救援险少、投保人数少、保险费高。因此,我国的户外安全保险体系急需完善。这需要中国登山协会根据当前户外运动的发展需求与相关保险公司合作,助力保险公司开发适用于户外运动的特殊险种,相关部门也应推动户外运动纳入商业保险制度的进程。在政策层面,相关部门应出台一定的专项文件,为商业保险公司开发丰富的户外险种提供政策红利,激励我国户外保险系统的发展。例如,设置户外运动参与门槛、登山攀岩等高危项目强制办理相关户外险等。另外,俱乐部作为户外参与者参与户外运动的主要媒介,应当加强宣传教育,明晰户外保险的重要性,树立"主动预防"的安全理念,为客户和俱乐部本身的利益负责。最后,户外救援的专项险是容易被忽略的一个版块,最需要户外救援的直接参与者,应当着力开发此类险种,解决救援人员的后顾之忧(图10-7)。

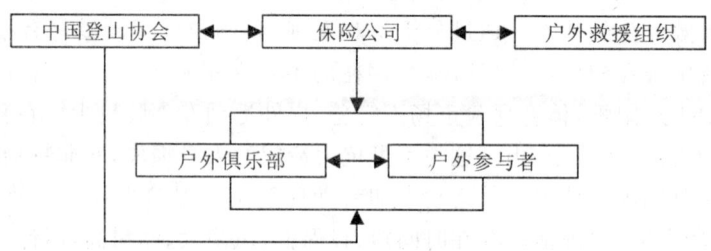

图10-7 户外安全保险系统(据王晶,2017)

Karen和Page多年来一直从事户外保险的研究,他们认为户外行业的安全运行,离不开规范的行业立法。针对户外运动的高风险特性,从经济角度看,保险制度是户外活动补偿中最符合帕累托最优的方式。户外运动安全保险对应不同的项目,应具备更强的针对性。相比传统保险,在为特定户外活动保障时,能够提供更加精确的保障,更符合参与者的切实利益。现如今,中国登山协会与多家保险公司已经合作开发了多种户外运动保险,这为广大户外运动参与者提供了更多符合自身需求的选择机会。下面介绍几种主要的险种。

1. 登山及户外运动专项保险

"登山及户外运动专项保险"是由中国登山协会联合中体保险经纪有限公司等于2006年首次推出的户外安全保险,作为我国第一种户外运动保险,填补了市场空白。拓展训练、大众登山、攀岩、徒步穿越等风险较低的运动都在该保险的承保范围内,同时将"冻伤""意外紧急救援""高山病"等作为保险责任纳入到承保范围。这就使得以往因责任约定不清带来的各种理赔纠纷变得清晰起来,最大限度地合理地简化了理赔程序,提高了办事效率。

2. 户外运动俱乐部责任险

2006年该险种由太平洋保险和中体保险经纪有限公司联合首推。户外运动俱乐部责任险承保范围广,基本涵盖了从组织户外活动到经营户外运动机构中因过失或意外造成的人身伤害、财产损失中应当由被保险人承担的民事赔偿责任部分。同时还将商品、食品等户外俱乐部经营活动中关联性强的元素加入承保范围。户外俱乐部责任险赔付按照年参与人数的数量进行等级划分,人均赔付限额20万~30万元不等,累计限额50万~150万元不等,同时可接受保费随等级和人数成比例增加。

3. "天涯行"登山及户外运动个人意外伤害保险

2009年"天涯行"登山及户外运动个人意外伤害保险由中国登山协会、大众保险股份有限公司、中体保险经纪有限公司联合推出。承保范围涵盖1~70周岁能正常工作或正常生活的自然人,并创造性地添加了意外或突发性疾病致亡等,并能够针对不同的客户进行量身打造专属保险保障方案。

4. "领队无忧"责任险

绿野网联合百川保险、安盛天平保险联合推出"领队无忧"责任险。这是首次商业保险将被保人聚焦于户外领队这个特殊群体。承保户外领队在工作中因过失或意外造成的各种致伤残或致亡等医疗事故责任。保险费则是按照保险期限的长短进行划分,而且全年最多只能保障180天的境外旅行。

参考文献与进一步阅读的相关文献

操学诚,吴德祖.户外运动与青少年全面发展[J].中国青年研究,2006(6):24-27.
李舒平,邹凯.户外运动的风险管理[M].广州:广东科技出版社,2009.
李中华.我国户外运动安全现状及其保障体系的构建研究[D].成都:成都体育学院,2014.
马欣祥,田庄.对户外运动概念的重新甄别与界定[J].中国体育科技,2015(1):140-144.
亓冉冉.我国户外运动发展现状与对策研究[D].北京:中国地质大学(北京),2013.
齐震.休闲视角下的户外运动[J].沈阳体育学院学报,2008,27(2):44-45.
孙永生,史登登.户外运动相关概念辨析[J].体育学刊,2013,20(1):56-59.
王晶.论我国户外运动的安全保障体系的构建[D].北京:北京体育大学,2017.
张志坚.户外运动的健身意义及其规范化[C].国家登山运动管理中心,2004.
周红伟.我国户外运动安全保障系统的构建研究[J].南京体育学院学报(社会科学版),2010,24(2):92-96.

图书在版编目(CIP)数据

户外运动风险管理/李元等主编. —武汉：中国地质大学出版社,2019.11(2022.8重印)

ISBN 978-7-5625-4722-8

Ⅰ.①户…
Ⅱ.①李…
Ⅲ.①体育锻炼-风险管理-教材
Ⅳ.①G806

中国版本图书馆 CIP 数据核字(2019)第 276550 号

户外运动风险管理			李元 董范 周云 主编
责任编辑:韦有福	策划编辑:毕克成 段连秀		责任校对:徐蕾蕾
出版发行:中国地质大学出版社(武汉市洪山区鲁磨路388号)			邮政编码:430074
电 话:(027)67883511	传真:(027)67883580		E-mail:cbb@cug.edu.cn
经 销:全国新华书店			http://cugp.cug.edu.cn
开本:787毫米×960毫米 1/16		字数:255千字	印张:13
版次:2019年11月第1版		印次:2022年8月第2次印刷	
印刷:武汉市天星美润设计印刷有限公司			
ISBN 978-7-5625-4722-8			定价:32.00元

如有印装质量问题请与印刷厂联系调换